U0612993

学习实践论

时政评论选

慎海雄◎著

SPM
南方出版传媒
广东人民出版社
·广州·

图书在版编目（CIP）数据

学习实践论：时政评论选/慎海雄著．—广州：广东人民出版社，2018.2（2020.1重印）
ISBN 978-7-218-12539-8

Ⅰ.①学… Ⅱ.①慎… Ⅲ.①时事评论—中国—文集 Ⅳ.①D609.9-53

中国版本图书馆CIP数据核字（2018）第017101号

XUEXI SHIJIAN LUN : SHIZHENG PINGLUN XUAN

学习实践论：时政评论选

慎海雄　著

出 版 人：肖风华

责任编辑：肖风华　王　宁　施　勇
装帧设计：友间文化
责任技编：周　杰　吴彦斌

出版发行：广东人民出版社
地　　址：广州市海珠区新港西路204号（邮政编码：510300）
电　　话：（020）85716809（总编室）
传　　真：（020）85716872
网　　址：http://www. gdpph. com
印　　刷：广东新华印刷有限公司
开　　本：787mm×1092mm　1/16
印　　张：26　　字　数：300千
版　　次：2018年2月第1版
印　　次：2020年1月第10次印刷
定　　价：48.00元

如发现印装质量问题，影响阅读，请与出版社(020-85716849)联系调换。
售书热线：（020）85716826

目录

Contents

目录 Contents

二 推动全面从严治党的新实践不断向前

三 深化专题教育，重在解决问题

四 汇聚起全面建成小康社会的强大力量

五 让当代中国马克思主义放射出更加灿烂的真理光芒

六 坚持创新为要，巩固和壮大党的意识形态阵地

目录 Contents

九 用创新精神推动文化繁荣兴盛

目录 Contents

唤回革命精神，做好时代答卷（代序）

“不忘初心，牢记使命，就不要忘记我们是共产党人，我们是革命者，不要丧失了革命精神。”2018年1月5日，在学习贯彻习近平新时代中国特色社会主义思想和党的十九大精神研讨班开班式上，习近平总书记谆谆告诫全党，“昨天的成功并不代表着今后能够永远成功，过去的辉煌并不意味着未来可以永远辉煌”。

习总书记“1·5”重要讲话，从历史和现实的大视野、国内和国际的大趋势、理论和实际的大逻辑中，全面系统深入地阐明了坚持和发展中国特色社会主义的一系列重大理论和实践问题，强调坚持和发展中国特色社会主义要一以贯之，推进党的建设新的伟大工程要一以贯之，增强忧患意识、防范风险挑战要一以贯之。

习总书记重要讲话，语重心长、句句扣人心扉，字里行间凝结着强烈的责任担当、革命精神和忧患意识。作为党的领袖、人民的领袖，习总书记再次给全党同志上了一堂不忘初心、牢记使命、永远奋斗的党课。聆听之后深感刻骨铭心、催人奋进！

“站在新时代，我们党必须以党的自我革命来推动党领导人民进行的伟大斗争。”把党的建设作为一项伟大工程来推进，是我们党的一大创举，是我们党领导人民进行伟大社会革命的重要法宝。而旗帜鲜明地提出新时代的“自我革命”，是习近平总书记深刻分析新时代我们所面临的一系列重大而艰巨的使命任务，对党的建设新的伟大工程作出的重大判断。

在十九届中共中央政治局常委同中外记者见面时，习近平总书记那斩钉截铁的话语依然萦绕在人们耳畔：“中国共产党能够带领人民进行伟大的社会革命，也能够进行伟大的自我革命。”不到两个半月，习总书记就此再次进行了系统阐述。“伟大的自我革命”和“伟大的社会革命”的重要论断，极大地丰富了习近平新时代中国特色社会主义党建思想，全党同志必须深刻领会和自觉践行。

应当承认，我们党在带领人民取得历史性发展成就的同时，革命精神消减退化、信仰信念动摇缺失的问题，在党员干部队伍中一度不是个别现象。一些党员领导干部“执政党”意识代替了“革命党”意识，以为天下太平，再谈革命精神已经过时了、太土了，革命一词也完全可以“刀枪入库，马放南山”了；一些干部当官做老爷，理想信念丧失殆尽，一副八旗子弟的样子，被老百姓戳着脊梁骨骂；不少人经不起“四大考验”，声色犬马、骄奢淫逸，被别有用心者成功“围猎”，最终走上了不归路。还有一些党员干部在事关党和人民前途命运的大是大非问题上成了病猫，吞吞吐吐、退避三舍；个别的甚至临阵脱逃，将我们的意识形态等阵地拱手相让。还有少数领导干部在守纪律、讲规矩上说一套做一套，做两面派、两面人，拉帮结派、阳奉阴违，企图另立山头，严重毒害党内政治生态，破坏党的团结统一。前些年党内一度出现的种种严重问题，令许多有良知有信仰的党员干部心中捏了把汗，都在为党和国家的前途命运深深担忧。

党的十八大以来，在以习近平同志为核心的党中央坚强正确的领导下，“中国号”巨轮驶向了潮平两岸阔的壮丽境界。习近平总书记以大国领袖、大党统帅的雄才伟略，以崇高的责任担当、坚强的政治定力、顽强的革命精神，率领全党全军全国人民，勇于直面一切艰难险阻、敢于战胜一切风险挑战，正本清源、激浊扬清，解决了许多长期想解决而没有解决的难题，办成了许多过去想办而没有办成的大事，使党和国家各项工作发生了历史性的深刻变革。

习总书记在“1·5”讲话中谆谆告诫，不忘初心，牢记使命，就不要忘记我们是共产党人，我们是革命者，不要丧失了革命精神。久违了的“革命精神”，令广大党员干部精神为之一振。“革命人永远是年轻”，年轻就年轻在革命人永葆革命精神。对当代共产党人来说，革命精神是理想信念的源头活水，革命精神是永不骄傲永不懈怠永不退缩的不竭动力，革命精神是推进“四个伟大”的根本保证，革命精神是将改革进行到底的奋进号角。

唤回革命精神，才能固本培元。罗曼·罗兰曾经说过：最可怕的敌人，就是没有坚强的信念。习总书记一针见血地指出：理想信念就是共产党人精神上的“钙”，没有理想信念，理想信念不坚定，精神上就会“缺钙”，就会得“软骨病”。唤回革命精神，才能固本培元。十八大以来，习总书记不仅反复强调革命精神，强调理想信念，强调要培植共产党人的精神家园，还身体力行，要求全党从“红船精神”“井冈山精神”“长征精神”等革命精神中汲取永远奋斗的力量，要求全党同志唤起革命战争时期的那么一股劲、那么一股革命热情、那么一种拼命精神，把革命工作进行到底。

“铁肩担道义，妙手著文章”的李大钊，是革命战争年代共产党人革命精神的优秀代表。为了追求革命真理、追求民族独立和人民解放，李大钊坚信“牺牲永是成功的代价”，“大凡新命之诞生，新运之创造，必经一番苦痛为之代价”。正因为有这样的境界，面对生死考验的时候，李大钊从容地选择了为他认定的主义和事业献出生命。正如习近平同志所指出，“李大钊同志是一位真正的革命者，他的伟大人格和崇高风范，将永载中国共产党和中国人民革命斗争的史册”。

“一不怕苦、二不怕死”的王杰，是社会主义建设时期革命精神的典范。前不久，习近平总书记视察王杰生前所在连，和“王杰班”的战士们座谈时指出：“王杰精神过去是、现在是、将来永远是我们的宝贵精神财富，要学习践行王杰精神，让王杰精神绽放新的时代光芒。”共产党人都要像习总书记要求的那样，大力弘扬“两不怕”精神，以革命精神的浩然正气，激励一不怕苦、二不怕死、不畏艰险、顽强拼搏，激励不忘初心、牢记使命，成为建设有中国特色社会主义、实现中华民族伟大复兴中国梦的强大动力。

唤回革命精神，才能永不懈怠。1944年，郭沫若写下了一篇反思李自成农民起义失败教训的《甲申三百年祭》。毛泽东同志对此评价说：“全党同志对于这几次骄傲，几次错误，都要引为鉴戒。近日我们印了郭沫若论李自成的文章，也是叫同志们引为鉴戒，不要重犯胜利时骄傲的错误。”对于我们党的队伍中出现的种种精神懈怠等问题，习总书记保持着高度清醒的洞察力。他告诫全党：以史为鉴可以知兴替。功成名就时做到居安思危、保持创业初期那种励精图治的精神状态不容易，执掌政权后做到节俭内敛、敬终如始不容易，承平时期严以治吏、防腐戒奢不容易，重大变革关头顺乎潮流、顺应民心不容易。习总书记强调，我们党要始终成为时代先锋、民族脊梁，始终成为马克思主义执政党，自身必须始终过硬，决不能当李自成、洪秀全，当八旗兵！

“厉害了，我的国！”十八大以来，以习近平同志为核心的党中央，带领我们砥砺奋进，取得的成绩举世瞩目，今天我们比历史上任何时候都更接近中华民族伟大复兴的梦想。然而，正如习总书记所指出，“昨天的成功并不代表着今后能够永远成功，过去的辉煌并不意味着未来可以永远辉煌”，远航路上仍然有急流险滩，“一篙松劲退千寻”；攀登途中仍然要爬坡过坎，“行百里者半九十”。一旦骄傲自满，产生了“差不多、松口气、歇歇脚”的想法，不仅不能通达光辉的彼岸，无缘“会当凌绝顶，一览众山小”的幸福，而且已经取得的成果会得而复失。因此，党和人民的事业丝毫容不得平庸苟且，容不得碌碌无为。我们必须谨记习总书记的教诲，不因胜利而骄傲，不因成就而懈怠，不因困难而退缩，始终做到居安思危、保持创业初期那种励精图治的精神状态，永远充满朝气、激情飞扬，始终保持共产党人一以贯之的革命精神、革命干劲。

唤回革命精神，才能推进“四个伟大”。“天上不会掉馅饼，努力奋斗才能梦想成真。”要实现“两个一百年”奋斗目标，为人民谋幸福，为民族谋复兴，全党同志必须保持革命精神、革命斗志，把我们党领导人民进行了97年的伟大社会革命继续推进下去。

今天，中国特色社会主义进入新时代，我们比历史上任何时期都更接近、更有信心和能力实现中华民族伟大复兴的目标。但是习总书记提醒全党，“中华民族伟大复兴，绝不是轻轻松松、敲锣打鼓就能实现的”。全面深化改革进入深水区，必然遇到新风险新挑战新困难；国际形势波谲云诡、周边环境敏感复杂，需要我们科学研判、审慎应对；防范化解重大风险、精准脱贫、污染防治这三大攻坚战，是当前必须啃下的3块“硬骨头”。天底下，没有一劳永逸的终南捷径，有的只是披荆斩棘、夙兴夜寐的奋斗之路。

怎样继续走好新时代的奋斗之路？习总书记提出的“四个伟大”，为我们指明了方向。伟大斗争、伟大工程、伟大事业、伟大梦想，“四个伟大”深刻回答了谁来领导实现中国梦、沿着什么样的道路实现中国梦、以什么样的精神状态实现中国梦的问题。

习总书记鲜明指出，进行具有许多新的历史特点的伟大斗争，关键在党，关键在人，全面从严治党是取得新的伟大斗争胜利的根本保证。以反“四风”、反腐败、抓“关键少数”等为突破口，刀刃向内，抓铁有痕地推进全面从严治党，以顽强意志品质正风肃纪、反腐惩恶，消除党和国家内部存在的严重隐患……习总书记亲自擘画的这场伟大的自我革命，虽然刚刚起步，但我们党以实际行动重新赢得了党心军心民心，革命精神得到再次锻造。党内政治生活焕然一新，党内政治生态迅速好转，党的创造力、凝聚力、战斗力显著增强，党的团结统一更加巩固，党群关系明显改善，党风政风和社会风气得到根本性转变。我们党在革命性锻造中更加坚强，焕发出新的强大生机活力。

“历史和现实告诉我们，一场社会革命要取得最终胜利，往往需要一个漫长的历史过程。”改革开放40年的伟大实践、中华人民共和国成立近70年的持续探索、党领导人民进行伟大社会革命97年的实践……正是经历了风雨如磐的岁月洗礼，经历了筚路蓝缕的不懈努力，才有了“不是从天上掉下来的”中国特色社会主义。志行千里者，不中道而辍足。“路漫漫其修远兮，吾将上下而求索。”勇于自我革命，唤回革命精神，我们党才能在这条漫长的社会革命之路上，时不我待、只争朝夕，以信念过硬、政治过硬、责任过硬、能力过硬、作风过硬的铁肩担当起“答卷人”的重任，做好新时代的答卷。

唤回革命精神，才能将改革进行到底。“改革开放是当代中国发展进步的必由之路，是实现中国梦的必由之路。”2018年是伟大的改革开放40周年。“我们要以庆祝改革开放40周年为契机，逢山开路，遇水架桥，将改革进行到底。”习总书记在新年贺词中以铿锵的话语，宣示了坚定的改革决心。

改革，改的是体制机制，动的是既得利益，同样是一场真刀真枪的革命，需要锐意改革、攻坚克难的政治担当，需要敢闯敢试的革命精神。习总书记“将改革进行到底”的动员令，凝聚起全党全国人民强大的共识，成为新时代的主旋律、最强音。如同当年毛泽东“将革命进行到底”的动员令一样，激发我们的无畏气概和革命精神。“没有比人更高的山，没有比脚更长的路。再高的山、再长的路，只要我们锲而不舍前进，就有达到目的的那一天。”锲而不舍，需要革命精神来支撑。有了革命精神，面对必须啃硬骨头、涉险滩的改革攻坚，就一定能在矛盾面前不绕道、问题面前不回避、困难面前不退缩，撸起袖子加油干，就一定能敢作敢为、敢挑重担，自我革命、破除藩篱。

必须指出，在全面深化改革中，那些“当看客”的逍遥派，那些麻木不仁的“绊脚石”，那些光说不练的“拦路虎”，那些不懂装懂的南郭先生，说到底，都是精神退化的表现。因此，将改革进行到底，逢山开路、遇水架桥，党员干部首先需要砥砺精气神——革命精神，“不驰于空想、不骛于虚声，一步一个脚印，踏踏实实干好工作”。

共产党人的革命精神，是在党领导的社会革命中砥砺而来的，也是在对党的创新理论的学懂、弄通、做实中培养出来的。今天，我们要坚定革命精神，必须认真学习、真正领悟习近平新时代中国特色社会主义思想，以新思想养育新精神，凝聚起实现中国梦的磅礴伟力，让我们党开辟的社会革命这条光辉之路，在我们的脚下永远向前延伸。

（原载于《内部参考》2018年第5期，《学习时报》《南方日报》《广州日报》《深圳特区报》《香港文汇报》《大公报》《香港商报》1月22日转刊）

一

以新思想指导宣传思想文化工作

习近平总书记指出，文化自信是更基础、更广泛、更深厚的自信。只有文化自信的根牢固了，“四个自信”的大树才能更加枝繁叶茂。坚持文化自信，我们必须始终以习近平新时代中国特色社会主义思想为指引，坚持中国特色社会主义文化发展道路，坚守中华文化立场，立足新时代的历史方位，发展面向现代化、面向世界、面向未来的，民族的、科学的、大众的社会主义文化。不断激发全民族文化创新创造活力，建设社会主义文化强国，推动社会主义文化繁荣兴盛。

新时代要有新气象，更要有新作为。宣传思想文化系统要以习近平新时代中国特色社会主义思想特别是关于宣传思想文化工作的重要思想为指导，坚持创新为要的工作理念，因势而谋、应势而动、顺势而为，全方位推进宣传思想文化各项工作开新局、谱新篇，推动习近平新时代中国特色社会主义思想落地生根、结出丰硕成果。

坚定不移贯彻落实习近平总书记关于宣传思想文化工作的重要思想

伟大的时代离不开思想灯塔的指引，新时代的宣传思想文化工作尤其如此。习近平总书记关于宣传思想文化工作的重要思想，内容丰富、论述深刻，把我们党对宣传思想文化工作的规律性认识提升到一个新的高度，是习近平新时代中国特色社会主义思想的重要组成部分，为做好宣传思想文化工作指明了前进方向、提供了根本遵循。做好新时代宣传思想文化工作，我们首先要把习近平总书记关于宣传思想文化工作的重要思想学习好、领会好、贯彻好。

坚定文化自信。习近平总书记指出，文化自信是更基础、更广泛、更深厚的自信，是更基本、更深沉、更持久的力量。坚定文化自信是事关国运兴衰、事关文化安全、事关民族精神独立性的大问题。“求木之长者，必固其根本；欲流之远者，必浚其泉源。”只有文化自信的根牢固了，“四个自信”的大树才能更加枝繁叶茂。

坚定文化自信，要求我们必须始终以习近平新时代中国特色社会主义思想为指引，坚持中国特色社会主义文化发展道路，坚守中华文化立场，立足新时代的历史方位，发展面向现代化、面向世界、面向未来的，民族的、科学的、大众的社会主义文化，不断激发全民族文化创新创造活力，建设社会主义文化强国。

牢牢掌握意识形态工作领导权、管理权、话语权。习近平总书记强调，意识形态工作是党的一项极端重要的工作，事关党的前途命运、事关国家长治久安、事关民族凝聚力和向心力。当前意识形态工作的根本任务就是要巩固马克思主义在意识形态领域的指导地位、巩固全党全国人民团结奋斗的共同思想基础。在价值取向多元多样的时代，我们要毫不动摇地坚持马克思主义信仰，特别是要将习近平新时代中国特色社会主义思想这一马克思主义中国化最新成果学深悟透，真学真懂真信真用。站在新起点上，广东要牢牢掌握意识形态工作领导权、主动权，着力建设具有强大凝聚力和引领力的社会主义意识形态。要全面加强互联网主阵地建设和管理，培育积极健康、向上向善的网络文化，构筑稳固强大的网上“同心圆”。

做好党的新闻舆论工作。习近平总书记指出，做好党的新闻舆论工作，营造良好舆论环境，是治国理政、定国安邦的大事。我们必须坚定不移地贯彻习近平总书记提出的“48个字”的职责使命，牢牢坚持党性原则、坚持马克思主义新闻观、坚持正确舆论导向、坚持正面宣传为主，让主旋律更响亮，让正能量更强劲，让党的主张成为时代最强音。当前，媒体格局和舆论生态发生深刻变化，我们唯有以变应变，在创新中破解难题，按照“融为一体、合而为一”的要求，以体制机制创新为突破口，以新发展理念推动媒体内容、渠道、平台、管理等深度融合。下一步，广东将进一步严把舆论导向，加强传播手段建设和创新，打好一系列“组合拳”，全面提高新闻舆论传播力、引导力、影响力、公信力。

培育和践行社会主义核心价值观。习近平总书记指出，社会主义核心价值观是当代中国精神的集中体现，凝结着全体人民共同的价值追求。在全社会大力弘扬和践行社会主义核心价值观，要以习近平新时代中国特色社会主义思想为根本遵循，注重落细落小落实，使之像空气一样无处不在、无时不有，成为百姓日用而不觉的行为准则。广东将继续深入实施社会主义核心价值观“1+X”工程，以中华优秀传统文化为滋养，着力以文化人，成风化俗，发挥润物无声的熏陶作用，构筑人民的共同精神家园，凝聚起社会共识的“最大公约数”。

繁荣发展社会主义文艺。习近平总书记指出，文艺是时代前进的号角，举精神之旗、立精神支柱、建精神家园，都离不开文艺。习近平总书记关于文艺工作的重要思想是指导我们推动文艺事业繁荣兴盛的根本遵循。我们要立足新时代，坚持以人民为中心的创作导向，努力推出更多有筋骨、有道德、有温度的文艺作品。广东将立足新时代厚植文艺根基，深入推进弘扬中华优秀传统文化重点项目，提振文化认同感和文化自信。2018年是改革开放40周年，广东是改革开放的先行地，我们将按照中央和省委的部署要求，建设好深圳改革开放展览馆，举办大型纪念活动，出版系列丛书，推出专题纪录片，营造改革创新、开放自信的浓厚氛围。

做好对外宣传工作。习近平总书记强调，推进国际传播能力建设，讲好中国故事，展现真实、立体、全面的中国，提高国家文化软实力。广东毗邻港澳，是我国对外开放的重要窗口，必须在加强外宣工作上有所作为。在习近平新时代中国特色社会主义思想的指引下，我们将继续立足粤港澳，面向海内外，积极参与国家对外传播话语体系建设，既造船远航，又借船出海，加快“今日广东”国际供稿中心等外宣平台建设，打造国际社交媒体传播矩阵，面向全世界讲好中国故事，为国家对外传播发挥应有作用。

（原载于《求是》2018年第3期）

把握大有可为历史机遇，推动宣传工作大有作为

习近平总书记在“1·5”重要讲话中鲜明指出，当前，我国正处于一个大有可为的历史机遇期。新时代赋予新使命，新机遇呼唤新作为。新时代需要我们记录中华民族从站起来、富起来到强起来的伟大奋斗，需要我们描绘中国人民追求美好生活的伟大创造，需要我们书写科学社会主义在当代中国的伟大实践。站在新时代的新起点上，我们必须把握好这个大有可为的历史机遇期，不忘初心，牢记使命，永远奋斗，推动宣传思想文化工作开创新局面，展现新作为。

乘风破浪正当时。把握新机遇，实现新作为，离不开思想旗帜的引领指挥。党的十八大以来，宣传思想文化和意识形态工作之所以能迅速扭转一度被动乃至混乱的局面，根本原因在于我们有了习近平新时代中国特色社会主义思想这面光辉旗帜的指引，有习近平

总书记为我们撑腰鼓劲、指点迷津。推进习近平新时代中国特色社会主义思想深入人心是新时代宣传思想文化工作的首要政治任务，我们的各项工作都要紧紧围绕把学习宣传贯彻习近平新时代中国特色社会主义思想和党的十九大精神引向深入这条主线来谋划、来部署、来推进，让习近平新时代中国特色社会主义思想成为引领我们前进的思想旗帜、精神旗帜，让学习宣传贯彻党的十九大精神成为南粤大地最嘹亮的主旋律、最昂扬的精气神。

意识形态工作关乎旗帜、关乎道路、关乎国家安全。广东地处“两个前沿”，是我国意识形态安全的“南大门”，做好意识形态工作使命光荣、责任重大、任务艰巨。我们不断压实意识形态工作责任制，不断完善意识形态工作网络，不断规范各类意识形态阵地建设和管理，使舆论环境日益清朗。接下来，我们将坚持点面结合、防反结合、立破并举，全方位筑牢意识形态安全“护城河”“防火墙”。坚持正能量是总要求、管得住是硬道理，坚持依法管网治网，培育积极健康、向上向善的网络文化，构筑起稳固的网上“同心圆”，凝聚起强大的网上正能量。

科学理论是社会发展的指南针，正确舆论是社会发展的推进器。只有做大做强理论舆论，使理论工作与舆论工作同向发力，才能统一思想、凝聚民心，从而推动社会健康快速发展。“两论起家”“两论当家”是党的宣传思想工作的优良传统，做好新时代的宣传思想工作，必须继承和发扬这一优良传统，努力做到“两论强家”。广东将围绕这一目标不断强化理论舆论工作，着力深化对习近平新时代中国特色社会主义思想的学习研究宣传阐释，建优建强理论平台，抓严抓实理论学习，推动习近平新时代中国特色社会主义思想和党的十九大精神在南粤大地落地生根、结出丰硕成果。坚定不移地贯彻习近平总书记对新闻舆论工作提出的48字职责和使命，以习近平新闻舆论思想教育和武装全体新闻舆论工作者，牢牢把握正确舆论导向，切实做到强信心、聚民心、暖人心。做强主流舆论离不开传播手段的建设和创新，广东将加快南方财经全媒体集团、中国自贸区信息港、粤港澳大湾区研究院等新型资讯、智库机构以及“南方+”等新型传播平台建设，着力推进南方评论高地、知名媒体人工作室、主流网红记者、优秀报道栏目和融媒传播精品等品牌培育，全面提高新闻舆论传播力、引导力、影响力、公信力。我们将立足粤港澳，面向海内外，积极参与国家对外传播话语体系建设，既造船远航，又借船出海，加快“今日广东”国际供稿中心等外宣平台建设，打造国际社交媒体传播矩阵，加大对外信息推送力度，面向全世界讲好中国故事、讲好广东故事。

春风化雨，润物无声。通过以文化人、成风化俗，不断丰富人民精神世界、增强人民精神力量，是宣传思想文化战线的使命所在。“落其实者思其树，饮其流者怀其源。”我们要坚持不忘本来、吸收外来、面向未来，在继承中转化，在创新中发展。过去一年，广东注重挖掘整理岭南传统文艺精华，推出“向经典致敬”系列活动，“其命惟新——广东美术百年大展”以现象级的影响力受到国内外广泛关注，有力提振了广东省的文化自信。新的一年，我们将更加注重继承与创新“两个手段”并举，深化“深入生活、扎根人民”实践，深入推进弘扬中华优秀传统文化重点项目，推进广东书法百年大展、摄影百年大展、戏剧百年盛典等活动，加快建设中国南方影视中心等平台，推出一批叫得响、传得开、留得住的精品力作，全力筑造广东文艺新高峰。着力加强文化小康和文化强省“两个建设”，推动“广东公共文化云”建设，加大文化扶贫力度，大力扶持打造文化龙头企业，规范社会资本进入传媒领域，推动文化事业与文化产业比翼齐飞。充分发挥集体和个人“两个主体”的能动性，深入实施“1+X”核心价值观建设工程，形成人人践行核心价值观的浓厚社会氛围。统筹城市和农村“两个区域”文明建设，以文明城市创建为引领，深化“五大创建”，结合乡村振兴战略，大力推进文明村镇建设，实施乡风文明行动，着力补齐精神文明短板，全面提升全社会的精神文明水平。

潮起珠江，风云激荡。2018年是改革开放40周年，作为改革开放先行地的广东，我们将按照中央的统一部署，建设好深圳改革开放展览馆，举办“大潮起珠江——纪念改革开放40周年全国美术作品展”、庆祝改革开放40周年文艺晚会等大型活动，出版《习近平改革开放思想研究》《广东改革开放史》等改革开放系列丛书，推出《潮起珠江——习仲勋在广东》《风云激荡40年——广东改革开放纵览》等纪录片，全方位、立体式地充分展示改革开放的历史进程、伟大成就和宝贵经验，特别是党的十八大以来的历史性成就、历史性变革，充分彰显习近平新时代中国特色社会主义思想的指导作用，充分展现中国特色社会主义制度的优越性。

党政军民学，东西南北中，党是领导一切的，必须毫不动摇坚持和完善党的领导，毫不动摇把党建设得更加坚强有力。宣传思想文化工作是党的事业的重要组成部分，守护着党的思想舆论阵地，承担着“两个巩固”的根本任务，要更加自觉加强党的领导和党的建设。我们将始终坚持以习近平新时代中国特色社会主义思想统领一切工作，不断加强党对宣传思想文化工作的全面领导，认真贯彻落实新时代党的建设总要求，一以贯之地抓好广东省宣传思想文化战线党的建设和队伍建设，牢牢把握大有可为的历史机遇，以既充满信心、又如履薄冰的精神状态扎实工作、开拓进取、积极作为，努力在新时代交出广东宣传人的一份优异答卷。

（原载于《时事报告》2018年第2期）

不忘初心，继续前进

习近平总书记“七一”重要讲话，全面回顾总结了我们党团结带领中国人民不懈奋斗的光辉历程，展望了党和人民事业发展的光辉前景，对全党在新的历史起点上开拓党和国家工作新局面，指明了前进方向，明确了行动指南，是马克思主义在当代中国的丰富和发展。“不忘初心，继续前进”，是这篇光辉文献的主题核心，更是习总书记向全党同志提出的谆谆教诲和殷切希望。

“求木之长者，必固其根本。”中国共产党人的初心，就是中华民族最优秀的儿女在嘉兴南湖红船开启引领民族复兴伟大航程最初始、最本真的心志。“红船精神”作为我们党领航中国的精神之源，其开天辟地、敢为人先的首创精神，坚定理想、百折不挠的奋斗精神，立党为公、忠诚为民的奉献精神，具有穿越时空的恒久魅力，从源头上奠定了中国共产党人走在时代前列的精神和气质，赋予中国共产党人强大的精神力量，经过血雨腥风洗礼、千难万险磨砺，最终成就了中国人民革命和建设的光辉伟业。

每每想起当年一大批革命志士为了信仰信念不惜抛头颅、洒热血，“打断骨头连着筋，扒了皮肉还有心，只要还有一口气，爬也要爬到延安城”的决心，总是令我们心潮澎湃。习近平总书记2015年2月到陕西视察时，就特别强调“全面从严治党要继续从延安精神中汲取力量”。回望来路，我们党之所以能不断攻坚克难、开创新篇，就在于我们党能执着于信念、矢志于初心。习近平总书记庄严地要求全党“不忘初心，继续前进”，就是提醒我们：中国共产党人的奋斗，都源自最初的梦想和志向。不管时代、环境和具体任务发生了怎样的改变，都不能改变我们本来的追求。时时重温那些苦难辉煌的伟大历史，回溯初始信念、保持本真状态，找回党的事业起航时的理想和气质，我们就能始终不惧急流险滩，继续攻坚克难，带领中国人民驶向光辉的彼岸。2015年7月1日，习近平总书记在给国测一大队老队员老党员的回信中就指出，忠于党、忠于人民、无私奉献，是共产党人的优秀品质。党的事业，人民的事业，是靠千千万万党员的忠诚奉献而不断铸就的。不忘初心，方得始终。全国广大共产党员要始终在党爱党、在党为党，心系人民、情系人民，忠诚一辈子，奉献一辈子，以自己的实际行动，团结带领亿万人民为实现“两个一百年”奋斗目标、实现中华民族伟大复兴的中国梦而共同奋斗。

不忘初心，继续前进，使我们更加清醒地认识到，中国共产党人必须牢记我们从哪里来。纪伯伦有句名言：“我们已走得太远，以至于我们忘了为什么而出发。”对于一个已经走过95年历程的大党而言，我们尤其要提防这一点。对此，习近平总书记告诫全党，要永远保持建党时中国共产党人的奋斗精神，永远保持对人民的赤子之心。一切向前走，都不能忘记走过的路；走得再远、走到再光辉的未来，也不能忘记走过的过去，不能忘记为什么出发。我们党自成立之日起，就始终执着于自己不变的理想，自觉担负起实现中华民族伟大复兴的历史使命；始终把人民立场作为根本的政治立场，以为人民服务作为根本宗旨。不忘初心，就是要求共产党人要牢牢记住，无论到什么时候，无论走到哪里，都不能忘记为什么而出发，做到理想不能忘，立场不能变，宗旨不能丢。“初心”是连接历史和现实的精神纽带，不忘初心，我们党才能找到根、寻到魂，永葆生机活力，带领人民继续前进。

不忘初心，继续前进，使我们更加清醒地认识到，中国共产党人今天处在什么样的历史方位。这八个字构筑起中国共产党所在的时空坐标，贯穿了党的过去、现在和未来，连接了中国共产党、中华民族和中国人民，贯通了“两个一百年”奋斗目标、实现中华民族伟大复兴中国梦和中国特色社会主义共同理想以及共产主义的远大理想。处在历史和未来交会的重要节点上，我们既要看到辉煌的历程和美好的前景，更要看到前进路上面临的各种风险和挑战，保持思想理论和政治上的坚定清醒，勇敢承担起历史和人民赋予的职责使命。应对“四种危险”“四大考验”，保持党的先进性和纯洁性、巩固党的执政基础和执政地位，实现百尺竿头的自我超越，带领人民实现中华民族伟大复兴中国梦的历史使命，就必须进一步砥砺高度的政治清醒和政治自觉，为更好地担当历史重任打下更为牢固的根基。

不忘初心，继续前进，使我们更加清醒地认识到，中国共产党人到哪里去。习近平总书记就如何坚持不忘初心，继续前进，从指导思想、理想信念、方向道路、奋斗目标、治国治党、内政外交等八个方面作出了系统阐述、提出了明确要求。全党同志要深深懂得，未来的道路没有“现成答案”和“标准模式”，无论革命、改革和建设，都是立足于中国国情，探索适合自己的道路。

不忘初心，继续前进，就是要坚持真理、推进创新，不断把马克思主义中国化推向前进；就是要坚定理想、筑牢信念，不断把为崇高理想奋斗的伟大实践推向前进；就是要增强自信、毫不动摇，不断把中国特色社会主义伟大事业推向前进；就是要把握全局、统筹协调，不断把实现“两个一百年”奋斗目标推向前进；就是要解放思想、真抓实干，不断把改革开放推向前进；就是要为了人民、依靠人民，不断把为人民造福事业推向前进；就是要胸怀天下、互利共赢，不断把人类和平与发展的崇高事业推向前进；就是要管党治党、严字当头，不断把党的建设新的伟大工程推向前进。

不忘初心，继续前进，就是要坚守理想信念之魂。习近平总书记强调："政治方向对一个党、一个党的组织、一个党员干部来说都极端重要。""坚定正确的政治方向，必须有坚定理想信念作支撑。"今天，我们党作为世界上最大、最得民心的执政党，党员干部不用像革命年代那样时时刻刻要经历血与火、生与死的锤炼，但无论协调推进"四个全面"还是落实"五大发展理念"，前提都是需要广大党员尤其是领导干部坚守理想信念，把使命化为担当，把干事创业作为基本职责。各级党组织必须始终把理想信念教育摆在首要位置，使全体党员自觉全面向以习近平同志为核心的党中央看齐。党员干部要把坚定理想信念作为根本守则，真正做到理想信念不滑坡，精神支柱不坍塌。不忘初心，时时刻刻打扫思想灰尘，增强免疫力和抵抗力，不断地自我净化、自我完善、自我革新、自我提高，才能挺起精神脊梁，把好"主心骨"，筑牢"压舱石"。如果忘却了初心、丢弃了理想信念的"红心"，精神滑坡、激情消退，结果必然是不严不实、得过且过、浑浑噩噩。如果忘记了我们党的历史之"根"，忘记了我们党的精神血脉，忘记了自己入党时的初心，最终不仅失掉干事创业的精气神，更会走上歧路，大搞"四风"，直至陷入腐败泥潭。

不忘初心，继续前进，使我们更加清醒地认识到，中国共产党人应该以什么样的姿态和面貌奋力前行。习近平总书记要求全党同志一定要永远保持谦虚、谨慎、不骄、不躁的作风，永远保持艰苦奋斗的作风，勇于变革、勇于创新，永不僵化、永不停滞，体现了我们党一脉相承而又与时俱进的理论和实践品格。习总书记在讲话中旗帜鲜明地提出"中国共产党人和中国人民完全有信心为人类对更好的社会制度探索提供中国方案"，首次把"文化自信"与道路自信、理论自信、制度自信并列提出；强调要坚持马克思主义指导思想不动摇，坚持远大理想目标不动摇，坚持国家发展战略不动摇；强调中国要参与全球治理，建立人类命运共同体，不允许某一个国家从自己的利益出发来操纵整个世界，充分显示了中国共产党人的宽广视野、博大胸襟、坚定自信和对世界的责任担当。我们一定要牢记习总书记的告诫，永远保持“两个永远”的作风，继续在这场历史性考试中经受考验，努力向历史、向人民交出新的更加优异的答卷。

“理论上不彻底，就难以服人。”不忘初心，继续前进，首先就是要坚持马克思主义的指导地位，坚持把马克思主义基本原理同当代中国实际和时代特点紧密结合起来，推进理论创新、实践创新，不断把马克思主义中国化推向前进。我们党95年的辉煌历史告诉我们，中国共产党之所以能够完成近代以来各种政治力量不可能完成的艰巨任务，就在于始终把马克思主义这一科学理论作为自己的行动指南，并坚持在实践中不断丰富和发展马克思主义。

我们党95年的辉煌历史同样告诉我们，我们党之所以能够历经考验磨难无往而不胜，关键就在于把马克思主义普遍真理与中国具体实践相结合，不断进行实践创新和理论创新。恩格斯早就指出：“马克思的整个世界观不是教义，而是方法。它提供的不是现成的教条，而是进一步研究的出发点和供这种研究使用的方法。”一部中国共产党的历史，就是马克思主义在中国不断发展的历史，从根本上是马克思主义中国化的历史。毫无疑问，马克思主义并没有结束真理，而是开辟了通向真理的道路。实践永无止境，理论创新就永无止境。今天，时代变化和我国发展的广度与深度远远超出了马克思主义经典作家当时的想象。面对新的时代特点和实践要求，马克思主义也面临着进一步中国化、时代化、大众化的问题。

党的十八大以来，习近平总书记围绕改革发展稳定、内政外交国防、治党治国治军等各个方面，把坚持马克思主义和发展马克思主义统一起来，适应时代需要、把握时代脉搏、回答时代课题，提出了一系列治国理政的新理念新思想新战略。习总书记的系列重要讲话，返本开新、坚守出新，坚持和发展了中国特色社会主义，是指导具有许多新的历史特点的伟大斗争的当代中国马克思主义，书写了马克思主义中国化的新篇章，是全党同志在新的历史起点上实现新的奋斗目标的科学指南，为实现伟大的中国梦注入源源不断的精神动力。

深入学习、深刻领会、扎实贯彻习近平总书记系列重要讲话精神，牢固树立政治意识、大局意识、核心意识、看齐意识，自觉在思想上政治上行动上同以习近平同志为核心的党中央保持高度一致，才能使我们党更加团结统一、坚强有力，始终成为中国特色社会主义事业的坚强领导核心。

毛泽东同志在《为人民服务》中指出："我们这个队伍完全是为着解放人民的，是彻底地为人民的利益工作的。""为人民利益而死，就比泰山还重。"每一名党员干部都要经常扪心自问：是否记得当初举起右手、面向党旗的入党誓言？"治理之道，莫要于安民；安民之道，在于察其疾苦。"不忘初心的最基本要求，就是要摆正自己的位置，把自己的根牢牢扎在群众之中，心中有民，真正做到始终坚持把人民利益放在第一位，始终把老百姓的冷暖疾苦挂在心上，始终把人民群众是否有"获得感"作为检验一切施政活动的最高标准，始终保持昂扬的精神，以更加振奋的激情干事创业，牢记"人民对美好生活的向往，就是我们的奋斗目标"。

"人生若只如初见。"不忘初心，继续前进，铭记出发时所许下的诺言，铭记奋斗渴望抵达的目标，纯净自己的内心，鼓足从头开始的勇气，是一种境界，更是一种自觉，是共产党人内在的气蕴所在。不忘初心，才能给我们一双澄澈的眼，找对方向，坚定追求，抵达初衷。全党同志要牢记习总书记的嘱托，以习近平总书记系列重要讲话武装头脑、指导实践，坚持不忘初心，继续前进，永葆奋斗精神，永怀赤子之心，永远牢记为什么出发，永远不忘走过的路，把思想"总开关"拧得更紧，始终与人民心声相激荡，在时代浪潮中从不迷航，为理想信仰的奋斗矢志不渝。

（原载于《瞭望新闻周刊》2016年第28期）

把红船精神融入创新发展

党的十九大闭幕仅一周，习近平总书记就带领新一届中央政治局常委同志，在上海中共一大会址重温入党誓词，在嘉兴南湖红船旁阐释“红船精神”，宣示新一届党中央领导集体的坚定政治信念。习总书记用深刻话语和实际行动，为广大党员干部作出表率，对广大党员干部提出要求，有力地指引着我们从党的光辉历史中汲取奋进的力量，奋力书写好新时代中国特色社会主义的新篇章。

习近平总书记教导我们：“唯有不忘初心，方可告慰历史、告慰先辈，方可赢得民心、赢得时代，方可善作善成、一往无前。”事业发展永无止境，进入新时代、开启新征程，面向未来，面对挑战，我们一定要不忘初心、牢记使命。要经常对照入党誓词，坚定不移，终身不渝，并转化为一种自觉、一种素养，在日常具体工作中潜移默化地加以体现。要牢固树立“四个意识”，在党爱党、在党言党、在党忧党、在党为党，在思想上政治上行动上自觉同以习近平同志为核心的党中央保持高度一致，自觉忠诚核心、拥戴核心、维护核心、捍卫核心，确保党中央的决策部署在广东得到不折不扣的贯彻落实。

中国特色社会主义进入新时代，对广东而言，同样要在新时代担当历史使命、谋划历史新篇。我们的历史使命，就是在新的历史起点上，抓住机遇，谱写新篇章，把广东建设成为向世界展示习近平新时代中国特色社会主义思想的重要“窗口”和“示范区”，让广东的发展和实践探索成为新时代中国特色社会主义道路优越性的最生动、最有力的证明。

就广东的宣传思想文化工作而言，要始终坚持以人民为中心的发展思想，把“红船精神”自觉融入宣传思想文化队伍建设和事业发展之中，用宣传思想文化工作切实有力的行动，告慰历史、告慰先辈，赢得民心、赢得时代，善作善成、一往无前。在实践中全面增强学习本领、政治领导本领、改革创新本领、科学发展本领、依法执政本领、群众工作本领、狠抓落实本领和驾驭风险本领。要细化全面建成小康社会的各项目标任务，深入推动广东省公共文化服务体系建设，全力加强文化小康建设；创新体制机制，推进文化事业和文化产业比翼齐飞，努力打造岭南文化新高地，以广东的生动实践验证我们的文化自信，推动社会主义文化繁荣兴盛。

社会主义是干出来的。习近平总书记在十九大报告中指出：行百里者半九十。中华民族伟大复兴，绝不是轻轻松松、敲锣打鼓就能实现的。面对新征程，我们必须准备付出更为艰巨、更为艰苦的努力，久久为功、永远奋斗。回望过去，中华民族从站起来、富起来到强起来，靠的就是一代又一代人的顽强拼搏，靠的就是中华民族自强不息的奋斗精神。今天，我们越是接近中华民族伟大复兴的目标，越要加倍努力、接力奋斗，用苦干实干托起中国梦。

在机遇和挑战面前，我们尤其要夙夜在公、埋头苦干，把雷厉风行与久久为功紧密结合起来。坚持勤勤恳恳为民、兢兢业业干事、清清白白做人，将习近平新时代中国特色社会主义思想内化于心、外化于行，落实到一件件事情、一项项工作中。牢牢掌握意识形态工作的领导权，让主旋律弘扬、让正能量高昂，用实实在在的工作推动党的十九大精神在广东落地生根，开花结果，让习近平新时代中国特色社会主义思想的旗帜在南粤大地高高飘扬。

（原载于《人民日报》2017年11月23日）

从高处把握，向深处推进

党的十八大以来，广东省委中心组坚持把学习贯彻习近平总书记系列重要讲话精神、党中央治国理政新理念新思想新战略作为重大政治任务，作为向党中央看齐的基本要求，从高处把握，在实处着力，向深处推进，为率先全面建成小康社会提供了强大的思想保证。

第一，坚持多向着力，推动习近平总书记系列重要讲话精神学习向广度深度发展。一是精心部署推动。党的十八大闭幕不久，习近平总书记视察广东并发表重要讲话，提出“三个定位、两个率先”的殷切希望，广东省委第一时间组织全面学习。以此为起点，省委中心组从经济、政治、文化、社会、生态文明“五位一体”角度，设置学习专题并下发指导意见。省委专门举办5期厅级领导干部学习系列重要讲话精神研讨班，省委主要负责同志在研讨班上强调各级党委（党组）中心组要发挥表率作用，先学一步、学深一层。同时，先后组织习近平总书记系列重要讲话精神、党中央治国理政新理念新思想新战略和习近平总书记“七一”重要讲话精神等大型主题宣讲，大力推动学习讲话精神向基层延伸。二是领导示范带动。广东省委坚持领导带头、以上率下，要求中心组成员到挂点单位宣讲讲话精神。三是注重权威引导。省委中心组依托“广东学习论坛”和省委常委集中学习讨论会两个平台，邀请近50位省部级领导、知名专家，专题解读“四个全面”战略布局、经济发展新常态、供给侧结构性改革等，帮助中心组成员深刻把握讲话精神的思想精髓。安排专人及时跟进整理习近平总书记最新重要讲话原文和权威解读文章，编印45期近86万字学习材料，供省委中心组成员学习参考。此外，要求领导干部精读《习近平谈治国理政》《习近平在庆祝中国共产党成立95周年大会上的讲话》《习近平总书记系列重要讲话读本（2016年版）》等30余种重点图书，准确掌握讲话精神实质，更好指导改革发展实践。

第二，坚持制度规范，确保学习贯彻习近平总书记系列重要讲话精神常态推进。一是抓好“定型化”学习。以学习讲话精神为重点，不断创新完善省委中心组学习制度。其一，科学选定专题。建立了中心组学习选题会商制度，定期向省领导征询学习重点、与省直有关部门商讨选题内容。其二，建立专家网络。创建涵盖多领域的近120名授课专家数据库，充分保障学习服务的高质与快捷。其三，完善研讨交流。每期集中学习讨论会，根据不同主题安排3名以上同志就针对性的议题发言，在广泛讨论的基础上，进一步深化认识。二是抓实“常规化”督导。去年以来，省委中心组组织专门人员，先后深入21个地级以上市和35个省直单位调查研究，及时了解各地各部门学习贯彻讲话精神情况。三是抓准“精细化”服务。由省委宣传部牵头，省委办公厅、省委党校协助，专门设立学习秘书组，负责拟制学习计划、提供学习资料、建立学习档案、抓好总结宣传等。同时，定期召开研讨会，组织问卷调查，并加强与中央宣传部、兄弟省市的沟通交流，建立权威可靠、使用便捷的可共享数据库，学习服务质量进一步提高。

第三，坚持学用结合，切实用习近平总书记系列重要讲话精神指导广东改革发展。一是以学习统一思想。省委中心组以全面准确把握党中央治国理政新理念新思想新战略为重点，组织了“践行新发展理念”“供给侧结构性改革”“中国特色社会主义政治经济学”“习近平总书记‘七一’重要讲话”等专题学习。二是以学习转变作风。省委中心组始终把坚持问题导向、切实转变作风作为重要目的，结合党的群众路线教育实践活动、“三严三实”专题教育和“两学一做”学习教育，先后开展5次专题研讨。三是以学习推动实践。省委中心组把学习成果切实转化为推动发展的方法思路，先后出台了《关于进一步促进粤东西北地区振兴发展的决定》等四个总体规划及去产能、去库存、去杠杆、降成本、补短板五个行动计划等一系列重大政策举措。创新驱动发展走在全国前列，截至2015年年底，广东研发投入强度达2.5%，科技进步贡献率超过57%。目前，广东上下思想更加统一、力量更加凝聚，以新发展理念推动率先全面建成小康社会的生动实践正全面展开。

（原载于《人民日报》2016年9月14日）

讲政治必须旗帜鲜明

在省部级主要领导干部学习贯彻党的十八届六中全会精神专题研讨班开班式上，习近平总书记发表了重要讲话。习近平总书记明确指出："历史经验表明，我们党作为马克思主义政党，必须旗帜鲜明讲政治，严肃认真开展党内政治生活。讲政治，是我们党补钙壮骨、强身健体的根本保证，是我们党培养自我革命勇气、增强自我净化能力、提高排毒杀菌政治免疫力的根本途径。"习近平总书记的重要讲话，从党和国家全局高度，深刻阐述了加强和规范党内政治生活、加强党内监督的一系列重大问题，对推进党的建设新的伟大工程、深化全面从严治党具有重大而深远的指导意义，是新时期加强党的自身建设的又一光辉文献。

"治安之本，唯在得人。"党的十八大以来，每年年初中央党校省部级主要领导干部专题研讨班都会如期开课。在研讨班开班式上，习近平总书记都亲自为学员们讲授第一课，明方向、定遵循、聚共识。在2017年开班式上，习近平总书记深刻阐明了学习贯彻党的十八届六中全会精神的重大意义和重要抓手，详细解答了加强和规范党内政治生活、加强党内监督的重大问题，明确要求党的高级干部自觉把讲政治贯穿于党性锻炼全过程，使自己的政治能力与担任的领导职责相匹配。总书记在讲话中，振聋发聩地点明了党内存在的突出问题，鞭辟入里地剖析了问题实质和要害，分条析理地提出了解决问题的路径和举措，各级党员领导干部要深刻领会、深入反思，自觉整改、坚决落实。

自有现代政党以来，任何政党都有其政治、都讲其政治。东西方莫不如此。马克思主义政党应该是最讲政治的。中国共产党作为马克思主义政党，当然必须旗帜鲜明讲政治，严肃认真开展党内政治生活。我们党的历史经验表明，什么时候全党讲政治、党内政治生活正常健康，我们党就风清气正、团结统一，充满生机活力，党的事业就蓬勃发展；反之，就弊病丛生、人心涣散、丧失斗志，各种错误思想得不到及时纠正，给党的事业造成严重损失。肩负着实现中华民族伟大复兴的中国梦和两个百年奋斗目标的当代中国共产党人，在讲政治上必须旗帜鲜明！党的各级干部特别是高级领导干部尤其要旗帜鲜明讲政治，以讲政治补钙壮骨、强身健体。要牢固树立政治理想，正确把握政治方向，坚定站稳政治立场，严格遵守政治纪律，加强政治历练，积累政治经验，自觉把讲政治贯穿于党性锻炼全过程。

讲政治，首要的就是牢固树立和自觉践行“四个意识”，坚决维护和捍卫习近平总书记在全党的核心地位。牢固树立“四个意识”不能只挂在嘴上，必须内化于心、外化于行，严守政治纪律和政治规矩。要在任何时候、任何情况下始终同以习近平同志为核心的党中央保持高度一致，对党绝对忠诚，对党的核心绝对忠诚。一个国家、一个政党，领导核心至关重要。习近平总书记是我们党中央的核心、全党的核心，这反映了全党的共同意志，反映了全党全军全国各族人民的共同心愿。每一名党员都要用实际行动维护习近平总书记的核心地位，绝对忠诚于全党的核心。是否牢固树立“四个意识”，坚决维护核心，是检验是否讲政治的根本。全党要维护党中央权威、向党中央看齐，谁都没有天马行空、为所欲为的权力。绝不能层层都喊维护自己的权威，层层都喊向自己看齐，这在政治上是错误的，甚至是有害的。

牢固树立“四个意识”、坚决维护习近平总书记在全党的核心地位，这是我们党面临更加复杂多变的国际环境、肩负更为繁重的改革发展稳定任务、在思想上政治上组织上着力加强和改进党的领导的客观要求，是党在新形势下推进具有许多新的历史特点的伟大斗争、实现“两个一百年”奋斗目标和中华民族伟大复兴中国梦的必然选择，也是解决党内一个时期以来存在的突出矛盾和尖锐问题，加强党中央集中统一领导的迫切需要。当前，我们党正处在错综复杂而又特殊的历史时期，正处在党和国家发展的关键阶段。推进中国特色社会主义伟大事业的发展，使命光荣、任务艰巨、责任重大，我们比以往任何时候都需要全党团结一致、全党意志统一，自觉维护党中央权威、维护党的领导核心的权威。各级党组织要毫不含糊、不折不扣落实党中央决策部署，坚定不移维护党中央权威和集中统一领导，向党中央看齐、向党的核心看齐，旗帜鲜明地同以习近平同志为核心的党中央保持高度一致，确保中央政令畅通、令行禁止。

强调讲政治必须旗帜鲜明，是有强烈的现实针对性的。应该看到，讲政治“过时”的论调在一些同志中仍然存在。如有的地方的党员领导干部以本地“情况特殊”为借口，在执行政治纪律和政治规矩上口是心非，耍花招、搞变通；一些党员领导干部对管辖范围内少数干部口无遮拦的妄议甚至污蔑攻击不闻不问、装傻充愣，还以此作为自己“开明”的标志，结果养痈遗患，酿成严重事端，给党和人民的事业抹了黑。这些表象的实质在于，有的党员、干部由政治上模糊变成政治上糊涂，自觉不自觉犯政治错误。有的党组织政治功能弱化，个人主义、分散主义、自由主义、好人主义等不同程度地滋生蔓延。严峻的事实表明，一些党的高级干部腐化堕落的深层次原因，其中最重要的就是不讲政治！因此，只有旗帜鲜明讲政治，才能固本培元、扶正祛邪，培养自我革命勇气、增强自我净化能力、提高排毒杀菌政治免疫力。各级领导干部特别是“关键少数”必须在旗帜鲜明讲政治中不断提高政治能力。

政治能力是党性锤炼的重要内涵。政治能力就是把握方向、把握大势、把握全局的能力，就是保持政治定力、驾驭政治局面、防范政治风险的能力。“非学无以广才，非志无以成学。”各级领导干部要静下心、沉下身，深入系统学习习近平总书记系列重要讲话精神和治国理政新理念新思想新战略，武装头脑、指导实践，不断提高马克思主义的理论修养、提高党的建设的基本理论修养、提高经济社会各方面知识的积累。要勇于实践，在实践中不断经受考验、在实践中历练提高。要特别重视政治能力的训练，善于从政治上思考问题、把握问题，自觉把讲政治贯穿于党性锻炼的全过程。要按照习总书记的教导，“吾日三省吾身”，经常对照和检视自己，是否正确把握政治方向、是否坚定站稳政治立场、是否牢固树立政治理想、是否严格遵守政治纪律。领导干部更要严格自律，增强政治定力、纪律定力、道德定力、抵腐定力，时刻做到忠诚、干净、担当。

“大力弘扬将革命进行到底精神”，习近平总书记在全国政协新年茶话会上向全党全国人民发出了这样的号召。这激动人心的话语令人回想起毛泽东主席当年发表《将革命进行到底》新年献词。习总书记的这一号召，要求我们坚定不忘初心继续前进的信念，永不满足、永不懈怠，奋力推进中国特色社会主义伟大事业。每一个党的组织、每一名党员干部，无论处在哪个领域、哪个层级、哪个部门和单位，都要紧密团结在以习近平同志为核心的党中央周围，自觉服从以习近平同志为核心的党中央集中统一领导，坚决听从以习近平同志为核心的党中央的统一指挥，用旗帜鲜明讲政治的实际行动，撸起袖子加油干，将我们党领导的革命事业进行到底。

（原载于《瞭望新闻周刊》2017年第9期）

全面准确深入宣讲党的十九大精神

2017年11月1日，学习贯彻党的十九大精神中央宣讲团动员会在北京召开，中央领导同志讲话时指出，习近平总书记对做好党中央精神宣讲工作一贯高度重视，提出了明确要求。我们要切实做好这次集中宣讲工作，更好把广大干部群众的思想和行动统一到党的十九大精神上来。

党的十九大确立了习近平新时代中国特色社会主义思想的历史地位，就新时代坚持和发展中国特色社会主义的一系列重大理论和实践问题阐明了大政方针，就推进党和国家各方面工作制定了战略部署，是我们党在新时代开启新征程、续写新篇章的政治宣言和行动纲领。认真学习宣传贯彻十九大精神，事关党和国家工作全局，事关中国特色社会主义事业长远发展，事关最广大人民根本利益，是当前和今后一个时期全党全国的首要政治任务。

学习宣传贯彻十九大精神，要在学懂、弄通、做实上下功夫。

十九大提出了许多新理念、新论断，确定了许多新任务、新举措。学懂是前提，必须坚持全面准确，要坚持读原著、学原文、悟原理，做到学深悟透。同时，要联系地而不是孤立地、系统地而不是零散地、全部地而不是局部地理解十九大精神，把学习贯彻十九大精神同学习马克思主义基本原理贯通起来，同十九大作出的各项战略部署贯通起来。在此基础上，拿出实实在在的举措，一个时间节点一个时间节点往前推进，以钉钉子精神全面抓好落实，确保党中央确定的目标任务和战略部署顺利实现。

学习宣传贯彻十九大精神，关键是牢牢把握习近平新时代中国特色社会主义思想这条主线。十八大以来党和国家事业之所以全面开创新局面，根本在于以习近平同志为核心的党中央举旗定向、运筹帷幄，在于习近平新时代中国特色社会主义思想的科学指引。宣讲宣传工作要按照中央的部署要求，紧紧围绕这条主线，讲清楚十九大的鲜明主题，讲清楚习近平新时代中国特色社会主义思想的丰富内涵，讲清楚十八大以来党和国家事业发生的历史性变革，讲清楚中国特色社会主义进入新时代的重大意义，讲清楚我国社会主要矛盾变化的深远影响，讲清楚"两个一百年"奋斗目标，讲清楚坚定不移全面从严治党的重大部署，把广大干部群众的思想和行动统一到十九大精神上来。要全面准确宣讲，创新宣讲方式，回应干部群众关切，增强宣讲的针对性和实效性；要到企业、农村、机关、校园、社区，同干部群众开展面对面、互动式的宣讲，推动十九大精神走进基层、走进群众。

学习宣传十九大精神，既要整体把握、全面系统，又要突出重点、抓住关键。要把着力点聚焦到习近平新时代中国特色社会主义思想是党必须长期坚持的指导思想上，聚焦到5年来党和国家事业取得历史性成就和发生历史性变革上，聚焦到中国特色社会主义进入了新时代、我国社会主要矛盾已经转化为人民日益增长的美好生活需要和不平衡不充分的发展之间的矛盾等重大政治论断的深远影响上，聚焦到贯彻落实十九大的重大决策部署上，聚焦到以习近平同志为核心的新一届中央领导集体是深受全党全国各族人民拥护和信赖的领导集体上，聚焦到习近平总书记是全党拥护、人民爱戴、当之无愧的党的领袖上。要通过集中宣讲，推动学习宣传贯彻十九大精神工作往实里走、往深里走，引导全党自觉维护习近平总书记党中央的核心、全党的核心地位，维护党中央权威和集中统一领导，激发全党全国人民开创新时代中国特色社会主义新局面的澎湃动力。

“全党要坚定信心、奋发有为，让中国特色社会主义展现出更加强大的生命力！”习近平总书记的报告，吹响了新时代我们党带领全国人民迈向新征程的伟大号角。广东全省各级党委（党组）中心组和广大党员干部群众，要把学习党的十九大精神作为重中之重，用党的十九大精神武装头脑、指导实践、推动工作，始终为实现人民对美好生活的向往而奋斗，奋力谱写社会主义现代化新征程的南粤篇章。

（原载于《南方日报》2017年11月4日，署名岳音）

中国共产党为何能成为中流砥柱

今天在国际上一门比“汉学”涉略面更广的“中国学”方兴未艾，其中一个重点课题是研究中国共产党的执政及其规律。相关数据显示，1949年中国人均国内生产总值约为30美元，远低于撒哈拉以南区域人均国内生产总值。如今，中国人均国内生产总值超过了8 000美元，此时中国人均国内生产总值是撒哈拉以南区域人均国内生产总值数倍之多。究竟是什么原因让中国这样一个经济发展起点低、人口基数庞大的国家实现了如此大的飞跃？答案毋庸置疑。中国共产党人历经90多年艰苦卓绝的奋斗，团结带领全国各族人民积极探索、勇往直前，在旧中国满目疮痍的废墟上走出了一条中国特色社会主义道路，取得了辉煌成就。历史和人民选择了中国共产党，中国共产党人义不容辞地担当起了这份重任，并且交出了成功的答卷。这支中国人民的领导核心力量，在革命和建设实践中，披荆斩棘、百炼成钢。

埃塞俄比亚总统穆拉图曾说他每隔一段时间都要来一次深圳，

看看这个地方的巨变。1978年第一次到深圳时，深圳还是一个小渔村；2014年当他再一次来到深圳时表示，深圳的变化让人惊喜，每一次向别人提起中国就会想到深圳的发展和变化，中国共产党太厉害了，在这么短的时间内拔地而起建成了一个新城。实际上，全国各地都在发生翻天覆地的变化。中国共产党人带领全体中国人民跨过一道又一道沟坎，创造了一个又一个奇迹，为中华民族作出了伟大历史贡献。借此机会，我想跟同学们探讨一下中国共产党为什么能够成为中流砥柱。

一、创造人类历史奇迹的中国共产党和中国人民

美国前总统尼克松1988年断言："我们时代的奇迹之一是，中国在惨遭20世纪各种可怕的天灾人祸之后，在21世纪将成为世界上一个头等大国。"今天，人们看到的是中国用短短几十年时间走完西方国家上百年走过的发展历程，成功地将一个贫穷落后的人口大国建设成为世界第二大经济体的新兴强国，进入中上等收入国家行列。创造这一奇迹的是中国共产党领导下的中国人民。90多年来，中国共产党矢志不渝地履行自己的诺言，不仅实现了民族独立和人民解放，而且将积贫积弱的旧中国逐渐改变成繁荣富强的新中国。习近平总书记指出："我们比历史上任何时期都更接近中华民族伟大复兴的目标，比历史上任何时期都更有信心、有能力实现这个目标。"这个任务担子之重、难度之大超乎想象，而我们党依靠人民做到了。这是一份沉甸甸的执政成绩单，印证了中国共产党的执政能力，也奠定了中国共产党成为世界瞩目的第一大党地位。

自有政党政治以来，执政党上台时往往奋发有为，受到人民拥护，但随着时间推移，变得墨守成规，逐渐令人失望，最终不得不下台。这是西方政党政治中的一个执政"怪圈"。在世界政坛上，某个政党代表某些利益群体是普遍现象，经过选举上台后以政策倾向回报选举赞助者也司空见惯。这种与生俱来的局限性，必然导致政党的执政目标难以代表社会各阶层的利益，覆盖全体人民的愿望，自然得不到人民的长期拥护。中国共产党之所以能够成为中华民族的坚强领导

核心，就在于成功地解决了为谁执政这一根本问题。我们党除了代表最广大人民的利益，没有任何自己的私利，为了人民的利益不惜付出任何代价，直至献出无数共产党人的生命。中国共产党虽然经历了不少艰难曲折，但始终初衷不改，宗旨不变。

党的十八大以来，以习近平同志为核心的党中央，统筹推进“五位一体”总体布局，协调推进“四个全面”战略布局，深得党心民心军心。我们党以自己的行动纲领和崇高理想，以不懈的奋斗和日益提升的执政能力，赢得了全国人民的拥护和支持，不愧为中国工人阶级的先锋队，不愧为中国人民和中华民族的先锋队。也正因为如此，作为一个在世界人口最多的国家执政已达60多年的大党，中国共产党人清醒面对各种风险和挑战，没有丝毫懈怠。在以习近平同志为核心的党中央坚强领导下，我们正在以前所未有的凌云壮志带领人民进行着具有许多新的历史特点的伟大斗争。

习近平总书记在党的十八大闭幕后会见记者时昭告天下的“施政宣言”——“人民对美好生活的向往，就是我们的奋斗目标”，坚定地宣示了我们党执政为民的决心。党的十八大以来，以习近平同志为核心的党中央，一方面坚持维护最广大人民的根本利益，“多谋民生之利，多解民生之忧”，进一步强化了我们党根基在人民、血脉在人民、力量在人民的治党之本、执政之本；另一方面全面从严治党，净化政治生态，密切了党群关系，巩固了党的执政根基。在长期执政实践中，我们党革故鼎新，自我净化、自我修复、自我完善的内在基因是非常强大的。习近平总书记强调：“凡是影响党的创造力、凝聚力、战斗力的问题都要全力克服，凡是损害党的先进性和纯洁性的病症都要彻底医治，凡是滋生在党的健康肌体上的毒瘤都要坚决祛除，使中国共产党始终同人民心连心、同呼吸、共命运。”当前在协调推进“四个全面”战略布局的进程中，以习近平同志为核心的党中央带领全党时刻保持清醒，坚定道路自信、理论自信、制度自信、文化自信，狠抓党风廉洁和反腐败斗争，以优良作风和崇高理想把党和人民凝聚在一起，续写着新的历史华章。

人心是最大的政治，始终植根人民、造福人民的党，必将始终立于不败之地；始终居安思危、勇于进取的党，也必将始终走在时代前列。从世界政党的整个坐标系看，我们党创造了人类历史的奇迹，确实当之无愧。

二、从国家现代化进程看中国共产党

道路问题从来都是决定国运兴衰的第一位问题，也是政党执政的第一位问题。古今中外，由于道路、制度选择错误而导致政权失败、人亡政息的例子比比皆是。在1921年中国共产党成立前后，中国政治舞台上曾经出现300多个政党和政治组织，但是大浪淘沙，这些政党和政治组织绝大部分被雨打风吹去。当时，许多中国人也曾经幻想照搬西方的政治制度来救国救民，结果导致大小军阀割据、贿选暗杀成风。曾经让学界纳闷的是，反帝反封建的中国民主革命是为资本主义发展开辟道路，当时的中国国民党最具备成为这场革命领导核心的条件，但是历史却在这里拐了个弯，中国民主革命最终选择的不是中国国民党而是中国共产党。由中国共产党领导和开辟了社会主义道路，不是人家强加的，而是历史演进过来的。

为什么中国国民党丧失了历史机遇？根本的原因在于道路和制度选择。国民党主张以三民主义救中国，但资产阶级革命派领导的革命，照搬西方资本主义的种种方案，没有能够从根本上改变中国半殖民地半封建社会的性质和中国人民的悲惨命运，没有能够完成中华民族救亡图存的民族使命和反封建的历史任务。国民党最终沦为地主、买办和官僚资产阶级利益的代表，他们所建立的社会制度，也必然成为官僚资本主义和封建主义相交织的矛盾体。

1949年前相当长的时期，在中国农村70%的农民没有土地。国民党执政期间，不仅没有推动时代进步，反而使中国陷入了山河破碎、战乱频仍、人民饥寒交迫的境地。我前段时间到粤东北调研，发现红军当年留下了很多标语，这些标语都很朴实，比如“打倒地主，穷人有土地”，农民听到该有多激动！因为土地是他们的命根子。70%的中国农民没有土地，这个国家能治理下去吗？肯定不行。相反，中国共产党将马克思主义基本原理与中国革命的具体实际有机结合，主张用社会主义救中国，而且找到了能够领导中国革命的先进社会力量。从此，中国社会发生了翻天覆地的变化，彻底结束了旧中国一盘散沙的局面，开辟了中华民族光明的前景，一直到今天在实现中华民族伟大复兴征途上接续奋进着。

在中国这样一个人口多、底子薄的东方大国建设社会主义，没有任何经验可以借鉴，这是一项前无古人的历史伟业。新中国成立前夕，当时美国国务卿艾奇逊断言："中国历代政府包括国民党政府都没有解决中国人的吃饭问题，最终失败。同样，共产党政权也解决不了中国人的吃饭问题，它必然会因此而垮台。"但是，他这句话说早了、说满了。我们党团结依靠中国人民创造性地实现了由新民主主义向社会主义的转变，完成了中国历史上最广泛最深刻的社会变革，为实现振兴中华的梦想开辟了新的道路。社会主义生产关系的建立，使人民的积极性与创造性前所未有地迸发出来，极大地解放和发展了生产力；集中力量办大事的社会主义制度优势，使我们国家迅速地建立起独立的、比较完整的工业体系和国民经济体系；中国特色社会主义的建立和完善，使我们国家全面加快了社会主义现代化的进程，大踏步地赶上了世界发展潮流。我们不仅解决了世界上1/5人口的温饱问题，而且在几十年时间内我国总体将进入小康社会，这是中国对人类作出的重大贡献。60多年后的今天，我们党以辉煌的执政成就向世界昭示：我们不但善于破坏一个旧世界，我们还善于建设一个新世界。

其实，西方那些政客对我们的探索曾经是不屑一顾的。美国政治哲学家弗朗西斯·福山预言了"历史的终结"，他认为最后的历史是自由民主的历史，在自由民主阶段，人类获得了平等的认可，历史也就终结了。但后来在一次电话采访中他纠正了自己的观点，因为有了中国这个"例外"。西方那些政客本来认为，要实现现代化只能走西方道路，但是在中国发展到今天、当年全球化的引领者现在都指望中国的时候，他们发现不得不正视中国道路的独特优势和强大生命力。

我今年春节回老家，发烧咳嗽得厉害。医生给我配了很多西药，发烧治好了，留下了干咳症，又去看西医，西医说没问题，过一段时间就好了，但还是咳。之后，又找到广东省中医院的副院长张忠德同志，他一看说："你是不是吃了抗生素，吃了泰诺？"我说："吃了。"他说："吃多了，烧是退了，但是你把湿气包在身体里面了，西医解决不了问题，我用中药把你这个湿气给引出来，马上好。"结果真的很快就好了。我举这个例子是为了说明，中华民族绵延5 000年而不绝的优秀传统文化有其特殊性，怎么能一味拿西方的药方子来开中国的"药"、治中国的"病"呢？

党的十八大以来，习近平总书记提出了一系列治国理政新理念新思想新战略，深刻地揭示了中国共产党的执政理念、执政使命和价值追求，丰富和发展了中国特色社会主义的理论和实践，开创了中国特色社会主义更加光明的前程。为人民服务，担当起该担当的责任，是习近平总书记反复强调的执政理念；坚持和发展中国特色社会主义，是习近平总书记反复强调的治国理政的鲜明主题；实现中华民族伟大复兴的中国梦，是习近平总书记强调的治国理政的奋斗目标；统筹推进"五位一体"总体布局和协调推进"四个全面"战略布局，是习近平总书记强调的治国理政的施政方略。党的十八大以来，我们的党和国家这艘航船风正帆悬、乘风破浪地向着我们既定的目标奋进。中国共产党人正在加速推进国家治理体系和治理能力的现代化，中国梦、中国道路、中国精神、中国力量正在发挥日益强大的作用，中国正以一个大气谦和、信心满满的大国形象走进世界舞台的中央。

三、当代政治文明建设中的中国共产党

执政党，如果没有一个制约机制，没有一个强有力的监督机制，久而久之就会"温水煮青蛙"，变成少数人掌控资源，这样就比较容易发生贪腐问题。我们党清醒地认识到了这一点，勇于向自已“开刀”。“打铁必须自身硬”，党的十八大以来，习近平总书记就全面从严治党提出了一系列新思想新论断。党风廉洁建设和反腐败斗争已取得压倒性胜利，制度防腐已基本成型。人民群众从来没有像今天这样对我们的党团结带领全国人民实现民族伟大复兴充满信心和希望。

有人说中国共产党是一党专政，此言谬矣。我们不是一党专政，我们是中国共产党领导的多党合作和政治协商，这是我国的一项基本政治制度。中国共产党作为执政党，是国家事业的领导核心；各民主党派作为参政党，是建设中国特色社会主义的重要促进力量。在“长期共存、互相监督、肝胆相照、荣辱与共”的方针指导下，中国共产党与各民主党派形成了世界政党政治中独一无二的新型政党关系。这种带有中华传统文化中“和为贵”、商量办事等浓郁特色的制度设计，是我们党将传统文化与现代政治完美融合的天才创意，也是我们党长期执政的秘密所在，是对人类政治文明的一大贡献。

党的十八大以来，习近平总书记多次强调，要坚定不移地坚持和完善中国共产党领导的多党合作和政治协商制度，支持民主党派更好地履行参政党的职能，充分发挥自身优势，最大限度地调动一切积极因素、凝聚一切积极力量。2013年3月，习近平主席在访问俄罗斯时提出了著名的“鞋子论”：“鞋子合不合脚，自己穿了才知道。”一个国家的发展道路合不合适，只有这个国家的人民才最有发言权。我们的实践证明，实行中国共产党领导的多党合作和政治协商制度，是中国共产党与民主党派以及全国人民共同作出的完全正确的历史抉择，是符合中国国情的康庄大道。在中国搞西方的多党制，既不符合我们的实际，也违背我们的根本利益。只有始终坚持中国特色社会主义政治制度，才能更广泛更牢固地团结各民主党派、各社会阶层，团结全国各族人民，为实现“两个一百年”奋斗目标和中华民族伟大复兴的中国梦共同奋进。

有的人声称，实行多党轮流执政有利于人民更好地当家作主，更好地反映民意。其实，西方国家的政党都是代表各自利益集团的政治工具，他们主张“凡是对手支持的我就反对”。恰恰是中国共产党领导的多党合作，极大地避免了内耗，寻找到社会的最大公约数，照顾到全社会的方方面面。西方的两党竞争或者多党竞争都必然有私人资本的支持。多党竞选本身就是赤裸裸的“富人游戏”“钱袋民主”，无论哪个政党上台执政，这个实质改变不了。这不是西方民主的潜规则，而是西方民主的“显规则”。正如美国一位学者所说：“美国实际上只有一个党，就是财主党。”没有金钱，就没有所谓的选票。

关于现代政治文明中的意识形态问题，最早都是西方提出来的概念。比如，尼克松早就提出要用军事、经济、技术的力量和手段来瓦解我们的制度。同时，他还预言21世纪中国将成为一个强大的国家，为此绞尽脑汁地开了几个方子、制定了几个战略，专门对付我们。首先是崇拜“西方标准”，一切按照“西方标准”来做。现在网上有一些文章歪曲我们党史军史国史，丑化我们英雄人物，而其背后的真正目的就是要动摇中国人的理想信念，摧毁我们的自信，瓦解我们的共识。事实上，西方颠覆我们制度的战略战术一直在付诸行动，例如，通过现代化传媒手段进行西方价值观念和意识形态的渗透。奥巴马2013年参观梦工厂时就直言不讳地说：“娱乐是美国外交政策的一部分，而且正是这个部分让我们显得特别。”对此，我们一定要澄清模糊意识，时刻保持清醒，扎紧思想篱笆，避免迷失自我、误入陷阱。我们说办好自己的事，关键在于坚定“四个自信”，在这方面千万不能动摇、千万不能犹豫，不能被人忽悠。正如习近平总书记强调：“不忘本来、吸收外来、面向未来。”我们要吸收世界上人类共同的一些精神财富，但我们的根、我们的本任何时候都不能忘、不能丢。决不能喝西方的“迷魂汤”丢了魂！

四、执政理念变化中的中国共产党

我们党的根本宗旨是全心全意为人民服务。正因为我们党坚持人民至上，紧紧依靠人民群众，真心诚意地为人民谋利益，才赢得了人民的拥护，赢得了长期执政的地位。过去如此，面向未来同样如此。如果我们党哪一天脱离了人民群众，沦为了一个精英党，沦为了一个为少数人服务的党，那就必然被历史所淘汰。习近平总书记治国理政思想中，有一个重要的指导思想，那就是以人民为中心的思想，这在习近平总书记系列重要讲话中的分量非常重。2015年《南方日报》刊发了一篇题为《坚持以人民为中心的发展思想》的万字评论文章，这篇文章是我在学习习总书记新发展理念后组织《南方日报》同志一起撰写的。我认为贯穿习近平总书记系列重要讲话的一个主要脉络就是坚持以人民为中心的思想。这也是习近平总书记治国理政思想的精髓之一。

坚持以人民为中心，人民至上，这是由我们党的性质和宗旨决定的，最重要的是由我们的自觉实践决定的。在不同的历史时期，我们党坚持人民至上的价值追求，都取得了伟大的胜利。在新民主主义时期，党中央代表人民的根本利益，结束了反动阶级的统治。如在土地革命战争时期，党中央团结领导人民，打土豪分田地，农民的革命积极性得到极大的提高；在抗日战争时期，党中央领导人民实行减租减息的土地政策，改善了根据地人民的生活，同时巩固和壮大了抗日民族统一战线；在解放战争时期，党中央制定了正确的土地改革政策和路线，为夺取解放战争的胜利奠定了坚实的基础；在新中国成立以后，党代表人民要求改变旧中国经济文化落后状况的愿望，开始了社会主义革命和建设的伟大实践；在党的十一届三中全会以后，党和国家的工作重点转移到社会主义现代化建设上来。近40年的改革开放，取得的成绩大家有目共睹。由此种种，都是在实现和维护好最广大人民的根本利益。

党的十八大以来，习近平总书记强调坚持以人民为中心，赋予了人民至上新的内涵。坚持以人民为中心，集中反映在习近平总书记对人民主体、人民位置、人民立场、人民生活等方面的深刻认识和实践中。比如，习近平总书记反复强调，人民是历史的创造者，群众是真正的英雄，人民群众是我们力量的源泉，要树立以人民为中心的工作导向，这都体现了尊重人民的主体地位。习近平总书记还强调，领导干部要“六不忘”，其中就有一点，要始终不忘全心全意为人民服务的宗旨，要求党员干部把人民群众当主人，把有限的工作时间投入到无限的为人民服务之中，始终牢记党的根本宗旨，强化宗旨意识，从思想感情深处真正把人民群众当主人，摆正自己和人民的位置。习近平总书记强调，党员干部要把人民群众当先生、当主人。以人民为中心的发展思想不是一个抽象的、玄奥的概念，不能只停留在口头上，止步于思想环节，而要体现在经济社会发展各个环节。习近平总书记说：“走得远一点，哪怕看得少一些，是真实的，才是值得的。”四川省凉山州有个悬崖上的村庄——阿土勒尔村，中央电视台曾用无人机拍摄村民走崖壁、爬藤梯的生活情况。习近平总书记牵挂着“悬崖村”的村民。在2017年两会期间，他来到四川代表团参加审议时还专门问起“悬崖村”的情况。在新的历史时期，我们党面临着“四大考验”和“四大危险”，一定要落实好习总书记关于以人民为中心的发展思想。只有始终和人民在一起，和人民打成一片，我们党才能永远成为中流砥柱。

中国共产党人历经90多年艰苦卓绝奋斗创造的奇迹、中国共产党今天的领导核心地位，决不是机缘巧合，而是深深植根中国实际，在马克思主义中国化道路上探索不息、奋斗不止的结果。习近平总书记反复强调全党同志要不忘初心，继续前进。我们不仅要为党取得的一个个伟大成就而感到自豪，而且要共同努力去探究党的力量源泉、成功之道，从中汲取精神力量，为实现“两个一百年”奋斗目标和中华民族伟大复兴的中国梦而不懈奋斗！

（原载于《时事报告》2017年第8期）

深刻领会明确习近平总书记核心地位的重大意义

刚刚闭幕的党的十八届六中全会在中国共产党发展史上具有重要的里程碑意义，做好党的十八届六中全会精神宣传宣讲工作，是当前和今后一个时期全党的一项重大政治任务。中央高度重视全会精神的宣讲工作，习近平总书记对宣讲工作专门作出重要批示："由党中央组织开展集中宣讲，是推动我们党的理论和路线方针政策深入基层、深入群众、深入人心的重要工作方法，要坚持把这个方法用好。学习宣传贯彻六中全会精神，要突出全面从严治党这个主题，联系实际学深悟透，把握精髓要义，讲究宣讲艺术，回应广大党员、干部、群众关切，把新形势下加强和规范党内政治生活、加强党内监督的必要性和重要性讲清楚，把全会提出的重大理论观点和重大举措讲清楚，把全会对全党特别是领导干部提出的要求讲清楚。"习近平总书记的重要批示，深刻阐明了宣讲活动的重要意义、目标任务、基本要求和工作方法，为我们做好宣讲工作提供了重要遵循。

一、充分认识党的十八届六中全会的重大意义，切实增强做好宣讲工作的责任感使命感

党的十八届六中全会，是在全面建成小康社会决胜阶段召开的一次十分重要的会议，是着眼协调推进“四个全面”战略布局、专题研究部署全面从严治党的一次重要会议。六中全会明确习近平总书记的核心地位、正式提出“以习近平同志为核心的党中央”，充分反映了全党的共同意志和人民的共同心声，是维护党的团结和集中统一领导、提高党的创造力凝聚力战斗力的迫切需要，是战胜前进道路上各种风险和挑战、保持党和国家事业发展正确方向的根本保证。全会审议通过的《关于新形势下党内政治生活的若干准则》和《中国共产党党内监督条例》，贯穿全面从严治党的鲜明主题，坚持“严”字当头，突出问题导向，注重以上率下，体现了思想建党和制度治党的有机统一，体现了我们党勇于自我革命的精神，具有很强的政治性、战略性和针对性，是新形势下加强和规范党内政治生活、加强党内监督的根本遵循。

习近平总书记在十八届六中全会上发表的重要讲话，总揽党和国家发展大势和战略全局，系统回顾了中央政治局一年来的工作，科学分析世情国情党情的发展变化，深刻回答管党治党的一系列重大理论和实践问题，对新形势下加强和规范党内政治生活、加强党内监督作出总体部署，对贯彻落实全会精神提出明确要求。总书记讲话以一系列富有创见的新思想新观点新要求，升华了我们对党的建设规律的认识，丰富和发展了马克思主义党建理论，是坚定不移推进全面从严治党的行动纲领，为我们党更好治国理政、开创事业发展新局面提供了科学指南。

集中开展宣讲活动，是宣传、动员、武装广大干部群众的有效方式，有利于促进六中全会精神广泛宣传普及。要通过大规模宣讲这种有效方式，把六中全会精神迅速传达到广大干部群众中去，凝聚广东人民的思想共识，引导人们把思想和行动进一步统一到党中央决策部署上来。

二、全面、准确、深入学习领会和宣讲党的十八届六中全会精神，切实用全会精神统一思想、凝聚力量

一要深入宣讲坚定不移推进全面从严治党的重要性紧迫性。习近平总书记指出："全面从严治党，既需要全方位用劲，也需要重点发力。"推动全面从严治党向纵深发展，必须把加强和规范党内政治生活、加强党内监督作为重要抓手。要深入阐释党要管党首先要从党内政治生活管起，从严治党首先要从党内政治生活严起，坚持把严肃党内政治生活作为解决自身矛盾问题最主动、最有效的途径和方法；深入阐释党内监督是永葆党的肌体健康的生命之源，加强党内监督是党的建设重要基础性工程，在全面从严治党中发挥着不可替代的保障作用。

二要深入宣讲新形势下加强和规范党内政治生活的基本精神和重要举措。深入阐释严肃党内政治生活的特殊重要性，讲清楚党内政治生活的重大作用和历史经验，讲清楚面临的形势任务和存在的突出问题，讲清楚新形势下加强和规范党内政治生活的总体目标。深入阐释加强和规范党内政治生活12个方面的内容和规定。深入阐释新准则和1980年准则既一脉相承又与时俱进的辩证关系。深入阐释贯彻落实《准则》的基本要求，讲清楚落实《准则》的重点和着力点。

三要深入宣讲加强党内监督的主要内容和基本要求。深入阐释党内监督在党和国家各种监督形式中是最基本的、第一位的，讲清楚党内监督没有禁区、没有例外，信任不能代替监督。深入阐释党内监督的任务是确保党章党规党纪在全党有效执行、维护党的团结统一，讲清楚重点要解决主体责任缺失、监督责任缺位、管党治党宽松软的问题。深入阐释党内监督的制度安排和措施办法，讲清楚党内监督的重点对象是党的领导机关和领导干部特别是主要领导干部；讲清楚党内监督体系、监督主体的监督职责以及相应监督制度；讲清楚把党内监督和外部监督结合起来，充分发挥国家机关监督、民主党派监督、群众监督、舆论监督重要作用的要求。

四要深入宣讲全会明确习近平总书记核心地位的重大而深远的意义。深入阐释习近平总书记的核心地位，是在进行具有许多新的历史特点的伟大斗争中、在坚持和发展中国特色社会主义的伟大实践中形成的。深入阐释习近平总书记成为党中央的核心、全党的核心，是全党的高度共识，是众望所归、当之无愧、名副其实。深入阐释明确习近平总书记的核心地位，是党和国家根本利益所在，是坚持和加强党的领导的根本保证，也是推进伟大事业、建设伟大工程、夺取伟大斗争胜利的迫切需要。

五要深入宣讲领导干部特别是高级干部以上率下的标准和要求。深入阐释领导干部特别是高级干部执掌重要权力的特殊地位、发挥示范作用的特殊职责。深入阐释"一把手"示范表率的重要意义，讲清楚加强对"一把手"教育的针对性、管理的经常性、监督的有效性。需要指出的是，十八届六中全会突出强调中央委员会、中央政治局、中央政治局常委会组成人员要首当其责，充分体现了党中央以身作则、以上率下的作风和品格。深入阐释习近平总书记提出的"十个必须"的重要要求，阐释好《准则》《条例》对中央层面提出的专门规定和要求，充分展示党中央管党治党的坚强决心。

三、精心准备、周密筹划，高质量高水平完成党的十八届六中全会精神学习和宣讲任务

一要发挥党委中心组示范带动作用，当好学习排头兵。各级党委中心组要发挥示范带动作用，把学习六中全会精神列入重要议事日程，列出专题进行研讨，在学习的态度、内容、方式、效果等各个方面都带好头、作表率，以此带动全党全社会学习。党委一把手要担负起领导责任，以高度负责的精神抓好中心组学习。

二要加强组织领导，认真安排部署。要精心安排部署，制订具体实施方案，努力做到认识统一、行动迅速、方案具体、落实到位。要做好省委宣讲团在本地本单位宣讲的服务保障工作，组织好干部群众参加听讲。在条件许可的情况下，尽可能扩大宣讲的覆盖面和影响力。要参照省委宣讲团的做法，广泛吸收政治立场坚定、理论水平高、宣讲能力强的领导干部和专家学者组成各级宣讲队伍，为开展多层次、广覆盖的宣讲提供组织保障。

三要强化学习培训，提高宣讲质量。要吃准吃透全会精神，坚持读原著、学原文、悟原理，学习《准则》和《条例》，努力吃透精髓要义。要用好集体备课的时间，静下心来认真学习、深入钻研，真正把全会提出的重大理论观点和重大举措弄懂悟透。要参照中央审定的宣讲提纲，结合自己的学习体会，形成高质量、有分量的讲稿。各地市党委宣传部门要举办各种层次、多种形式的培训班、学习班，分期分批组织宣讲理论骨干开展集体备课和深入研讨。

四要坚持正确导向，把握政策界限。要强化导向意识，坚持团结稳定鼓劲、正面宣传为主，最大限度地统一思想、振奋精神、凝聚力量。要把准基调口径，注意分寸尺度，不说偏激话、过头话，防止片面性、简单化。对党的建设成就经验要讲全面、讲充分，对存在问题的剖析要实事求是，对新思想新观点新举措的解读要严谨准确。对六中全会明确习近平总书记核心地位的宣讲，要坚持“慎重稳妥、平实阐述、深入引导”的要求，把重点放在统一认识、统一思想、统一行动上。

五要面向基层群众，扩大宣讲覆盖面。各地要切实加强对基层宣讲工作的协调指导，充分发挥讲师团、党校、社科单位的作用，组织力量深入企业、农村、学校、社区。要继续发展壮大各层次宣讲力量，发挥老干部、老专家、新乡贤等群体的优势和特长，带动和培养一批立足基层、联系群众的宣讲骨干。要积极组织百姓宣讲团，以百姓的视野、感触、故事、话语体系讲群众身边事，有效宣讲六中全会精神。要注重解疑释惑，把中央的精神讲透彻，把相关的制度安排讲明白，有针对性地回答广大干部群众的关切。

六要加大宣传力度，形成舆论强势。要组织各级各类媒体开展全方位、多角度的深度宣传。要及时报道宣讲专家在各地的宣讲活动。要加强网上宣传引导，通过微博、微信、移动客户端等新媒体平台，加大网上报道和网上推送力度。要始终保持宣传热度，形成全媒体参与、全方位覆盖的舆论强势，确保新闻宣传有声势、有力度、有节奏、有效果。

（根据2016年11月8日在广东省党的十八届六中全会精神宣讲动员会暨党委中心组学习经验交流座谈会上的谈话整理，南方网登载）

党员干部要增强核心意识看齐意识

中央领导同志在出席中央直属机关党的工作会议并讲话时强调，各级党组织和广大党员要增强核心意识、看齐意识，坚持把对党绝对忠诚作为根本政治要求和最重要的政治纪律，始终在思想上政治上行动上同以习近平同志为核心的党中央保持高度一致，向党的理论和路线方针政策看齐，向党的十八大和十八届三中、四中、五中全会精神看齐，向党中央改革发展稳定、内政外交国防、治党治国治军各项决策部署看齐。

办好中国的事情，关键在党。党的领导是中国特色社会主义制度的最大优势，加强党的领导关键要坚持党中央集中统一领导。全党只有自觉在思想上政治上行动上同以习近平同志为核心的党中央保持高度一致，才能使我们党更加团结统一、坚强有力，始终成为中国特色社会主义事业的坚强领导核心。中央领导同志要求中直机关各级党组织和广大党员增强核心意识、看齐意识，这不仅对中直机关党组织和党员干部，对全国各级党组织和广大党员干部同样是重要的政治要求。

党的十八大以来，党和国家各项事业之所以取得显著成绩，开创崭新局面，全党、全国各族人民群众对党中央之所以如此拥戴、如此充满坚定信心，最根本最重要的原因在于有以习近平同志为核心的党中央的坚强领导，有习近平总书记系列重要讲话精神的科学指导。党中央提倡的要坚决响应，党中央决定的要坚决照办，党中央禁止的要坚决杜绝，任何时候任何情况下都要做到政治立场不移、政治方向不偏。

增强核心意识、看齐意识，首要的是强化思想建党，坚持不懈抓好思想理论武装。党的十八大以来，习近平总书记发表了系列重要讲话，提出了实现中华民族伟大复兴的中国梦，协调推进“四个全面”战略布局，经济发展新常态，创新、协调、绿色、开放、共享五大发展理念，创新驱动发展战略，供给侧结构性改革等一系列新理念新思想新战略。习总书记系列重要讲话是马克思主义中国化的最新成果，是进行具有许多新的历史特点伟大斗争的坚实理论基础和强大思想武器。我们要以习总书记的系列重要讲话为指引，以习总书记治国理政新理念统一思想、武装头脑、指导实践，把学习成果转化为各地各部门的生动实践。

“一年之计在于春。”2016年是全面建成小康社会决胜阶段的开局之年，也是推进供给侧结构性改革的攻坚之年。面对前进道路上的艰难险阻和各种挑战，各级党组织和广大党员更要增强核心意识、看齐意识，在指导思想和路线方针政策以及关系全局的重大原则问题上，全党必须在思想上政治上行动上同以习近平同志为核心的党中央保持高度一致，决不容许口是心非、言行不一。要以严和实的作风狠抓各项工作的落实，按照“四个全面”战略布局，以新发展理念引领发展，为“十三五”规划开好局、起好步。

（原载于《新华每日电讯》2016年2月2日，署名叶辦）

看齐既要见思想，更要见行动

中央领导同志强调，领导干部要深入学习贯彻习近平总书记系列重要讲话精神，在增强政治意识、大局意识、核心意识、看齐意识上带好头作表率，切实把向党中央看齐体现在思想和工作的各个方面。看齐既要见思想，更要见行动，不折不扣地落实党中央部署，以“三严三实”要求履行好党和人民赋予的职责使命。

十八大以来，在以习近平同志为核心的党中央坚强有力的领导下，我们党不断开辟治国理政的新境界，党和国家的各项事业局面一新，人民群众欢欣鼓舞。我们党正在进行具有许多新的历史特点的伟大斗争，带领人民沿着中国特色社会主义道路实现中华民族伟大复兴的中国梦。实现“两个一百年”伟大目标，需要持之以恒地攻坚克难，考验着我们党的凝聚力战斗力。只有各级党组织和党员干部时时处处与党中央看齐，才能切实增强党的凝聚力战斗力。早在1945年，毛泽东同志就指出：“要知道，一个队伍经常是不大整齐的，所以就要常常喊看齐，向左看齐，向右看齐，向中间看齐。我们要向中央基准看齐，向大会基准看齐。看齐是原则，有偏差是实际生活，有了偏差，就喊看齐。”我们今天面临的形势和任务，与几十年前有着根本的不同，但增强看齐意识仍然极具现实针对性和指导性。

看齐是重大的政治原则，是我们党的力量所在、优势所在。要看到，经过市场经济的洗礼，我们党经受住了各种各样的挑战和考验，党的领导能力和水平不断提高。但我们党在自身建设上也急需进一步加强。新形势下，我们党不仅肩负着实现中华民族伟大复兴中国梦的历史重任，而且依然面临着“四大考验”，存在着“四大危险”，面临着推进治理体系和治理能力现代化等重大时代课题。这些都要求全面从严治党，建设一支忠诚干净担当的党员领导干部队伍。“加强纪律性，革命无不胜。”我们党面临的形势越复杂、肩负的任务越艰巨，就越要加强纪律建设、越要维护党的团结统一，确保全党统一意志、统一行动、步调一致向前进，越要让党员干部特别是领导干部自觉增强“看齐意识”。

“凡救其末，不如正其本。”增强看齐意识，最根本的是在思想上政治上行动上同以习近平同志为核心的党中央保持高度一致，向党中央看齐、向习总书记看齐。要坚持不懈地用党的理论创新成果武装头脑，深刻领会党的十八大以来党中央治国理政新理念新思想新战略，掌握贯穿其中的马克思主义立场观点方法，自觉主动地加以贯彻落实。思想的统一，特别是党员领导干部思想认识的统一，是确保党的凝聚力战斗力的根本保证。然而，少数党员干部在原则问题和大是大非面前首鼠两端、表里不一，有的对中央重大决策部署阳奉阴违、我行我素。如果这些“不大整齐”的问题在我们的队伍中不有效解决，不从思想根源上彻底加以纠偏，就会直接损害党在人民群众心目中的形象，危害党的团结统一。“先立乎其大者，则其小者不能夺也”，党员干部一定要从思想上政治上增强自省、自警，时刻检查自己在思想政治上有无认识到位、看齐意识是否坚定自觉，时刻把理想信念作为“主心骨”坚守于心，呵护坚守共产党人的命脉和灵魂。

行动上要扎扎实实。喊破嗓子不如做出样子。党的十八大以来，以习近平同志为核心的党中央身先垂范、以上率下，产生了强大的示范效应，促进了党风政风民风的积极转变，赢得了全党全国人民的衷心信赖。“上为之，下效之。”各级领导干部向党中央看齐，关键在行动。行动上看齐，要求领导干部在工作指导思想上与党中央看齐、政绩观上与党中央看齐，对有利于推进“五位一体”“四个全面”，有利于落实“五大发展理念”的事，对有利于党和人民的事，要大干特干、干成干好。对那些华而不实、好大喜功的事，坚决不干；对那些违规违纪、害党伤民的事，不仅不能干，更要敢于亮剑、坚决斗争。当前，在经济新常态下，对转型升级、创新驱动的难点，对民生痛点，要深入一线调研解剖，对症下药，确保抓一件成一件，事事落地见效。在守纪律守规矩、与党中央保持高度一致的原则问题上，要抓早抓小，对错误言行要及时反击斗争。总之，看齐是一个系统工程，需要切实找准落实的着力点和突破口。不管从事什么工作，处在什么位置，都要对照以习近平同志为核心的党中央治国理政的新理念、新要求，时时处处检查自己思想认识上是否看齐，行动落实上是否看齐，并以此检验自己的品格、境界、能力。党员领导干部要对习近平总书记系列重要讲话精神融会贯通，自觉用于指导实践。要对中央治国理政的战略部署烂熟于心，经常向党的理论路线和中央的方针政策对表，经常用中央的要求照镜，在贯彻中央重大决策时不打折扣，不走形变样，结合本地本部门的实际扎扎实实地加以贯彻落实，这样才能真正做到统一思想，统一行动，形成强大合力。

“讲看齐，对党员干部来说，不是个人的小事，而是事关政治方向的大事；不是一般的品行要求，而是党性要求。”看齐，领导干部要带头示范、作出表率、走在前列，真正赶上趟、对准表、聚好焦，主动把责任记在心上、扛在肩上、落在行动上。务实行动、敢于担当是共产党人的鲜明品格。党员领导干部不仅要在看齐上思想认识到位，更要做看齐的践行者、推动者，主动承担起一级党组织落实看齐的组织领导、教育管理、检查督促的主体责任，切实增强政治定力和过硬本领，使敢于担当、勇于落实成为自觉追求。

（原载于《新华每日电讯》2016年3月5日，署名乐水）

以新发展理念塑造中国形象

创新、协调、绿色、开放、共享的发展理念，是以习近平同志为核心的党中央治国理政新理念新思想新战略的一个重要体现，深化了对当代中国经济社会发展规律的认识，实现了发展观念的变革，拓展了中国共产党人的发展观。

以新发展理念为引领，必将深刻影响中国的国家形象、政党形象、国际形象的塑造，为探索人类美好的社会制度提供中国方案、为完善全球社会治理体系提供中国智慧。

诠释国家新形象

“创新是从根本上打开增长之锁的钥匙。”习近平主席在G20杭州峰会的系列讲话，始终围绕创新展开。峰会“创新、活力、联动、包容”的主题，与新发展理念高度契合。习主席的系列讲话充分彰显了中国新气象，诠释了国家新形象。在全球化时代，国家形象已成为国家利益的重要内容，建构良好的国家形象，对于促进国家发展、维护国家安全、增强综合国力和国际竞争力意义重大。

观察中国道路的新维度。发展道路是国家形象的重要表征，它折射发展程度、发展方式，蕴含发展取向、价值追求，选择什么样的发展道路直接关系到国家形象的塑造。习近平总书记指出，我们要建设的是中国特色社会主义，而不是别的什么主义。中国特色社会主义道路成为表征我国国家形象的重要方面。而创新、协调、绿色、开放、共享的发展理念，分别从发展动力、发展路径、发展目的等维度说明了中国特色社会主义道路的特质，从发展的角度阐释了中国特色社会主义道路的内涵和特色，表明中国特色社会主义道路是崇尚创新、注重协调、倡导绿色、厚植开放、推进共享的发展道路。受众从中可以更直接、具体地感知中国国家形象的内涵，感悟中国国家形象的构建。

彰显中国形象的新元素。新理念为国家形象增添新内容、注入新元素。创新发展意味着发展动力的转换，实现从“要素驱动”“投资驱动”向“创新驱动”转变，由此展示勇于创新、善于创新、富有智慧、永续发展的国家形象；协调发展注重解决发展不平衡，补齐经济社会发展短板，由此展示均衡、和谐、文明的国家形象；绿色发展是生态文明在发展中的体现，践行“绿水青山就是金山银山”，由此展示尊重自然、中国美丽的国家形象；开放发展意味着我国实行互利共赢的开放战略，发展更高层次的开放型经济，积极参与全球经济治理和公共产品供给，构建广泛的利益共同体，展现担当、友善、互利、共赢、和平的国家形象；共享发展在于着力缩小收入差距、城乡差距，使全体人民有更多获得感，由此展示社会公平、共同富裕、人民幸福的国家形象。因此，实践新发展理念能从不同维度、不同层次改善国家形象，为塑造国家形象提供新机遇。

夯实中国形象的新基石。新发展理念是管全局、管长远的宏观战略，是奠定中国形象的新基石。习近平总书记多次强调，全面建成小康社会“一个都不能少”。全面建成小康社会目标的实现，将为国家形象的建构奠定重要基础。在新发展理念引领下全面建成小康社会，无论在中华民族发展史上，还是在世界发展史上、在社会主义发展史上，都具有标志性的意义，更为国家形象的塑造提供坚实的支撑。

塑造政党好形象

新发展理念既是一种发展方向，也是一种执政理念，表明了中国共产党对国内发展大局、世界发展大势的总体把握，体现了中国共产党的宗旨意识、担当意识，体现了中国共产党执政能力、执政方式的新发展。

执政能力的提升。执政能力是塑造政党形象的重要内容，执政能力要随着执政环境的变化而提升。新发展理念是从中国经济社会发展的阶段性特征出发提出来的，既立足于我们的实践，又吸收了中国优秀传统文化和改革开放以来的发展经验，并适应了国际社会发展潮流与发展趋势，是我们党应对重大挑战、抵御重大风险、克服重大阻力、解决重大矛盾而作出的理性选择，从一个侧面表明我们党执政能力、执政水平的提升，也有助于我们党塑造自我完善、自我提高的执政形象。

执政宗旨的彰显。为谁执政、执政为谁，这是塑造政党形象的根本问题。中国共产党是服务人民、为人民谋利益的政党，在选择发展方式、发展道路的过程中，人民利益至高无上。习近平总书记强调，“人民是历史的创造者，群众是真正的英雄”，“人民对美好生活的向往，就是我们的奋斗目标”。这道出了人民主体地位和中国共产党的执政宗旨。新发展理念体现了人民主体地位，彰显了执政为民的宗旨，贯穿了以人民为中心的发展思想，彰显了党的执政宗旨、执政使命。

执政方式的变革。执政方式是塑造政党形象的关键因素。新发展理念引领实践，实际上对党的执政方式提出了新要求。习近平总书记指出：“贯彻落实新发展理念，涉及一系列思维方式、行为方式、工作方式的变革，涉及一系列工作关系、社会关系、利益关系的调整，不改革就只能是坐而论道，最终到不了彼岸。”新发展理念的实践，要求具有战略思维、历史思维、辩证思维、创新思维、底线思维，提高运用科学理论思维观察事物、分析问题、解决问题的能力，不断增强工作的科学性、预见性、主动性和创造性；要求通过改革旧的体制机制，形成系统完备、科学规范、运行有效的制度体系，以加强和改善党的经济社会工作的领导；要求运用法治思维与法治方式推动经济社会发展，使经济社会发展在法治的轨道上运行；要求通过全面深化改革激发人民创新、创业的活力，通过经济社会发展凝聚民心与民力。因此，新发展理念将促进党的执政方式变革，有助于塑造中国共产党人永不满足永不停步的执政形象。

提升大国软实力

G20杭州峰会上，习近平主席以大国领袖的远见卓识和开阔胸怀，协调推动各成员合力支持G20聚焦世界经济面临的最突出、最重要、最紧迫的挑战，同时加强政策协调，完善机制建设，扎实落实峰会成果。系列共识的相继达成，昭示了中国的担当和凝聚力，有力佐证了新发展理念的强大软实力。新发展理念既是立足我国经济社会发展现实的理性选择，也是应对人类发展全球性困境的中国方案，对人类文明发展、人类命运共同体的建构将产生深远影响，必将极大提升中国的国际地位与国际形象。

全球视野下的发展共识。新发展理念适应国际社会发展潮流与发展趋势，具有全球视野、世界眼光。新发展理念使我国发展的动力与方式、发展的目标与取向，走到时代潮流的前列，发挥了引领作用。正因为如此，新发展理念的提出及其实践，引起了国际社会的广泛关注，成为全球共识。

负责任、敢担当的新兴大国。责任与担当是国际社会评判国家形象的重要尺度，也是支撑一个国家国际形象的重要方面。新发展理念本身体现了中国的责任与担当。比如，“一带一路”等重大倡议的实施，充分表明我们的开放不仅着眼于中国自身，更是着力实现合作共赢，为其他国家提供共同发展的机遇和空间。用习近平主席的话来说就是，“欢迎大家搭乘中国发展的列车，搭快车也好，搭便车也好，我们都欢迎，正所谓‘独行快，众行远’”。此次G20峰会上，在习近平主席的娓娓道来中，无不彰显中国的责任、担当和自信。

破解全球发展困境的中国智慧。出思想、出经验、出智慧比出产品更重要，是国家软实力的标志。2008年国际金融危机以来，如何引领国际经济走出困境、摆脱危机，世界各国都在关注和探索。新发展理念是为应对全球发展困境提出的中国方案，是力求突破全球发展困境的中国智慧。习近平总书记指出：“创新、协调、绿色、开放、共享的发展理念，是针对我国经济发展进入新常态、世界经济复苏低迷开出的药方。”随着实践的发展，这一“药方”的价值将愈加显现。G20峰会的诸多成果，就是在新理念指导下，以中国智慧提供中国方案，开启强劲、可持续、平衡、包容增长的崭新航程的最佳例证。

总之，新发展理念为中国的国家形象、政党形象的建构带来了新机遇、增添了新内容、提供了新支撑。我们要自觉以新发展理念塑造中国形象，为中华民族的伟大复兴赢得良好的发展环境。

（原载于《瞭望新闻周刊》2016年第42期）

以结构性改革引领新常态

2015年11月10日，在中央财经领导小组第十一次会议上，习近平总书记首次提出了供给侧结构性改革的战略构想。

习总书记指出，在适度扩大总需求的同时，着力加强供给侧结构性改革，着力提高供给体系质量和效率，增强经济持续增长动力，推动我国社会生产力水平实现整体跃升。

这一新改革思路甫一提出就引起了包括经济学界在内的海内外人士高度关注和热烈讨论。回顾2013年以来，以习近平同志为核心的党中央对中国经济形势作出了系统性的论述，从“三期叠加”到“新常态”，再到供给侧结构性改革，不仅仅解决了“怎么看”的判断问题，而且进一步指明了“该怎么干”的问题。

外媒普遍注意到：“习近平政治经济学”正在成为引领中国这个世界第二大经济体新发展方向的强大指引，不仅对中国的未来，对全球也将产生巨大影响。中国的发展已经迈向新的境界。

2015年12月召开的中央经济工作会议，对供给侧结构性改革从理论到实践作了全面阐述和部署。2016年新年伊始，1月26日召开的中央财经领导小组第十二次会议上，供给侧结构性改革再次成为重要议题，国家发改委、财政部、住房和城乡建设部、中央人民银行、国务院国资委向中央汇报了关于去产能、去库存、去杠杆、降成本、补短板的8个工作方案，并在会上进行了讨论。

2016年3月16日闭幕的十二届全国人大四次会议上表决通过了政府工作报告和“十三五”规划纲要，力推供给侧结构性改革，相关措施周密翔实。

可以预见，供给侧结构性改革这一经济领域的重要改革思想，将是2016年及今后一个时期中国经济工作的重要指引，并且会对未来中国经济的发展走向产生重大影响。

这本《解题结构性改革——中国经济大棋局》，是在习总书记提出这一具有全局视野和战略高度的改革思想后，《21世纪经济报道》对供给侧结构性改革从顶层设计思路、改革背景、工作重点等多方面进行的全景式解读。

供需关系向来是经济学的基本问题，而在中国经济发展新的历史关口，简单依靠总需求调节已难以应对当前中国经济发展中的突出问题，因此供给侧的改革被提到更加重要的位置。

在这本书中，对于供给侧结构性改革的背景有深入的分析，这对于理解当前为什么要进行供给侧结构性改革非常有帮助。

中国发展研究基金会副理事长、国务院发展研究中心原副主任刘世锦从经济发展的质量和效益方面进行论述，他最关注工业企业生产价格指数和工业企业利润的持续下行，“供给回落慢于需求回落，于是出现了PPI迄今40多个月的负增长，幅度超过5%，也就是中国式的通缩问题。相应地是工业企业利润一年多来的下降”。而导致这两个重要数据持续下行的重要原因则在于一些产能过剩行业大幅负增长。

正是因为中国经济当前面临突出的困难——“四降一升”（经

济增速下降、工业品价格下降、实体企业盈利下降、财政收入增幅下降和经济风险发生概率上升）。因此，供给侧结构性改革显得更为迫切，这是绕不过去的历史关口。

那么，具体怎么做？正如习近平总书记所指出的，供给侧结构性改革的根本目的是提高社会生产力水平，落实好以人民为中心的发展思想。

在具体工作中，既要加强优质供给，减少无效供给，又要扩大有效供给，提高供给结构的适应性和灵活性，提高全要素生产率，使供给体系更好地适应需求结构变化。

2016年的五大重点工作是：去产能、去库存、去杠杆、降成本和补短板。这需要多套政策组合拳，有针对性地开展工作。本书对于上述重点工作分别进行了阐述，如对于产能过剩问题，不仅仅有宏观数据分析，还有对典型“僵尸企业”的细致调研，等等。

结构性改革需要面对供给侧和需求侧双重考量。供给侧改革和需求侧调控之间的关系也是个焦点问题，外界不少误解，将供给侧改革和需求侧调控对立起来。其实并非如此，正如世界银行前副行长、北京大学新结构经济学研究中心主任林毅夫在本书中指出的，供给侧和需求侧可以统一考虑。

此外，本书还有一个突出特点，就是对新兴产业的关注。这些新兴产业分布广泛，既包括高端的制造行业，如大飞机、核电等，也包括新兴的消费领域，如健康、影视、旅游、大数据等产业。这些领域之所以能逆势高速增长，恰恰是因为这曾是供给侧的薄弱环节，一旦供给有改进，需求自然不是问题。2015年中国人均GDP达到4.92万元，但仍只有美国的七分之一左右。中国有待挖掘的投资机会、消费潜力都还很大，新兴产业也正在成为中国经济增长的新动力。

2016年是“十三五”的开局之年，适应新常态、把握新常态、引领新常态是贯穿“十三五”经济和社会发展全局和全过程的大逻辑。供给侧结构性改革将会使中国经济由低水平供需平衡向高水平供需平衡跃升，形成新的再平衡。中国经济的形态也会更高级、分工更优化、结构更合理。

《21世纪经济报道》作为一份具有相当专业性、权威性和影响力的财经媒体，一纸风行十五年，在传播、解读党和国家的经济政策方面，取得了良好的效果，也得到了市场的高度认可。

随着中国经济的持续发展，优质高效、权威准确的财经信息会迎来更大发展空间，这对财经媒体而言，既是机遇也是挑战。《21世纪经济报道》目前也在拓展财经信息服务的产业链条，探索移动互联网时代的财经信息传播方式，希望他们能将这种优质内容的生产优势进一步转化为影响力优势，更好地服务于经济社会发展。我坚信，21世纪经济报道人一定能扎根中国经济转型发展的沃土，见证我们祖国的伟大复兴梦想成真，与我们这个时代同进步，在媒体转型发展的大时代中闯出一片属于他们的新天地！

（此文为《解题结构性改革——中国经济大棋局》一书的序言，原载于《南方日报》2016年4月6日）

以创新社会治理增强人民群众安全感

社会治理能力是国家治理能力的重要体现，没有社会治理能力现代化就没有国家治理能力现代化。党的十八大以来，以习近平同志为核心的党中央，从党和国家发展全局的高度，围绕创新社会治理提出了一系列新观点、新论断、新要求。“治理和管理一字之差，体现的是系统治理、依法治理、源头治理、综合施策”“加强和创新社会治理，关键在体制创新，核心是人，只有人与人和谐相处，社会才会安定有序”“从让人民群众满意的事情做起，从人民群众不满意的问题改起”“完善对维护群众切身利益具有重大作用的制度，强化法律在化解矛盾中的权威地位，使群众由衷感到权益受到了公平对待、利益得到了有效维护”……习近平总书记的一系列重要讲话，阐明了创新社会治理方面一系列带有方向性、根本性的重大问题，深化了对社会治理规律的认识，是深入推进社会治理创新的科学指南。

我们看到，各级各部门认真贯彻党中央决策部署，在提升社会治安综合治理方面成效显著。同时我们也必须看到，经济、社会及技术的飞速发展，对当下的社会治理提出了诸多新挑战。伴随我国进入全面建成小康社会决胜阶段，我们要准确把握新形势下人民群众需求新变化，深化对社会治理规律的认识，向改革要活力、向创新要动力，建立健全符合中国国情、具有时代特征的社会治理体系。为此，必须遵照习近平总书记的重要指示，统筹谋划，不断创新，完善中国特色社会主义治理体系，做到“四个坚持”：坚持系统治理，加强党委领导，发挥政府主导作用，鼓励和支持社会各方面参与；坚持综合治理，强化道德约束，规范社会行为，调节利益关系，协调社会关系，解决社会问题；坚持依法治理，加强法治保障，运用法治思维和法治方式化解社会矛盾；坚持源头治理，标本兼治、重在治本，以网格化管理、社会化服务为方向，健全基层综合服务管理平台，及时反映和协调人民群众各方面各层次利益诉求。

当前，各类风险跨界性、关联性增强，没有哪类风险不需要综合施策，没有哪个地方和部门不需要协调配合。在政府单打独斗已不能适应人们对公共服务需要多样化、社会问题复杂化的新形势下，社会治理也必须打破“政府包打天下”的单一局面。要以联动融合理念为引领，更加注重设施联通、信息互通，更加注重力量统筹、资源共享，更加注重程序对接、工作联动，更加注重地区协作、条块互补，更加注重线上线下一体互动、相辅相成，提高社会治理系统性、整体性、协同性，积极破解难题、应对挑战，努力防范化解各类风险，把社会治理提高到新水平。特别是在信息化日益发达的今天，要把大数据等现代科技手段与社会治理深度融合起来，以信息化为牵引，积极推进打防管控一体化、网上网下一体化，确保社会治安防控形成体系、充满活力。

增强社会治理合力，必须从体制机制上大胆创新，提高整体效能。在治理主体上，要以开放心态、宽广胸襟，平等对待各类社会主体，以开放性架构、市场机制吸纳社会力量，破解社会治理难题，形成多样化治理模式；要坚持人民主体地位，创造有利于人民参与的组织形式，健全以群众自治组织为主体、社会各方广泛参与的新型社区治理体系，把城乡社区建设成为社会治理的基础平台。在工作机制上，要更加注重基础性制度建设，推动从事后处置应对向长效治理机制转型，为实现社会善治提供制度保障；要坚持问题导向、标本兼治，提高传统与非传统安全威胁的预测预警预防能力；要善于运用“第三只眼”看经济发展变化，研究把握经济运行新趋势，切实增强工作前瞻性；要统筹规划、狠抓精细化管理，补足短板，增强实效。

“天地之大，黎元为先。”深入推进社会治理创新，进一步增强人民群众的安全感，是时代赋予我们的神圣使命。广东各级党委和政府要切实加强对习近平总书记系列重要讲话精神的学习，把社会治理作为“一把手”工程来抓，纳入经济社会发展规划，及时研究解决重大问题，善于运用新知识、新技术破解社会治理难题，推动形成问题联治、工作联动、平安联创，切实肩负起促一方发展、保一方平安的政治责任，努力建设更高水平的平安广东，为实现中华民族伟大复兴中国梦作出新贡献。

（原载于《南方日报》2016年10月16日，署名岳音）

牢牢把握新疆工作的着眼点和着力点

"要牢牢把握新疆工作的着眼点和着力点。"中央领导同志在新疆维吾尔自治区成立60周年庆祝大会上发表讲话时指出，社会稳定和长治久安是新疆工作的着眼点和着力点，是新疆工作的总目标。这是党中央根据新疆形势和全国大局作出的重大战略判断，是统领新疆各项工作的总纲。只有真正认识和把握好这一点，才能掌握依法治疆、团结稳疆、长期建疆的主导权和主动权。

着眼点，就是工作中需要重点考虑和注意的方面；着力点则是致力于完成某项任务或工作时重点着手之处。着眼点侧重于研究和谋划，着力点立足于付诸行动。把社会稳定和长治久安这一新疆工作的总目标，定位为既是着眼点又是着力点，体现的是对新疆工作战略判断和工作部署的高度一致性。新疆一切工作，发展经济、改善民生、改革开放、民族宗教、党的建设等，都要紧紧围绕社会稳定和长治久安来谋划来推进。

习近平总书记指出，我国是统一的多民族国家。各民族多元一体，是老祖宗留给我们的一笔重要财富，也是我们国家的重要优势。我国各族人民共同缔造了中华人民共和国，都为中华民族形成和发展作出了卓越贡献。自古以来，新疆就是一个多民族聚居的地区。千百年来，作为祖国大家庭成员的几十个民族在天山南北辽阔的土地上生息繁衍、和睦相处，共同建设美丽家园。今天，新疆各族人民正像石榴籽那样紧紧抱在一起，满怀信心为维护新疆社会稳定和实现长治久安、全面建成小康社会而不懈奋斗。牢牢把握新疆工作的着眼点和着力点，切实掌握依法治疆、团结稳疆、长期建疆的主导权和主动权，对于我们贯彻落实习总书记的指示，更好维护民族地区团结稳定，更好加快民族地区发展，更好凝聚各民族智慧和力量，动员各民族共同为实现中华民族伟大复兴的中国梦而奋斗，意义极为重要。

当前，我国正处在全面建成小康社会、全面深化改革、全面依法治国、全面从严治党的重要时期，也是新疆实现社会稳定和长治久安的重要阶段。2014年5月，中央召开了第二次新疆工作座谈会，明确了做好新形势下新疆工作的重大方针政策，围绕新疆社会稳定和长治久安出台了一系列有力举措，为新疆发展指明了方向。社会稳定和长治久安这个着眼点和着力点，要成为贯穿于包括援疆等在内的新疆各项工作的主线，我们要牢牢扭住这根主线。要在实践中勇于创新，努力探索各种有实效管实用的有力措施，加强综合治理、源头治理，不断夯实社会稳定和长治久安的基础。当前，在经济进入新常态的大背景下，要正确认识和处理稳定与发展的关系，统筹谋划部署各领域各方面工作，通过维护稳定营造良好发展环境，做到稳定和发展两手抓，两手硬。同时，要继续动员鼓励各地各部门和广大干部群众，对一切有利于新疆社会稳定和长治久安的工作，要坚定不移、全力以赴去做。要进一步争取人心、凝聚力量，引导广大群众认清维护稳定就是维护自身利益，坚定站在党和政府一边，共同筑起维护社会稳定和长治久安的铜墙铁壁。

“全面建成小康社会，一个民族都不能少。”只要把社会稳定和长治久安这篇大文章做实做深做细做透，努力建设团结和谐、繁荣富裕、文明进步、安居乐业的社会主义新疆，美丽的新疆一定会和全国各地一样，将中华民族伟大复兴的中国梦化为壮丽的现实。

（原载于《新华每日电讯》2015年10月8日，署名汉鸿）

二

推动全面从严治党的新实践不断向前

以习近平同志为核心的党中央，从统筹推进“五位一体”总体布局、协调推进“四个全面”战略布局的高度，对全面从严治党作出战略部署，开启了全面从严治党的新实践。各级纪委必须旗帜鲜明讲政治，自觉在思想上行动上维护以习近平同志为核心的党中央权威，向党的路线方针政策和中央决策部署看齐，扎实地把党中央的各项决策部署落到实处。

“天下难事必作于易，天下大事必作于细。”推进全面从严治党迈向纵深，纪检部门重任在肩，责无旁贷。广东各级党组织和纪检部门要秉承“全面从严治党永远在路上”的使命感，切实贯彻十八届六中全会重要战略部署，紧密团结在以习近平同志为核心的党中央周围，坚定不移全面从严治党，进一步把监督和巡视工作做细做实，不断推进全面从严治党的新实践，为率先全面建成小康社会，为实现“两个一百年”奋斗目标、实现中华民族伟大复兴中国梦提供坚强保障。

严管必先把纪律和规矩挺在前

党风廉政建设和反腐败斗争是全面从严治党的重要方面，但绝不是全部，不能把全面从严治党等同于反腐败。党内关系要正常化，批评和自我批评要经常开展，让咬耳扯袖、红脸出汗成为常态；党纪轻处分和组织处理要成为大多数；对严重违纪的重处分、作出重大职务调整应当是少数；而严重违纪涉嫌违法立案审查的只能是极少数。这“四种形态”都是为了惩前毖后、治病救人，必须改变要么是“好同志”、要么是“阶下囚”的状况，真正体现对党员的严格要求和关心爱护。

党要管党、从严治党，首要的就是要以坚强的党性和责任担当，用严明政治纪律和政治规矩管全党。习近平总书记多次强调守纪律讲规矩对于我们党的极端重要性，明确提出要严明政治规矩，强调“要加强纪律建设，把守纪律讲规矩摆在更加重要的位置”。党的十八大以来，党中央以雷霆之势抓党风廉政建设和反腐败斗争，党风政风和社会风气随之清朗，党心民心为之大振。

从大量的腐败案件看，绝大多数发生在党的十八大之前，有的案件数额之惊人、性质之恶劣，实在匪夷所思。不少同志会问：难道那些曾经身居高位的腐败分子就没有一点收手之念？党纪国法难道在这些人脑中“失忆”了吗？看一看他们的忏悔录，其实都有过思想斗争，都经历了“温水煮青蛙”的过程。最终走上不归路的根源，一方面是自身的“三观”扭曲变形，思想防线彻底溃败；另一方面也有组织上教育管理的缺位，党员干部甚至“入鲍鱼之肆，久而不闻其臭”，相互影响、心照不宣，变成了一地一部门的集体腐败行为。近年来查处的塌方式腐败、小圈子腐败等，无一不如此。

“欲知平直，则必准绳；欲知方圆，则必规矩。”

一个拥有8 600多万党员的大党，不用铁的纪律和严明的规矩来治理，注定是一盘散沙。同样，作为党内的一分子，如果我们的每个党员和领导干部，缺乏规矩和纪律观念，久而久之，不仅心无斗志、军心涣散，甚至还会滑向违法乱纪的深渊。党的十八大以来，中央对“老虎”“苍蝇”一起打，形成高压态势，反腐的力度之大、范围之广、持续时间之长和取得的效果之好，赢得了人民群众的衷心称赞。除了有腐必惩，还在于突出了严管。无论是出台八项规定还是狠刹“四风”、开展专项巡视，无论是党的群众路线教育实践活动还是“三严三实”专题教育，干部群众深切感受到我们党抓铁有痕、踏石留印抓作风建设的决心和实效。

党风廉政建设和反腐败斗争是全面从严治党的重要方面，但绝不是全部，不能把全面从严治党等同于反腐败。在反腐败斗争取得重要阶段性成果的今天，我们要围绕“四种形态”，把监督执纪问责做深做细做实。同时，既要驰而不息地继续查处各类腐败行为，有效遏制腐败态势；也要在严管上下大力气，发挥党的领导核心作用，落实管党治党主体责任，把纪律和规矩挺在前，用纪律和规矩管全党管根本。

《黄帝内经》说：“圣人不治已病，治未病；不治已乱，治未乱，此之谓也。”严管就是厚爱，信任不能代替监督。只有实现了从不敢腐、不能腐到不想腐的转变，党风廉政建设才能说取得了根本成效。当前，治标为治本赢得了时间，下一步的关键就是要抓执行纪律和规矩的常态化，抓作风建设的常态化。治标和治本是有机统一，相互联系的。治标突出的是“惩”，抓住冰山浮在水面以上的部分，严惩腐败行为；治本突出的是“防”，抓住冰山潜在水面以下的部分，从源头治理，解决问题。要达到“治未病”的目的，就必须先做好预防的基本功，把纪律和规矩挺在前，为治本创造条件。以纪律为尺子，把纪律和规矩挺在前，高悬党纪国法的利剑，并以严格的制度规范作保障，久久为功，风清气正的良好政治生态必将永驻。

（原载于《新华每日电讯》2015年9月28日，署名汉鸿）

扯袖子、咬耳朵的工作要多做

祸患常积于忽微。不少领导干部违纪违法走上不归路，都是从一个个的小错开始的。领导干部“小事”不检点，首先是主观上没有规矩和纪律意识，放松自我约束，也与一些地方和单位的党组织对“忽微”失察，未能及时治病纠偏有关。

有鉴于此，党的十八大以来，以习近平同志为核心的党中央全面从严治党，在打虎拍蝇的同时，高度重视作风建设，尤其注重抓早抓小。中央领导同志在出席全国组织部长会议并讲话时就强调，各级党组织要切实负起全面从严治党主体责任，党组织书记要履行好第一责任人职责，把严肃党内政治生活、深化作风建设的要求落到实处。要加强对干部日常管理监督，扯袖子、咬耳朵的工作，组织部门要多做，党委书记、组织部长要多做，防患于未然。要坚持基层党组织政治功能和服务功能相统一，把从严治党要求向基层延伸，全面提升基层党建工作水平。

“木受绳则直，金就砺则利。”扯袖子、咬耳朵，就是早打招呼、早加提醒，加以预警，就是为了让我们的领导干部成为有益于党和人民事业的“直木”和“利金”。这是在推进全面从严治党中落实抓早抓小的有效举措，也是充分体现批评与自我批评的有力武器。对此，中央首次明确了党组织、党委书记和组织部长的责任：组织部门要多做，党委书记、组织部长要多做。注重抓早抓小，对尚未违纪但有苗头性、倾向性问题的党员干部及时提醒，对有违纪行为尚未违法的党员干部及时处理，使咬耳朵、扯袖子、红红脸、出出汗成为常态，防患于未然，逐步让党纪轻处分、组织处理成为大多数，严重违纪的重处分、作出重大职务调整是少数，严重违纪涉嫌违法立案审查的成为极少数，这是确保全面从严治党持之以恒的重要保障。各级党组织、党委书记和组织部长责无旁贷。

“针眼大的窟窿斗大的风。”对于党员干部来说，严守政治纪律政治规矩无小事，否则将酿成大错。因此，习近平总书记多次告诫全党同志不要“温水煮青蛙”、坚决防止“破窗效应”，强调党的各级组织要积极探索纪律教育经常化、制度化的途径，多做提提领子、扯扯袖子的工作。从近年来查处的大批违纪违法案件看，领导干部凡是违法的，无不从违纪开始。几顿饭、几瓶酒、几张卡、几次澡、几沓钱……在不知不觉和习惯成自然中滑入深渊，最后踏上不归路。有的被查处的领导干部后悔不已地说，自己在台上风光时从来没有人提醒，一旦东窗事发方觉晴天霹雳。这固然主要是这些干部自身出了问题，但从一个侧面也说明对领导干部的教育管理失之于宽、失之于软的问题。有的部门和地方党内政治生活不严肃，平时你好我好大家好，相互高抬贵手，面对问题和错误睁一眼闭一眼，用庸俗的一团和气代替了党性原则，其结果并不是保护干部，而是害了干部。

党组织要负起全面从严治党主体责任，党组织书记要履行好第一责任人职责，这两个责任在日常工作中最直接的落实，就体现在从严治党的抓早抓小上，体现在常扯袖子、多咬耳朵上。俗话说打是亲骂是爱。对领导干部最大的爱护不是文过饰非、阿谀奉承、相互吹捧，而是敢于指出其缺点错误，帮助其改正提高。只要领导干部一出现苗头性、倾向性的问题和错误，党委书记、组织部长就应及时予以提醒和批评教育，让他红红脸、出出汗、醒醒脑甚至流流泪、悔悔过，及早悬崖勒马、痛改前非。如果情节和问题已属违纪行为尚未违法的，由纪委领导予以诫勉谈话，并视情予以纪律处分、组织调整。立足于抓早抓小，把扯袖子、咬耳朵的工作常态化，用政治纪律和政治规矩“照镜子、正衣冠”，在细枝末节上对领导干部严格要求，让作风建设落细落实，才能防微杜渐，帮助领导干部及时改正不良习性，从一开始就筑牢“清清白白做人、干干净净做事、坦坦荡荡为官”的思想防线，这是各级党组织严肃而光荣的责任。

（原载于《新华每日电讯》2016年1月21日，署名乐水）

在严和实中体现深和细

中央领导同志在出席中央纪委派驻纪检组组长副组长培训班开班式并讲话时强调，全面从严治党是实现“两个一百年”奋斗目标和中华民族伟大复兴的根本保证。要把贯彻落实习近平总书记在十八届中央纪委六次全会上的重要讲话同学习领会系列重要讲话精神结合起来，密切联系各部门实际，从点点滴滴抓起，坚决维护党章，全面落实全会部署，在严和实中体现深和细，不断增强党的凝聚力和战斗力。

我们党不可战胜的力量，很重要的一个方面就在于有非常严密的组织和纪律。党的历史无可辩驳地证明，遵规守纪“严紧硬”，我们党就有凝聚力和战斗力；管党治党“宽松软”，纪律和规矩形同虚设成“稻草人”，必然消解凝聚力、削弱战斗力。有鉴于此，党的十八大以来，我们党着眼于新的形势任务，把全面从严治党纳入“四个全面”战略布局，把党风廉政建设和反腐败斗争作为全面从严治党的重要内容，正风肃纪，反腐惩恶，着力构建不敢腐、不能腐、不想腐的体制机制。从出台八项规定到持之以恒纠“四风”，从发挥巡视利剑到加大追逃追赃力度，从拍蝇打虎到扎紧制度篱笆……从“宽松软”走向“严紧硬”，一系列具体而扎实的“组合拳”，有力净化了党风政风民风，极大增强了人民群众对党的信任和支持，人民群众对此给予高度评价。

全面从严治党永远在路上，从“宽松软”走向“严紧硬”是一个长期的过程，增强党的凝聚力和战斗力不可能毕其功于一役，要有韧劲、恒心。如何做到“严紧硬”？“一具体就深入，一深入就见效。”中央领导同志强调的从点点滴滴抓起、在严和实中体现深和细，充分显示了把全面从严治党体现在实实在在行动上的坚定决心和明确要求。

习近平总书记在十八届中央纪委六次全会上发表重要讲话时强调，全面从严治党，核心是加强党的领导，基础在全面，关键在严，要害在治。贯彻落实习总书记的指示，重在具体，具体的衡量标准在于深和细。首先必须突出一个“深”字，在坚持中深化、在深化中坚持，持之以恒、久久为功、常抓不懈。其次是“细”，天下大事必作于细，“治小者不可以怠，怠则废”，全面从严治党必须落细落小落实。随着全面从严治党形成常态化，腐败变种也越来越隐蔽，识别和查处的难度会越来越大。对此，党的各级纪检部门要拉长耳朵、瞪大眼睛，发现问题、及时处置，让形形色色的腐败行为无处遁形。

严和实是确保深和细的前提，要在严和实中体现深和细。全面从严治党抓深抓细，必须“严”字当头，每名党员领导干部都要牢固树立“四个意识”，自觉尊崇党章，严肃党内生活，认真对照“三严三实”，坚守防线、把住底线、不越红线，心有所畏、言有所戒、行有所止。必须向“实”处用力，全面从严治党的措施要实、效果要实，一定要以抓铁有痕、踏石留印的决心和行动抓落实。特别是基层党委，如果大而化之、虚与委蛇，不对症下药，歪风邪气就必然大行其道，最后只会贻误党和人民的事业。

“一分部署、九分落实。”当前在“两学一做”学习教育活动中，各地要突出问题导向，带着具体问题学，针对具体问题改，把解决问题贯穿学习教育全过程，尤其要在严和实中体现深和细，不断增强党的凝聚力和战斗力，从而为推进全面从严治党提供强大的正能量。

（原载于《新华每日电讯》2016年4月26日，署名汉鸿）

提高政治站位，强化政治领导

2016年9月28日，中央领导同志出席学习贯彻习近平总书记关于巡视工作论述暨中央单位巡视工作座谈会，强调中央部委党组（党委）要学习领会、认真贯彻习近平总书记系列重要讲话精神，提高政治站位，强化政治领导，确保党的路线方针政策落实到位，坚持和加强党对各领域、各方面工作的领导。

政党就要讲政治，执政党更要讲政治。党员干部的作风和廉洁问题关系人心向背、关乎党的执政基础，是最大的政治。党的十八大以来，以习近平同志为核心的党中央从全面从严治党的战略角度出发定位巡视工作，多次专题研究，听取每一轮巡视情况汇报。习近平总书记先后发表15次重要讲话，提出了一系列新思想、新观点、新论断、新要求，开启了从严治党的新气象。各级党委（党组）要学习领会、认真贯彻习总书记系列重要讲话精神，以讲话武装头脑，提高政治站位。具体而言，要把学习领会习总书记关于巡视工作的重要论述，同学习党章党规、系列重要讲话结合起来，学思践悟、融会贯通；要深刻领会系列重要讲话与世情国情党情、历史现实未来的关系，把握中国特色社会主义的本质特征；要把本部门本领域工作实际摆进去，树立良好学风，磨炼党性心性，提高政治觉悟。

巡视是为党的肌体做体检，必须紧紧围绕“坚持党的领导”这个根本。综观过去3年的多轮次巡视发现的各种问题，归根结底都是党员领导干部理想信念不坚定、贯彻党的路线方针政策不坚决，以致党的领导弱化、党的建设缺失、全面从严治党不力。提高巡视工作政治站位，各级党组织和领导干部必须牢固树立大局观念和全局意识，坚决向中央看齐，确保中央政令畅通。为此，必须把维护党的政治纪律放在首位，对照“四个意识”找出差距、发现问题，推动被巡视党组织坚定正确的政治方向，真正把政治纪律和政治规矩严起来；要把政治巡视的要求高举起来，尊崇党章，检查被巡视党组织是否结合本地区本部门实际，贯彻落实中央决策部署，真正体现党对该地、该领域的领导。

提高巡视工作政治站位，必须突出问题导向。早在2013年中央政治局常委会审议《关于中央巡视工作领导小组第一次会议研究部署巡视工作情况的报告》时，习近平总书记发表重要讲话即明确指出：“巡视工作就是要发现和反映问题。”党的十八大提出“五位一体”总布局，反映了人民群众与时俱进的诉求，本身就是政治。要确保其与相关路线方针政策落实到位，各级巡视工作应紧紧围绕党的领导、党的建设、从严治党、党风廉政建设和反腐败工作，着力发现落实“五位一体”建设、“四个全面”战略布局、五大发展理念存在的突出问题；要拉长耳朵、瞪大眼睛，发现问题、及时处置；要对照各部门党委（党组）制定的落实中央八项规定精神有关规定，经常“回头看”，看看是否真正贯彻执行。

提高巡视工作政治站位，重在强化主体责任。从严治党，各级党委（党组）责无旁贷。正如习近平总书记强调：“不明确责任，不落实责任，不追究责任，从严治党是做不到的。”对巡视发现的问题，相应的党委（党组）要把自己摆进去，联系责任找到症结，对党的领导弱化、党的建设缺失、全面从严治党不力问题，决不能闪烁其词、语焉不详。尤其是一把手，更要有担当意识，听取巡视情况汇报不能念稿子空论，要点人点事，对问题提出具体的处置要求。要审视管党治党的主体责任是否真正落实，决不能把层层传导压力变成层层推卸责任。巡视整改要做到件件有着落，对不担当不负责、整改不到位的，必须抓住典型严肃问责。

“党要管党，才能管好党；从严治党，才能治好党。”在实现中华民族伟大复兴中国梦的征程中，历史使命越光荣，奋斗目标越宏伟，执政环境越复杂，我们就越要加强党的建设，越要坚持从严治党。广东省各级党委（党组）要善用巡视这把反腐利剑，以“两学一做”学习教育为契机，主动向以习近平同志为核心的党中央看齐，向党的理论和路线方针政策看齐，坚定理想信念，忠诚党的事业，推动从严治党迈向新高度，把党建的伟大工程和中国特色社会主义伟大事业不断推向前进。

（原载于《南方日报》2016年9月30日，署名岳音）

推动全面从严治党的新实践不断向前

“坚定不移全面从严治党”“自觉向党中央看齐”，从应邀出席政协第十二届全国委员会常务委员会，到中纪委常委会学习贯彻党的十八届六中全会精神会议，再到十八届中央第十一轮巡视工作动员部署会议，中央领导同志在一系列讲话中，强调紧紧围绕坚持党的领导，把全面从严治党深化到监督和巡视工作中去，坚决维护以习近平同志为核心的党中央权威。

在刚刚闭幕的十八届六中全会上，以习近平同志为核心的党中央，从统筹推进“五位一体”总体布局、协调推进“四个全面”战略布局的高度，对全面从严治党作出战略部署，开启了全面从严治党的新实践。习总书记在全会上深入分析了党面临的形势和任务，深刻回答了为什么要全面从严治党、怎样全面从严治党的重大问题；全会审议通过《关于新形势下党内政治生活的若干准则》和修订后的《中国共产党党内监督条例》，坚持思想建党和制度治党相结合、继承和创新相统一，是全面从严治党、标本兼治的重大制度成果。贯彻十八届六中全会精神，是当前和今后一个时期全党全国的重要政治任务。作为政治机关，各级纪委必须旗帜鲜明讲政治，自觉在思想上行动上维护以习近平同志为核心的党中央权威，向党的路线方针政策和中央决策部署看齐，扎实地把党中央的各项决策部署落到实处。

正如习近平总书记所指出，加强和规范党内政治生活、加强党内监督，都是新形势下加强党的建设十分重要的课题，也是我们推进全面从严治党的重要抓手。学习贯彻十八届六中全会精神，各级纪委要充分认识党风廉洁建设和反腐败斗争的长期性、复杂性和艰巨性，把全面从严的要求体现到监督执纪问责的全过程。要深刻理解和落实中央领导同志反复强调的要求，“全面从严”体现在监督上，就是要强化派驻监督，着力发现党内政治生活和党内监督中存在的突出矛盾和问题，督促各级党组织落实全面从严治党主体责任；体现在执纪上，就是要锲而不舍落实中央八项规定精神，持续强化“不敢腐”的震慑作用，把纪律挺在前面，综合运用“四种形态”；体现在问责上，就是要抓住“关键少数”，紧紧盯住党委（党组）、纪委、党委工作部门及其领导成员特别是主要负责人，对在党内政治生活和党内监督中失职失责的严肃问责。

作为战略性制度安排，巡视是从严治党、维护党纪的重要手段，是加强党内监督的重要形式。学习贯彻十八届六中全会精神，各级纪委要认真学习贯彻习总书记关于全面从严治党的重要思想，进一步用好这把反腐“利剑”。一方面，要增强“四个意识”，突出政治巡视。要坚定政治方向，提高政治站位，查找政治偏差，从党内政治生活严起，严明政治纪律政治规矩，促进党的路线方针政策不折不扣贯彻落实，确保党的集中统一，保证党中央政令畅通，坚决维护党的领导核心和党中央权威。另一方面，要以党章党规党纪为尺子，对党的组织做全面“体检”，把《准则》和《条例》高高举起，同贯彻落实廉洁自律准则、党纪处分条例、巡视工作条例、问责条例以及干部“能上能下”和防止“带病提拔”的规定结合起来，用好从严治党的制度利器。

打铁还需自身硬。各级纪委既要加强对全会精神贯彻落实情况的监督检查，着力发现贯彻落实两部党内法规不力的问题，又要把自己摆进去，做树立“四个意识”的表率。要带头贯彻执行《准则》《条例》，认真解决管党治党中存在的突出问题，提高党内政治生活的原则性和战斗性，推动管党治党从“宽松软”走向“严实硬”。要加强自身建设、强化自我约束，坚决防止“灯下黑”，不回避任何矛盾和问题，时刻回应党内和人民群众的期盼。

“天下难事必作于易，天下大事必作于细。”推进全面从严治党迈向纵深，纪检部门重任在肩，责无旁贷。广东各级党组织和纪检部门要秉承“全面从严治党永远在路上”的使命感，切实贯彻十八届六中全会重要战略部署，紧密团结在以习近平同志为核心的党中央周围，坚定不移全面从严治党，进一步把监督和巡视工作做细做实，不断推进全面从严治党的新实践，为率先全面建成小康社会，为实现“两个一百年”奋斗目标、实现中华民族伟大复兴中国梦提供坚强保障。

（原载于《南方日报》2016年11月5日，署名岳音）

把全面从严治党部署变为实际行动

2016年11月14日，中央领导同志出席中央党校2016年秋季学期第二批入学学员开学典礼并讲话。领导干部要深入学习贯彻党的十八届六中全会精神，自觉在思想上政治上行动上同以习近平同志为核心的党中央保持高度一致，坚持严字当头、重点发力、问题导向、以上率下，把全面从严治党部署变为实际行动。

党的十八届六中全会站在党和国家事业发展全局的高度，着眼协调推进“四个全面”战略布局，深入分析了全面从严治党面临的形势和任务，就新形势下加强党的建设作出新的重大部署，特别是审议通过《关于新形势下党内政治生活的若干准则》和《中国共产党党内监督条例》两份重要文件，为推进全面从严治党、提高党的创造力凝聚力战斗力提供了强有力的制度保障。深入学习贯彻六中全会精神，是当前和今后一个时期全党全国的重大政治任务，各级领导干部要牢固树立“四个意识”特别是核心意识和看齐意识，把严肃党内政治生活作为重点，坚决维护以习近平同志为核心的党中央权威，把全面从严治党的一系列重要部署落到实处。

全面从严治党，必须“严”字当头。这是党的十八大以来管党治党的鲜明特点，也是六中全会的一个基本着眼点。习近平总书记指出：“如果管党不力、治党不严，人民群众反映强烈的党内突出问题得不到解决，那我们党迟早会失去执政资格，不可避免被历史淘汰。”学习贯彻全会精神，必须把严的要求贯穿管党治党的全过程，加强和规范党内政治生活，严肃党的政治纪律和政治规矩，增强党内政治生活的政治性、时代性、原则性、战斗性，全面净化党内政治生态；必须持之以恒加强党的建设各项工作，坚持抓常、抓细、抓长，做到真管真严、敢管敢严、长管长严；必须树立全面从严治党永远在路上的意识，增强严的定力，保持严的韧劲，把全面从严的要求落实到党的建设方方面面，落实到每个党组织和每名党员，落实到解决党内突出问题的实际成效上，更好保持党的先进性和纯洁性。

全面从严治党，既需要全方位用劲，也需要重点发力。纵观习近平总书记关于全面从严治党的一系列重要论述，“抓重点”“抓关键”的思维始终贯穿其中。六中全会审议通过的《准则》和《条例》，抓的正是全面从严治党的重点难题和关键问题。学习贯彻全会精神，必须聚焦重点和关键，回应全党全社会的重大关切，把《准则》和《条例》落实好。要注重抓好思想教育，深入学习习近平总书记系列重要讲话精神和党中央治国理政新理念新思想新战略，坚定理想信念，涵养风清气正的政治生态；注重严明政治纪律，切实增强“四个意识”特别是核心意识、看齐意识，坚定维护党中央权威；注重强化自我监督，弘扬自我革命精神，增强搞好党内监督的自觉性，引导党员干部自警自律，增强政治免疫力；注重明责问责，推动各级党组织认真落实管党治党主体责任。

全面从严治党，必须抓好“关键少数”。无论是从自身做起，还是加强管党治党主体责任，各级领导干部都是重点对象，是“关键少数”。学习贯彻全会精神，各级领导干部要有强烈的角色意识和政治担当，带头把自己摆进去，联系实际解决问题，坚持以上率下，发挥示范作用；要在增强核心意识上作表率，深刻认识习近平总书记作为党中央的核心、全党的核心，是实践和历史的选择，是全党和人民的选择，维护核心是党和国家根本利益所在，使维护核心成为思想自觉，成为党性观念，成为纪律要求，成为实际行动；要在敢于担当上作表率，坚持原则、坚守正道，带头落实党中央决策部署；要旗帜鲜明支持和保护担当者，使敢担当、敢作为在干部队伍中蔚然成风。

“积土而为山，乘之而后高，积水而为海，积之而后深。”全面从严治党，必须持续用力，久久为功。广东各级党组织和领导干部必须深入学习习近平总书记系列重要讲话精神，始终坚持“严”字当头，突出问题导向，更加紧密地团结在以习近平同志为核心的党中央周围，把管党治党工作抓紧抓好抓实，推动全面从严治党不断向纵深发展。

（原载于《南方日报》2016年11月16日，署名岳音）

推动六中全会精神落到基层落到实处

中央领导同志在浙江调研时强调，党的十八届六中全会开启了全面从严治党新征程，要把学习贯彻全会精神作为当前和今后一个时期的重要政治任务，紧密联系实际、突出问题导向，推动全会精神落到基层、落到实处。

基层是党的执政之基、力量之源，只有基层党组织坚强有力，党员发挥应有作用，党的根基才能牢固，战斗力才有保障。党的十八大以来，习近平总书记在不同场合反复强调，贯彻党要管党、从严治党方针，必须扎实做好抓基层打基础的工作，使每个基层党组织都成为坚强战斗堡垒，推动全面从严治党向基层延伸。十八届六中全会审议通过的《关于新形势下党内政治生活的若干准则》和《中国共产党党内监督条例》，再次强调“党的基层组织应当发挥战斗堡垒作用”，进一步强化了党的基层组织在全面从严治党中的政治责任。学习贯彻六中全会精神，必须同学习习总书记系列重要讲话精神结合起来，做好基层党建工作，大力推进基层党建理念思路、平台载体和方式方法创新，及时总结基层好的经验做法，不断提升党建工作实效。

基础不牢，地动山摇。当前，基层干部队伍主流是好的，但在一些地方、部门、单位，基层干部不正之风和腐败问题还易发多发、“蝇贪”不绝，损害老百姓切身利益，啃食群众获得感，挥霍基层群众对党的信任。六中全会提出要进一步规范党内政治生活，增强党内政治生活的政治性、时代性、原则性、战斗性，每一个基层党组织要以此为重点，推动全面从严治党在基层真正落地生根。按照中央领导同志的明确要求，要把学习贯彻全会精神作为“两学一做”学习教育的重要内容，对照全会要求抓好“两学一做”回顾检视工作，开好年底专题组织生活会，深化基层党建重点任务落实，推动学习教育常态化长效化。

习近平总书记指出：“从严治党必须具体地而不是抽象地、认真地而不是敷衍地落实到位。”推动六中全会精神落到基层、落到实处，党员干部首先要原原本本地学习全会精神，真正把全会精神学习好、理解透，并付之于行动。既要深刻领会全会明确习近平总书记核心地位的重大意义，进一步增强“四个意识”特别是核心意识、看齐意识，又要紧密联系自身思想和工作实际，实现从内化于心到外化于行。要深入把握从严治党规律，深入基层、深入实际，深入研究管党治党实践，使从严治党的一切努力都集中到增强党自我净化、自我完善、自我革新、自我提高能力上来，集中到提高党的领导能力和执政能力、保持和发展党的先进性和纯洁性上来，提升党的基层组织的战斗力；要牢记空谈误国、实干兴邦，发扬钉钉子精神，践行正确政绩观，钉准、钉住、钉实。抓基层、抓落实，必须注重抓好“关键少数”，推动领导干部带头遵守《准则》《条例》，使管党治党全方位、全覆盖、全过程严起来，做到真管真严、敢管敢严、长管长严，营造风清气正的政治生态。

推动六中全会精神落到基层、落到实处，还要突出问题导向，务求在解决基层突出问题上取得实效。一方面，要找准党员干部队伍存在的突出问题，认真贯彻《准则》《条例》，严肃党内政治生活，完善党内监督，强化管党治党的主体责任，推进作风建设，实践“四种形态”，密切党群关系、干群关系，着重解决部分地方基层党组织党性不强、政治功能弱化等问题；另一方面，要着力解决发生在群众身边的腐败问题，严肃查处损害群众利益的各类案件，对基层存在的损害群众利益的不正之风，要在搞清楚突出问题的基础上开展专项治理，组织专门工作班子，开门听意见、汇总情况，确定整改措施，把事关群众生产生活的一个个具体问题解决好，切实维护人民合法权益，努力做到干部清正、政府清廉、政治清明。

根深才能叶茂，固本方可强基。广东各级党组织务必要认真学习习近平总书记系列重要讲话精神，充分认识基层党组织在巩固执政地位中的固本强基重要角色，重视基层、关心基层、支持基层，眼睛往“下”看、身子往“下”沉、劲头往“下”使，察实情、出实招、办实事、求实效，扎实推动六中全会精神落到基层、落到实处。

（原载于《南方日报》2016年11月20日，署名岳音）

构建权威高效的国家监察体系

中央领导同志到北京、山西、浙江三省市，就开展国家监察体制改革试点工作进行了调研，强调要深入贯彻党的十八届六中全会精神，落实全面从严治党战略部署和深化国家监察体制改革的决策部署，构建权威高效的国家监察体系，推进国家治理体系和治理能力现代化。

监督是权力正确运行的根本保证。构建权威高效的国家监察体系，将所有国家公职人员，包括在党的机关、人大机关、政协机关、司法机关等任职的公务员及其他国家工作人员等全部纳入监察范畴，势必能够实现对行使公权力的公职人员的监察全面覆盖，真正构建出不敢腐、不能腐、不想腐的监督环境。

党的十八大以来，习近平总书记就全面从严治党、加强和规范党内政治生活、加强党内监督等内容发表了一系列重要讲话。今年年初，在中国共产党第十八届中央纪律检查委员会第六次全体会议上，习近平总书记更系统而明确地指出，要完善监督制度，做好监督体系顶层设计，既加强党的自我监督，又加强对国家机器的监督。要整合问责制度，健全问责机制，坚持有责必问、问责必严。要健全国家监察组织架构，形成全面覆盖国家机关及其公务员的国家监察体系。习近平总书记的重要讲话，强调了构建权威高效的国家监察体系的必要性和重要性，同时也为国家监察体制改革指明了方向。

推进国家监察体制改革试点，无疑是落实十八届六中全会精神的一项重大举措。以习近平同志为核心的党中央，从十八大一开局就开启了“四个全面”的新实践。探索实践在前，总结提炼在后，三中、四中、五中、六中全会既是对经验的总结，又是新的动员和部署，六中全会更是全面从严治党的再动员、再出发。国家监察体制改革作为事关全局的重大政治改革，体现了全面深化改革、全面依法治国和全面从严治党的有机统一。在北京、山西、浙江这三个各具特色与代表性的省市展开监察委员会试点，让改革方案获得升华，最终为行政监察法的修改提供成熟的制度经验，彰显了党中央推进改革动真碰硬而又蹄疾步稳的考量。我们看到，监察委员会实质上是反腐败机构，监察体制改革的任务是加强党对反腐败工作的统一领导，整合行政监察、预防腐败和检察机关查处贪污贿赂、失职渎职以及预防职务犯罪等工作力量。监察委员会作为监督执法机关与纪委合署办公，势必将能够实现对所有行使公权力的公职人员监察全覆盖。

我们党的执政是全面执政，这就要求监督体系的顶层设计，体现在既加强党的自我监督，又加强对国家机器的监督。加强党的建设、全面从严治党，严肃党内政治生活、强化党内监督是最重要的标本兼治，深化国家监察体制改革目的正是完善党和国家的自我监督，不断增强自我净化、自我完善、自我革新、自我提高能力。我们必须认识到，强化党内监督是为了保证党立党为公、执政为民，强化国家监察是为了保证国家机器依法履职、秉公用权，强化群众监督是为了保证权力来自人民、服务人民。把党内监督同国家监察、群众监督结合起来，同法律监督、民主监督、审计监督、司法监督、舆论监督等协调起来，才能形成监督合力，推进国家治理体系和治理能力现代化。毋庸置疑的是，党的领导是中国特色社会主义最本质特征，深化监察体制改革要坚定“四个自信”。在坚持党的领导问题上必须旗帜鲜明，决不能含糊其辞、语焉不详。我国正处在深化改革、实践探索的变革时期，凡是有利于党的领导的就必须坚持和加强。全面依法治国作为党的主张，要把党的领导贯穿于立法、执法、司法、守法全过程，使党的主张成为国家意志。

全面从严治党取得的巨大成果，是党的十八大以来以习近平同志为核心的党中央治国理政的历史性功绩。全面从严治党永远在路上。广东全省各级党委要切实增强“四个意识”，提高政治站位，在思想和行动上同以习近平同志为核心的党中央保持高度一致；要切实担负起主体和监督两个责任，一把手负总责，纪委是专责，把认识统一到中央的要求上来，联系本地区实际，发现问题、解决问题，厚植党执政的政治基础，为改革全面铺开和制定国家监察法、为构建权威高效的国家监察体系贡献力量。

（原载于《南方日报》2016年11月28日，署名岳音）

把制度蕴含的力量充分释放出来

2016年12月5日到6日，中央领导同志在江苏省镇江市调研并主持召开部分省（区）纪委书记座谈会，就贯彻落实十八届六中全会精神，谋划好明年工作和制定《中国共产党纪律检查机关监督执纪工作规则（试行）》征求意见，并强调，要把制度蕴含的力量充分释放出来，严明政治纪律和政治规矩，净化党内政治生态。

党的十八大以来，以习近平同志为核心的党中央高度重视制度治党，着力加强反腐倡廉法规制度建设，推动形成不敢腐、不能腐、不想腐的有效机制。“铲除不良作风和腐败现象滋生蔓延的土壤，根本上要靠法规制度”“要把党内存在的突出矛盾和问题解决好，要有效化解党面临的重大挑战和危险，很重要的一条就是要完善规范、健全制度，扎紧制度的笼子”“把法规制度建设贯穿到反腐倡廉各个领域、落实到制约和监督权力各个方面，发挥法规制度的激励约束作用”“制度不在多，而在于精，在于务实管用，突出针对性和指导性。要增强制度执行力，制度执行到人到事，做到用制度管权管事管人”……习近平总书记这一系列重要论述，深刻阐明了制度治党的重要意义，为推进全面从严治党提供了方法论指导。

深入学习贯彻六中全会精神，是当前和今后一个时期全党全国的重大政治任务。六中全会以制定《关于新形势下党内政治生活的若干准则》、修订《中国共产党党内监督条例》为切入点，对深化全面从严治党作出了新的重大部署，开启了党的建设新的伟大工程的新实践。《准则》和《条例》源自党章、臻于实践，是深入贯彻习近平总书记系列重要讲话精神、推进标本兼治的重要制度成果，体现了坚持思想建党和制度治党相结合的管党治党方针。推动全面从严治党向纵深发展，各地区各部门必须学习好贯彻好六中全会精神，加强和规范党内政治生活，严明政治纪律和政治规矩，探索自我监督的有效途径。同时，还要把学习领会、贯彻落实六中全会精神同“两学一做”学习教育结合起来，把全面从严治党与全面深化改革、全面依法治国有机统一起来，联系思想和工作实际，结合所在地区和部门的问题，在坚持和深化中不断增强“四个意识”，更加紧密地团结在以习近平同志为核心的党中央周围。

“木受绳则直，金就砺则利。”制度带有根本性、全局性、稳定性、长期性。以习近平同志为核心的党中央持续加大制度建设力度，本着于法周延、于事有效的原则制定新的法规制度、完善已有的法规制度、废止不适应的法规制度，努力形成系统完备的全面从严治党制度体系。同时，我们还必须清醒地认识到，制度的生命力在于执行。正如习近平总书记所要求：“加强反腐倡廉法规制度建设，必须一手抓制定完善，一手抓贯彻执行。”要把制度蕴含的力量充分释放出来，必须强化法规制度意识，开展法规制度宣传教育，引导广大党员干部牢固树立法治意识、制度意识、纪律意识，形成尊崇制度、遵守制度、捍卫制度的良好氛围；必须加大贯彻执行力度，让铁规发力、让禁令生威，不以权势大而破规，不以问题小而姑息，不以违者众而放任，不留“暗门”、不开“天窗”，坚决防止“破窗效应”。

信任不能代替监督，建设一支忠诚干净担当的纪检干部队伍，还必须回答好谁来监督纪委的问题。制定《中国共产党纪律检查机关监督执纪工作规则（试行）》是一项重要工作，是完善全面从严治党制度的又一重大举措，是确保“打铁还需自身硬”的又一重大行动。在制定过程中，要坚持问题导向，查找各环节的风险点，明确请示报告、线索处置、审查审理、涉案款物管理工作规程，建立审查过程全程录音录像、打听案情和说情干预登记备案等制度。在实施过程中，要坚持制度面前人人平等、遵守制度没有特权、执行制度没有例外，对执纪违纪、失职失责的要严肃查处，对不愿为、不敢为、不会为的要调整岗位，严重的就要问责。唯有这样，才能使制度成为硬约束而不是橡皮筋，充分释放监督执纪规则蕴含的力量。

“小智治事，大智治制。”党要管党、从严治党，必须有坚强的制度作保证。广东各级党组织和广大党员干部一定要认真学习贯彻六中全会精神，自觉在思想上政治上行动上同以习近平同志为核心的党中央保持高度一致，全方位扎紧制度笼子，用制度从严管理干部，让制度的力量在全面从严治党中得到充分释放，靠制度的力量激浊扬清党内政治生态。

（原载于《南方日报》2016年12月8日，署名岳音）

三

深化专题教育，重在解决问题

要深入学习贯彻习近平总书记的重要讲话，按照立根固本、落细落小、修枝剪叶、从谏如流的要求，从严从实推进专题教育，确保取得党和人民满意的成效。深化专题教育，重在解决问题。要强化问题导向，把组织力量、班子力量、个人力量、群众力量结合起来，认真查找解决不严不实问题，不等不拖、落细落小，从一个个具体问题改起，从一件件具体事情做起。

把解决问题贯穿“两学一做”全过程

“突出问题导向确保取得实际成效，把全面从严治党落实到每一个支部”，当前，各级党委正认真贯彻习近平总书记指示精神，按照中央“两学一做”学习教育工作座谈会的要求部署，制订“两学一做”学习教育实施方案，确保“两学一做”学习教育落到实处。

如何确保“两学一做”取得实效？中央领导同志在“两学一做”学习教育工作座谈会上强调，习近平总书记重要指示深刻阐明了“两学一做”学习教育的重要意义、基本要求和主要任务，为开展学习教育指明了方向，要认真学习、很好贯彻开展学习教育，要把党章党规与习近平总书记系列重要讲话贯通起来学习、统一起来领会，注意区分层次、区分对象，增强针对性和实效性。要强化问题导向，带着具体问题学，针对具体问题改，把解决问题贯穿学习教育全过程。

习近平总书记在十八届中央纪委六次全会上明确指出，要推动全面从严治党向基层延伸。十八大以来，经过党的群众路线教育实践活动、“三严三实”专题教育，广大党员特别是领导干部在思想政治、作风建设等方面受到了教育，党员干部队伍的整体素质有了较大提高，为全面从严治党打下了扎实的思想基础。但是，思想政治建设不可能毕其功于一役，必须持之以恒、久久为功。部署“两学一做”学习教育，就是要推动党内教育从“关键少数”向广大党员拓展，从集中性教育向经常性教育延伸，坚定广大党员的马克思主义立场，保证全党始终在思想上政治上行动上同党中央保持高度一致，使我们党始终成为有理想、有信念的马克思主义政党。要通过“两学一做”学习教育活动，进一步使全体共产党员坚定理想信念、保持对党忠诚、树立清风正气、勇于担当作为；增强政治意识、大局意识、核心意识和看齐意识；讲政治、有信念，讲规矩、有纪律，讲道德、有品行，讲奉献、有作为。

强化问题导向，带着具体问题学，针对具体问题改，把解决问题贯穿学习教育全过程，是确保“两学一做”学习教育活动取得扎实成效的关键。全体党员要通过认真学习党章党规和习总书记系列重要讲话，对合格党员的标准要求了如指掌，并对标查找自身在思想、组织、作风、纪律等方面存在的问题和不足。譬如，在思想上、政治上和行动上是否与以习近平同志为核心的党中央保持高度一致？是否做到了“四个坚持”“四个自觉”？是否自觉践行了政治意识、大局意识、核心意识、看齐意识？是否自觉遵守了党的政治纪律和政治规矩？等等。

每一个党员，都要按照“四讲、四有”的标准躬身自省，改正缺点、纠正谬误、弥补不足。讲政治、有信念，就是要着力解决一些党员理想信念模糊动摇的问题。讲规矩、有纪律，就是要着力解决一些党员党的意识淡化的问题，主要是看齐意识不强，不守政治纪律政治规矩等。讲道德、有品行，就是要着力解决一些党员道德行为不端的问题，主要是违反社会公德、职业道德、家庭美德，不

注意个人品德，贪图享受、奢侈浪费等。讲奉献、有作为，就是要解决一些党员宗旨观念淡薄、精神不振等问题，主要是利己主义严重，漠视群众疾苦、与民争利、执法不公、吃拿卡要、假公济私、损害群众利益，工作消极懈怠，起不到先锋模范作用等。

“知不足，然后能自反也；知困，然后能自强也。”对照标准，躬身自省，查摆出问题之后，就要对症下药，及时有效地进行整改和根治，坚决防止“水过地皮湿”。要发挥好党组织的作用，突出经常性教育特点，贯彻好“三会一课”、组织生活会、民主评议党员等制度，发挥好党支部在从严教育管理党员中的应有作用。各级党委（党组）要加强对学习教育的组织领导，推动领导机关、领导班子、领导干部走在前列、当好表率。

（原载于《新华每日电讯》2016年4月12日，署名乐水）

深化专题教育，重在解决问题

中央领导同志在出席部分地方单位深化“三严三实”专题教育工作座谈会时，强调要深入学习贯彻习近平总书记在中央政治局第二十六次集体学习时的重要讲话，按照立根固本、落细落小、修枝剪叶、从谏如流的要求，从严从实推进专题教育，确保取得党和人民满意的成效。深化专题教育，重在解决问题。要强化问题导向，把组织力量、班子力量、个人力量、群众力量结合起来，认真查找解决不严不实问题，不等不拖、落细落小，从一个个具体问题改起，从一件件具体事情做起。

“问题是时代的声音。”解决问题就是最好的教育。深化专题教育的质量如何、群众的满意程度怎样，关键在于问题找得准不准、解决得实不实。只有紧扣专题教育主题，牢牢把握问题导向，从一个个具体问题改起，从一件件具体事情做起，才能从严从实推进专题教育，确保取得党和人民满意的成效。

“要立根固本，挺起精神脊梁；要落细落小，注重细节小事；要修枝剪叶，自觉改造提高；要从谏如流，自觉接受监督。”习近平总书记在中央政治局第二十六次集体学习时就践行“三严三实”提出的四点要求，是党员干部在“三严三实”专题教育中的重要指引。从根本看，在于如何以“严”和“实”修身律己、谋事创业，尤其是在遇到挑战和困难时，在需要破解自身的局限和问题时。

古希腊有句名言：“最困难的事情就是认识自己。”中国的老子也有类似的警语：“知人者智，自知者明。胜人者有力，自胜者强。”党员领导干部能否立根固本、落细落小、修枝剪叶、从谏如流，如何看待问题，特别是能不能清洗身上的污垢，往往是最好的镜子。有的领导干部从政时间长了，一切似乎顺风顺水，阿谀奉承的话也就渐渐听习惯了，逆耳之忠言即便能听到一些也倍觉刺耳。有的领导干部满足于当官做老爷，做撞钟和尚，既无担当也无开拓，尸位素餐暮气沉沉……凡此种种表象，根子在于不严不实。

其实，“严”和“实”体现的是内在自觉与外在约束的辩证统一，是中华民族的传统美德，是中国共产党人的精神本色。严，是我们党所倡导的严肃的政治态度、严密的政治组织、严明的政治纪律；实，体现的是物质第一性、规律的客观性、真理的实践性。敢不敢在问题面前不回避、遇到矛盾不绕弯，是党员领导干部严不严、实不实的最直接检验。

“喊破嗓子不如干出样子。”深化专题教育，重在解决问题。解决问题的过程，尤其是解决那些热点焦点难点的过程，是党员干部自我提高和超越的过程，也是不断赢得人民群众信任的过程。各级党组织要强化问题导向，把组织力量、班子力量、个人力量、群众力量结合起来，认真查找解决不严不实问题，不等不拖、落细落小。

当前，要高质量开好专题民主生活会和组织生活会，在深入谈心基础上认真开展批评和自我批评，把问题挖深入、把根源弄清楚、把整改措施定实在。要把解决基层干部不作为、乱作为、贪腐以及执法不公等问题，纳入县一级“三严三实”专题教育，集中开展专项整治，解决群众反映强烈的突出问题，加强基层组织和干部队伍建设，让群众看到实实在在的变化。

群众的眼睛最亮。只要党员干部在解决问题上不掩饰、不回避，不怕揭丑扬短，敢于批评和自我批评，并真心诚意地加以整改，人民群众的满意度自然就会节节攀升。

（原载于《新华每日电讯》2015年9月23日，署名乐水）

靠解决问题来说话

中央领导同志在出席部分省市“三严三实”专题教育工作座谈会并讲话时强调，专题教育成果靠解决问题来说话，要强化问题导向，建立问题清单、整改清单、责任清单，紧盯“四风”新动向，抓好不严不实问题整改，推动新老问题一同解决。要把落实“三严三实”同贯彻党的十八届五中全会精神结合起来，推动领导干部提振精气神、树立好作风、增强执行力，切实解决不作为、乱作为和不会为、不善为的问题，提高落实五大发展理念的能力。各级党委（党组）要把专题教育作为履行党建主体责任的重要方面，纳入党建工作述职评议考核的重要内容，保持工作力度，做到敬终如始、善作善成。

敬终如始、一鼓作气、善作善成，这是十八大以来，我们党在治国理政上的鲜亮特色。无论是开展群众路线教育实践活动，还是落实八项规定狠抓党风廉政建设，立规矩、明纲纪，令行禁止、有诺必有践，党风政风和社会风气迅速而有效地得以清朗。今年4月份以来，各地在“三严三实”专题教育中，按照中央的部署要求，紧密结合实际，抓实规定动作、创新自选动作，同样体现了一抓到底，不解决问题决不罢休的特色。

提出正确的问题，往往等于解决了问题的大半。毛泽东同志曾经指出，什么叫问题？问题就是事物的矛盾。哪里有没有解决的矛盾，哪里就有问题。“三严三实”专题教育开展以来，各地从一开始就强化了问题导向，以发现问题、解决问题为标尺，有的放矢、对症下药，着力解决干部队伍中“不严不实”的问题。通过专题教育，进一步增强了领导干部恪守“三严三实”的自觉性。各地聚焦对党忠诚、个人干净、敢于担当，围绕在深化“四风”整治、巩固和拓展群众路线教育实践活动成果上见实效，在守纪律讲规矩、营造良好政治生态上见实效，在真抓实干、推动改革发展稳定上见实效这“三个见实效”的目标要求，从严从实推进专题教育，以上率下，取得了一系列具体而扎实的成效。

“改进作风，最终要落实到各级干部特别是领导干部身上。”习近平总书记多次强调，领导干部要多到群众最需要的地方去解决问题，多到发展最困难的地方去打开局面。在“三严三实”专题教育中，抓好专题民主生活会和组织生活会，以严和实的标准保证生活会的质量和效果，最关键的是要把“不严不实”的问题查摆清楚，整改到位。尤其要注重从群众呼声中发现问题，在群众监督下查找问题，从涉及群众切身利益的细节小事中筛查问题。但从实际情况看，有的领导干部查摆问题看似深刻，却压根儿不往心里去，去年群众路线教育实践活动收尾时洋洋洒洒开出的需要解决的问题，到今年居然给忘得一干二净。连解决哪些问题都忘记了，还谈何整改？再如，我们强调抓党建的基层指挥部在县里，但有的县区党委负责人对本区域有多少非公组织党员、多少农村贫困户也语焉不详、模棱两可，“抓主业”显然没有抓到位。这些问题如果不从思想上解决，就很难说专题教育在这个地方取得了预期效果，民主生活会和组织生活会自然也不能保证质量。对此，各级党委一定要清醒认识专题教育进展态势，牢牢把握“三个见实效”的目标要求，找差距、补短板，把工作责任落到实处。

作风建设必须一步一个脚印地抓。专题教育成果靠解决问题来说话。各地要持续用力抓好突出问题整改，向制度建设要长效，用扎扎实实的实绩检验专题教育的成效，赢得人民群众的信赖。

（原载于《新华每日电讯》2015年12月10日，署名乐水）

以“三严三实”作风狠抓工作落实

中央领导同志在主持全国组织部长会议并作工作报告时指出，要服务大局、聚焦主业，改革创新、精准施策，以落实全面从严治党要求为主线，以“三严三实”作风狠抓工作落实。要教育引导广大党员增强政治意识和大局意识，自觉向以习近平同志为核心的党中央看齐，为全面建成小康社会建功立业。

十八大以来，习近平总书记带领全党不仅形成了一系列治国理政新理念、新思想、新战略，更以此为行动指南而实施了一系列新实践、新探索、新创造，正在为中国特色社会主义开创美好的新未来。“一步实际行动比一打纲领更重要”，狠抓落实，始终是马克思主义的内在要求，始终是我们党治国理政的要义。

但以与党中央看齐的标准衡量，让好蓝图好政策挂在墙上、留在纸上、停在嘴上的不落实现象，仍然是一些地方和单位的突出问题。“你开会我开会大家都开会”“你发文我发文大家都发文”，一副横批为“谁来落实”的对联，对以会议落实会议、以文件落实文件，让“落实”变“落空”的现象，讽刺得入木三分。

一分部署，九分落实。历史经验证明，不落实，再好的目标都是一纸空文；不落实，再宏伟的梦想都会成为空想。因此，习近平总书记指出：“崇尚实干、狠抓落实是我反复强调的。如果不沉下心来抓落实，再好的目标，再好的蓝图，也只是镜中花、水中月。”不抓落实，就是典型的不严不实。以问题为导向，“三严三实”要解决的重要问题就是抓落实。

以“三严三实”作风狠抓工作落实，不仅对于组工干部，对各级党员领导干部同样具有重要的指导意义。古人云：道虽迩，不行不至；事虽小，不为不成。抓落实，领导干部是关键，“说一千道一万，不如领导带头干”，领导干部是踏石留印、抓铁有痕地真抓，还是坐而论道、虚晃一枪地假抓，是对“三严三实”的最好检验。中央的重大决策和各级党委政府的具体部署，领导干部如果做到了“三严三实”，工作落实就有了重要保证；反之，如果敷衍了事、做不到“三严三实”，工作落实必然会走样打折扣。因此，抓工作落实的程度也折射出“三严三实”教育活动的成效。落实落实，贵在实打实，容不得半点虚假和应付。因此，我们要一鼓作气，坚持从严从实、敬终如始，把“三严三实”教育成果体现在狠抓工作落实上。

“要有很强的责任意识，敢于负责、敢作敢为，党中央定下来的事情就一定抓好，使各项工作既为一域争光，又为全局添彩。”在中央政治局专题民主生活会上，习近平总书记就中央政治局当好“三严三实”表率、落实党中央重大决策部署提出了明确要求。经济新常态下，我们面临的机遇和挑战并存，党和国家事业的复杂性和艰巨性世所罕见。如何适应新常态、把握新常态、引领新常态，在五大发展理念指引下开拓发展新境界，是摆在全党面前的一道重大考题。“老大难老大难老大出面就不难”，无数实践都证明，领导带头真抓实干，再难、再复杂的问题都能迎刃而解。要战胜前进道路上的各种艰难险阻、破解阻碍决胜全面小康的各类难题，最根本的就是要以严和实的精神狠抓工作落实，把中央的重大决策部署和各地的具体措施落到实处。

以“三严三实”作风狠抓工作落实，首先要有看齐意识。全党同志要自觉向习近平总书记看齐，向党的理论和路线方针政策看齐。凡是中央已经作出的重大决策部署，要吃透精神，毫不含糊、坚定不移地抓好落实。决不容许口是心非、挑三拣四，决不容许我行我素、令行禁不止。增强政治意识和大局意识，牢固树立看齐意识，是以“三严三实”作风狠抓工作落实的必要前提和保证。

以“三严三实”作风狠抓工作落实，还要有敢于担当的实干精神。“不干，半点马克思主义都没有”，我们的事业是一步一步干出来的。各级党员干部要在同党中央保持高度一致的前提下，敢于负责、勇于担当，创造性地抓好工作落实，在攻坚克难中为党和人民建功立业。

千招万招，不能落实就是虚招；千条万条，不去落实就是“白条”。各级领导干部要带头向党中央看齐，自觉作“三严三实”的表率，以“三严三实”作风检验工作落实，奋发有为、扎实工作，不仅要干，更要干在实处、干出实效，在全面建成小康社会的历史进程中争当先锋。

（原载于《新华每日电讯》2016年1月25日，署名叶辦）

基础在学，关键在做

习近平总书记对在全党开展“两学一做”学习教育作出重要指示强调，“两学一做”学习教育是加强党的思想政治建设的一项重大部署，是协调推进“四个全面”战略布局特别是推动全面从严治党向基层延伸的有力抓手，基础在学，关键在做，各级党组织要履行抓好“两学一做”学习教育的主体责任，坚持区分层次，突出问题导向，确保取得实际成效。习总书记的重要指示，深刻阐明了“两学一做”学习教育的重要意义、基本要求和主要任务，为开展学习教育指明了方向。

作为一个拥有8 700多万党员、430多万个基层党组织的大党，只有搞好自身建设才能担负起实现中华民族伟大复兴中国梦的历史重任，才能真正成为世界上最强大的执政党。十八大以来，经过党的群众路线教育实践活动、“三严三实”专题教育，广大党员特别是领导干部在思想政治、作风建设等方面受到了教育，党员干部队伍的整体素质有了较大提高，为推进全面从严治党打下了扎实的思想基础。但是，思想政治建设不可能毕其功于一役，我们必须持之以恒、久久为功。

习总书记在十八届中央纪委六次全会上明确指出，要推动全面从严治党向基层延伸。部署“两学一做”学习教育，就是要推动党内教育从“关键少数”向广大党员拓展，从集中性教育向经常性教育延伸，坚定广大党员的马克思主义立场，保证全党始终在思想上政治上行动上同党中央保持高度一致，使我们党始终成为有理想、有信念的马克思主义政党。要通过“两学一做”学习教育活动，进一步使全体共产党员坚定理想信念、保持对党忠诚、树立清风正气、勇于担当作为；切实增强政治意识、大局意识、核心意识和看齐意识，向党中央看齐，向习近平总书记看齐；真正做到讲政治、有信念，讲规矩、有纪律，讲道德、有品行，讲奉献、有作为。

“立身以立学为先。”党员、干部人生观价值观世界观的养成，归根结底取决于用什么样的理论武装头脑。因此，对党的先进理论的学习，必不可少。党的十八大以来，习近平总书记就实现中华民族伟大复兴的中国梦、坚持和发展中国特色社会主义、协调推进“四个全面”战略布局、贯彻落实新发展理念等，提出了一系列新理念新思想新战略，是马克思主义中国化的最新成果，丰富和发展了中国特色社会主义理论。习总书记系列重要讲话是指导我们奋力开拓前进的重要思想武器和行动指南。在“两学一做”学习教育活动中，全体党员特别是领导干部要带头学、系统学、扎实学，原原本本学，把习总书记系列重要讲话的学习与党章党规的学习融会贯通，确保真学真懂、真信真用。

抓学习，各级党组织负责人特别是党委书记要带好头。“两学一做”学习教育是在全体党员中开展的，《中国共产党章程》第八条规定每个党员不论职务高低，都必须编入党的一个支部、小组或其他特定组织，参加党的组织生活，接受党内外群众的监督。

在“两学一做”学习教育中，无论什么职级、什么岗位上的党员领导干部，首先要有普通党员意识，不仅要到所在支部去与同志们一起学习和交流，认真落实党中央关于学习教育的各项要求，严格执行双重组织生活等基本制度，而且还要带头参加学习讨论，带头谈体会、讲党课、作报告，带头参加组织生活会、民主评议，带头立足岗位作贡献，引领整个学习教育扎实有效地开展。党组织负责人要在学习过程中把握普通党员的思想动态，摸清基层党组织和党员队伍存在哪些突出问题，并研究采取有效措施，从而将学习教育持续引向深入，带领全体党员把习总书记的重要思想内化于心、化外于行。

“学者，贵于行之，而不贵于知之。”学的目的，不仅仅在于知，关键在行、在做。从当前党员队伍的现状看，依然要突出问题导向，就是要带着具体问题学，针对具体问题改，把解决问题贯穿学习教育全过程。这是确保“两学一做”学习教育活动取得扎实成效的关键。要着力查摆和解决党员队伍在思想、组织、作风、纪律等方面存在的问题。全体党员要在学习党章党规和习总书记系列重要讲话过程中，对合格党员的标准要求了熟于心，并对照合格党员的标准要求检查自身在思想、组织、作风、纪律等方面存在的问题和不足。譬如，自身在思想上、政治上和行动上是否跟党中央保持高度一致？是否做到了“四个坚持”“四个自觉”？是否自觉践行了政治意识、大局意识、核心意识、看齐意识？是否自觉遵守了党的政治纪律和政治规矩？等等。

“行之以躬，不言而信。”全体党员要切实按照“四讲四有”的标准躬身自省，并用好批评与自我批评的利剑，改正缺点、纠正谬误、弥补不足。讲政治、有信念，就是要着力解决一些党员理想信念模糊动摇的问题，主要是对共产主义缺乏信仰，对中国特色社会主义缺乏信心，精神空虚，推崇西方价值观念等，补上信仰信念之“钙”。讲规矩、有纪律，就是要着力解决一些党员党的意识淡化的问题，主要是看齐意识不强，不守政治纪律政治规矩，热衷于拉拉扯扯、搞裙带帮派关系等，对屡教不改、不守纪律和规矩的要坚决予以党纪处理。讲道德、有品行，就是要着力解决一些党员道德行为不端的问题，主要是违反社会公德、职业道德、家庭美德，不注意个人品德，贪图享受、奢侈浪费、家风不正等，要敢于指出其缺点，红脸出汗，帮助整改。讲奉献、有作为，就是要解决一些党员宗旨观念淡薄、精神不振等问题，主要是利己主义严重，漠视群众疾苦、与民争利、执法不公、吃拿卡要、假公济私、消极应付，做群众的“尾巴”等，对违纪违规者要严格处理，决不搞下不为例。

“知不足，然后能自反也；知困，然后能自强也。”对照标准，查找差距，就是要让全体党员看到自己的问题、缺点和不足。查摆出问题之后，就要对症下药，及时有效地进行整改。要发挥好党组织的作用，突出经常性教育特点，贯彻好“三会一课”、组织生活会、民主评议党员等制度，发挥好党支部在从严教育管理党员中的应有作用。希望各级党委（党组）加强对学习教育的组织领导，推动领导机关、领导班子、领导干部走在前列、当好表率，把全面从严治党的好态势巩固发展下去，确保“两学一做”学习教育取得实实在在的成效，为实现“两个一百年”奋斗目标、实现中华民族伟大复兴的中国梦提供强大的政治保证、思想动力、组织保障和精神支撑。

（原载于《瞭望新闻周刊》2016年第16期）

推动全面从严治党向基层延伸

中央领导同志在陕西调研时强调，要深入学习贯彻习近平总书记系列重要讲话精神，切实加强基层党建工作，扎实开展“两学一做”学习教育，推动全面从严治党向基层延伸，不断增强基层党组织凝聚力战斗力。基层党组织联系群众最紧密、服务群众最直接，要牢固树立抓基层打基础的鲜明导向，选优配强基层党组织班子和带头人队伍，强化主体责任，履行引领群众、服务群众的基本职责，更好地发挥战斗堡垒作用和先锋模范作用。

当前，“两学一做”学习教育已经陆续展开，各地要立足基层狠抓基础，切实推动全面从严治党向基层延伸。

习近平总书记指出，基层是党的执政之基、力量之源。只有基层党组织坚强有力，党员发挥应有作用，党的根基才能牢固，党才能有战斗力。开展“两学一做”学习教育，要把全面从严治党落实到每个支部、每名党员。习总书记的这一重要指示，指明了“两学一做”的重点在基层、在每一个支部和每一名党员。全面从严治党，根本上要依靠全体党员的“严”和“治”。中央组织部去年的党内统计数据显示，截至2014年年底，中国共产党党员总数为8 779.3万名，党的基层组织436万个。特别是基层党组织覆盖率提高，全国7 565个城市街道、32 753个乡镇、92 581个社区（居委会）、577 273个建制村已建立党组织，覆盖率均超过99%。19.4万个公有制企业已建立党组织，占公有制企业总数的91.0%；157.9万个非公有制企业已建立党组织，占非公有制企业总数的53.1%；18.4万个社会组织已建立党组织，占社会组织总数的41.9%。应该说，作为世界最大的执政党，我们党的基层组织和党员人数已经蔚为可观。

我们深知，大不等于强。我们党团结带领人民取得了一个又一个伟大胜利，证明我们党是强大的。在新的历史条件下，世界最大的党一定要成为最强的党。我们党要团结带领人民实现“两个一百年”奋斗目标和中华民族伟大复兴的中国梦，只有更加强大，方能勇担重任。基层是我们党的“神经末梢”，党员是我们党的“肌体细胞”。要把全面从严治党落到实处，就必须激活“神经末梢”、健全“肌体细胞”，有效解决“最后一公里”问题，扎实推动全面从严治党向基层延伸，使我们党更加强大。

“基础不牢，地动山摇。”开展“两学一做”学习教育，必须牢固树立抓基层打基础的鲜明导向。应该看到，党的十八大以来，我们在全面从严治党上的一系列标本兼治的综合举措，效果极为明显，许多领域药到病除，人民群众衷心拥护。但是，从一些基层反映的问题看，全面从严治党在一些地方和部门依然存在压力层层递减、“雨过地皮湿”的问题，一些基层党组织甚至感受不到全面从严治党的压力。各种换了马甲的侵害群众利益的不正之风依然故我，严重损害了群众对我们党的信任，败坏了党和人民的血肉联系。“一个党员就是一面旗帜”，人民群众是从身边的党组织和党员身上感受我们党的形象的。如果支部有战斗力、凝聚力，党员有号召力、带动力，党的形象就同样有这样的力量；反之亦然。特别是基层群众对身边的不正之风和腐败问题感受更直接、反映更强烈，对此，各级党组织必须突出问题导向，聚焦群众关切，一项一项查摆问题，切实解决好党员身上和实际工作中的一个个具体问题，让群众看到新气象新面貌。

歌德曾经说过："思想是导游者，没有导游者，一切都会停止。目标会丧失，力量也会化为乌有。"打牢思想的根基，是推动全面从严治党向基层延伸的根本保障。一些党员、干部之所以面对不正之风不以为意，甚至顶风违法违纪，根本问题还是出在"三观"上，出在思想的总开关上。因此，思想上的正本清源极为重要。各级党组织要认真贯彻"基础在学、关键在做"的要求，领会好党章党规的基本遵循，掌握好习近平总书记系列重要讲话的基本精神，明确做合格党员的努力方向。坚持全覆盖、常态化、重创新、求实效，面向全体党员，加强分类指导，用好"三会一课"等日常教育形式，用好互联网新载体；强化问题导向，注重联系实际，学要学到位、做要具体化，让"两学一做"学习教育全覆盖、无盲区。各级党组织和广大党员要立即行动起来，从我做起，知行合一，以党员的模范带头作用影响人、带动人。

（原载于《新华每日电讯》2016年5月3日，署名乐水）

领导干部要示范带动、领学促学

中央领导同志出席中央党校春季学期第二批学员开学典礼并讲话时强调，领导干部要按照党中央关于“两学一做”学习教育部署，带头深入学习贯彻习近平总书记系列重要讲话精神，发挥好示范带动作用，发挥好领学促学作用，更好地用党的理论创新成果武装头脑、指导实践。领导干部作为党执政的骨干力量，深入学习贯彻习近平总书记系列重要讲话精神，就要在掌握好基本精神的基础上，着重领会好党中央治国理政新理念新思想新战略。

“两学一做”的基础在学、关键在做。无论是学还是做，都需要领导干部的示范带动，以关键少数带动全党全社会。基础在学，领导干部只有认真学党章党规，党员身份才能记得更牢，党员意识才能更强，才能经得起诱惑、守得住底线；领导干部只有结合岗位实际，深入学习系列重要讲话，认真研读领会习近平总书记关于治国理政的新观点新思想新论断，深入理解掌握讲话的丰富内涵和核心要义，才能增强政治意识、大局意识、核心意识、看齐意识，掌握真谛、融会贯通，深刻认识共产党执政规律、社会主义建设规律，坚定理想信念，勇于担当作为。如果学的基础不扎实，做的效果必定会打折扣。关键在做，新形势下，合格共产党员要做到“四讲四有”：讲政治、有信念，讲规矩、有纪律，讲道德、有品行，讲奉献、有作为。践行“四讲四有”，领导干部自觉性要更高，更要用行动体现信仰信念的力量，把握正确前进方向、履行好肩负的职责使命，实现好、维护好、发展好最广大人民根本利益。以知促行、知行合一，能否真学真懂、真信真用，是判别领导干部是否合格的标尺，也是领导干部能否发挥先锋作用的关键。

伟大的时代需要伟大的思想，伟大的时代必然产生伟大的思想。恩格斯曾经指出：“一个民族要想站在科学的最高峰，就一刻也不能没有理论思维。”中国今天的伟大探索和实践，是不可能从过去的本本中找到答案的，更不可能指望让外国人指点什么迷津。唯一的路子在于牢牢植根于中国实际，以马克思主义中国化、时代化、大众化的最新成果武装全党教育人民。习近平总书记系列重要讲话，凝聚着我们党在新的历史条件下治国理政的最新思想理论成果，集中反映了时代和实践发展对党和国家事业的新要求，进一步丰富和发展了党的科学理论，具有重大的政治意义、理论意义、实践意义和方法论意义。领导干部深入学习贯彻习近平总书记系列重要讲话精神，就要在掌握好基本精神的基础上，着重领会好党中央治国理政新理念新思想新战略。要围绕坚持和发展中国特色社会主义这个主题，围绕实现中华民族伟大复兴中国梦这个目标，围绕协调推进“五位一体”总体布局和“四个全面”战略布局，围绕树立和贯彻新发展理念，深入领会关于经济、政治、文化、社会、生态文明建设和党的建设的新思想新观点，深入领会关于改革发展稳定、内政外交国防、治党治国治军的新举措新要求，深刻把握贯穿其中坚定的政治品格、强烈的历史担当、鲜明的人民立场、科学的思想方法和工作方法。

学习领会和贯彻落实习近平总书记系列重要讲话精神，把总书记重要讲话精神内化于心、外化于行，就是掌握了马克思主义中国化的最新成果。各级领导干部作为党执政的骨干力量，必须不断深化对习近平总书记系列重要讲话的学习，毫不含糊地担负起示范带动、领学促学之责。学习，要下大气力、下苦功夫，不能浅尝辄止、蜻蜓点水。

“凡贵通者，贵其能用之也。”希望各级领导干部在深入学习贯彻习近平总书记系列重要讲话精神过程中，自觉弘扬理论联系实际的学风，坚持学用结合、知行统一，学而信、学而用、学而行；自觉用系列重要讲话精神开阔视野、打开思路、提高自己，扎扎实实学起来、做起来、改起来。

（原载于《新华每日电讯》2016年5月20日，署名乐水）

突出问题导向，防止花里胡哨

中央领导同志在广东调研时指出，“两学一做”基础在学，要把自己摆进去，联系实际认真学习党章党规确立的遵循和规范，深入领会习近平总书记系列重要讲话的基本要求。要对准问题去、带着问题改，把学习教育同加强基层党组织建设结合起来，同加强党员日常教育管理结合起来，同解决群众关心的实际问题结合起来，具体化、接地气、见实效，防止搞没有实质内容、花里胡哨的东西，防止形式主义、走过场。

开展“两学一做”，最根本的是要解决问题，最要不得的是形式主义。正因为如此，习近平总书记强调“要突出问题导向，学要带着问题学，做要针对问题改”。只有突出问题导向，“一把钥匙开一把锁”，找准病灶，医好痛点，“两学一做”才能真正推动全面从严治党向基层延伸。

习近平总书记反复强调“工作作风上的问题绝对不是小事”，

反复强调要“崇尚实干、狠抓落实”。能否突出问题导向、抓好抓实“两学一做”，避免走过场和形式主义，是对各级党组织工作作风的又一次检验。形式主义是最顽固的作风积弊。经过群众路线教育实践活动、“三严三实”专题教育等之后，形式主义已大为收敛。但是，收敛不等于绝迹，不可丝毫轻敌。

形式主义的一个最大特点就是“无实事求是之意，有哗众取宠之心”。有的党员干部对形式主义这一套轻车熟路，也曾经尝到过甜头，所以一有机会和环境就故态复萌，乔装打扮，招摇过市，在“两学一做”中也已经露出苗头。比如有的人把学习当成装门面，不是为了武装头脑而是为了武装嘴巴，既不联系思想实际也不联系工作实际，虽然讲起来头头是道、天花乱坠，但学而不思，学而不信，学而不行；有的在形式上挖空心思、虚张声势，搞花架子，以上电视登报纸博表扬为目的，追求表面的轰轰烈烈，唯独忘了初衷和实际效果。最近媒体披露的诸如铺红地毯种树、新婚之夜抄写党章之类的形式，就是“搞没有实质内容、花里胡哨的东西”，任凭怎么自圆其说，都难掩其中有诈，甚至滑稽可笑。人民群众的眼睛是雪亮的。在新的舆论环境下，切不可自鸣得意地将那些改头换面的形式主义的物事兜售于众，其结果往往适得其反，甚至自取其辱。

“两学一做”，推动全面从严治党向基层延伸，不能心浮气躁、急功近利，不能满足于“树个典型、搞个示范”，不能重形式走过场，更不能弄虚作假。“两学一做”力戒形式主义，就必须在对准问题去、带着问题改上具体化、接地气、见实效，有的放矢地查摆问题、整改问题，真正把学习教育同加强基层党组织建设结合起来，同加强党员日常教育管理结合起来，同解决群众关心的实际问题结合起来，进一步密切党和人民群众的血肉联系。要采取各种有效方法让形式主义的“隐身衣”“化妆术”无处遁形，对那些“工作一阵风，结果一场空”的党员干部要坚决依纪依规予以处理，真正从严从实推进党的基层组织建设，毫不含糊地把习总书记

“凡是作出的承诺、立下的军令状都说一件、干一件、成一件”的指示落到实处。

（原载于《新华每日电讯》2016年5月27日，署名乐水）

筑牢思想根基，聚焦突出问题

办好中国的事情，关键在党；从严治党，才能永葆党的生机活力。中央领导同志在出席部分省区“两学一做”学习教育工作座谈会并讲话时强调，要认真贯彻习近平总书记重要指示精神，落实全面从严治党要求，筑牢思想根基、聚焦突出问题，确保学习教育取得实实在在成效。要强化问题导向，在增强党性观念、严格党内政治生活、提振干事创业精气神上聚焦用力，以解决问题的成效检验学习教育的成果。

习近平总书记对全党开展“两学一做”学习教育的重要指示中指出，要突出问题导向，学要带着问题学，做要针对问题改，把合格的标尺立起来，把做人做事的底线划出来，把党员的先锋形象树起来，用行动体现信仰信念的力量。习近平总书记的重要指示，是指导我们深化“两学一做”学习教育的思想武器。

“两学一做”学习教育，基础在学，关键在做。经过前一段学习教育坚持学做结合、注重常态化教育、分层分类推进，各地各部门的“两学一做”学习教育呈现良好发展态势。当前，要把学习教育引向深入，就必须在筑牢思想根基、聚焦突出问题上下功夫，确保学习教育取得实实在在成效。

“知者行之始，行者知之成。”思想是行动的先导，筑牢思想根基的基础在学。不懂得马克思主义基本原理，不学习党的创新理论，不信奉党的政治主张，不履行党员义务，不遵守党规党纪，绝不是一名合格的共产党员。广大党员要认真学习党章党规，牢记党员身份，增强党员意识，把握为人做事的基准和底线，做到在党爱党、在党言党、在党忧党、在党为党。要深入学习习近平总书记系列重要讲话，深刻理解新观点新思想新论断，系统掌握系列重要讲话的丰富内涵和核心要义，切实领会贯穿其中的马克思主义立场观点方法，增强政治意识、大局意识、核心意识、看齐意识，坚定理想信念、保持对党忠诚、树立清风正气、勇于担当作为。

“知不足，然后能自反也，知困，然后能自强也。”聚焦突出问题的关键在做，就是要按照合格的共产党员的标准，找问题、查差距，即知即改，扎扎实实把共产党员的先锋形象树起来。学要带着问题学，做要针对问题改。这次学习教育，明确提出共产党员要做到“四讲四有”。讲政治、有信念，就要保持共产党人的信仰，不忘初心，认真对待自己入党时的承诺，对党忠诚，挺起理想信念的主心骨。讲规矩、有纪律，就要增强组织观念，服从组织决定，严守政治纪律和政治规矩。讲道德、有品行，就要传承党的优良作风，践行社会主义核心价值观，情趣健康，道德高尚。讲奉献、有作为，就要牢记宗旨，干事创业，时时处处体现先进性。

“四讲四有”是着眼党和国家事业的新发展对党员提出的新要求，集中体现了党章党规和习总书记系列重要讲话的基本精神。从严治党，关键要做到真管真严、敢管敢严、长管长严。要通过学习教育工作，坚持融入日常、抓在经常，注重发挥党支部主体作用和先进典型引领作用，用好“三会一课”等基本形式，鼓励基层探索行之有效的途径载体，整顿不合格的基层党组织，严肃党内政治生活，以改革创新精神补齐制度短板，真正使党的组织生活、党员教育管理严起来、实起来。

学习教育是为了解决问题，解决问题才是最好的学习教育。每名党员一定都要突出问题导向，把认真查找和着力解决问题贯穿始终，严格按照党章的要求，真正通过“两学一做”学习教育来“补钙”“加油”，锤炼党性完善自己，而不是一阵风、“雨过地皮湿”。

（原载于《新华每日电讯》2016年7月26日，署名乐水）

带着问题学，对着问题改

“问题是时代的声音，人心是最大的政治。”全党正在开展的“两学一做”，人民群众最期盼的是解决问题，最反感的是形式主义。习近平总书记对“两学一做”学习教育的重要指示中，明确提出要突出问题导向，学要带着问题学，做要针对问题改。可见，衡量一个单位、一个部门、一个地方的党员干部“两学一做”搞得怎么样，不是看文件发了多少个、会议开了多少次、总结材料多少字，而是看真正解决了多少问题。

和党的群众路线教育实践活动、“三严三实”专题教育一样，突出问题导向是“两学一做”能否取得实效的关键。中央领导同志出席部分地区和部门“两学一做”学习教育工作座谈会并讲话时强调，要深入贯彻习近平总书记重要指示精神，联系党员干部思想和工作实际，把解决问题贯穿学习教育全过程，务求取得看得见摸得着的成效。各地区各部门各单位要引导党员干部认真落实全面从严治党要求，带着具体问题学、对着突出问题改，在坚定理念信念、增强宗旨意识、强化纪律观念上取得新进步。

突出问题导向，是检验学习教育成果是否落到实处的最有效标尺。真正解决问题，而不是流于形式、走过场，对于每个党员来说，坚持问题导向就是不回避、不掩饰问题，把合格的标尺立在解决问题的效果上，把做人做事的底线划在对重大问题的立场上，把党员的先锋形象树在处理问题的态度上。对于每个基层党组织来说，坚持问题导向就要保持教育的及时性，发现问题即知即改，排查隐患、堵住漏洞，补齐短板，迎头赶上。

把解决问题贯穿学习教育全过程，也是进一步坚定理想信念、密切党群关系的过程。学要带着问题学，做要针对问题改。突出问题导向，就是要对照党章党规查摆自身问题，牢记党员身份，尊崇党章、遵守党规、把党的纪律和规矩挺在前面；就是要深刻学习领会习近平总书记系列重要讲话的新观点、新思想、新论断，以习总书记重要讲话精神武装头脑、指导实践、推动工作；就是要保持政治本色，把理想信念体现为行动的力量，坚定自觉地在思想上政治上行动上同以习近平同志为核心的党中央保持高度一致，增强政治意识、大局意识、核心意识、看齐意识；就是要自觉践行党的宗旨，保持公仆情怀，密切联系群众，全心全意为人民服务，加强党性锻炼和道德修养，心存敬畏、手握戒尺，廉洁修身、廉洁齐家，筑牢防线。

习近平总书记曾指出："什么是作秀，什么是真正联系群众，老百姓一眼就看出来了。"因此，"两学一做"的这个学只能是扎扎实实地学，这个做必须是扎扎实实地做，决不能虚晃一枪、敷衍了事。老百姓看我们有没有动真碰硬，主要是看我们对待问题的态度。当前，对排查、发现的各类问题，必须列出清单、主动认领，责任到人、挂账销号，用责任清单倒逼主体责任，决不容许搞变通、玩猫腻。对遇到问题打马虎眼，党建工作不力，或者把党建当副业的基层党组织，要旗帜鲜明地加以督促指导，限期整改；对理想信念动摇、不能聚焦主业主责的党组织负责人，要毫不客气地予以批评教育直至整顿调整。

说一千道一万，不如做给群众看。对“两学一做”，人民群众会“紧盯”解决了多少问题。带着问题学，针对问题改，有的放矢、诚心正意，有诺必践、不说“空话”，有病即治、不搞“空转”，才能让人民群众对党员干部的“两学一做”更“有感”。

总之，党员干部是否忠诚、干净、担当，“两学一做”是试金石，也是“磨刀石”。带着问题学、针对问题改，就一定能使党的各级组织和全体党员的凝聚力、战斗力、创造力有一个大的提升，砥砺出与党中央治国理政相适应、带领人民群众实现“两个一百年”奋斗目标和中国梦的干部队伍，从而出色地承担起历史和人民赋予我们的庄严使命。

（原载于《新华每日电讯》2016年8月3日，署名乐水）

党支部要发挥“两学一做”主体作用

习近平总书记在全党开展“两学一做”学习教育的重要指示时明确指出，开展“两学一做”学习教育，要把全面从严治党落实到每个支部、每名党员。贯彻落实习总书记的重要指示精神，抓好8800多万名党员每一个个体的学习教育，必须通过440多万个党的基层组织来传导、动员和实现。因此，充分发挥党支部主体作用，是确保“两学一做”学习教育取得扎实成效的重要保障。

当前，各地党组织在“两学一做”学习教育活动中，坚持学做结合、注重常态化教育、分层分类推进，阶段性效果明显。随着学习教育活动的深入，怎样进一步联系实际、聚焦问题，怎样推动思想政治建设抓在日常、严在经常，怎样更好促进改革发展稳定各项工作等，都需要各级党组织和广大党员激发创新活力，进一步把党员和群众组织起来、凝聚起来，把“两学一做”的“做”落实到知行统一、学做结合上，深入学习党章党规，深入学习习近平总书记系列重要讲话精神，不忘初心，继续前进；落实到在思想和行动上，牢固树立政治意识、大局意识、核心意识、看齐意识上；落实到协调推进“四个全面”战略部署、自觉实践新发展理念上，在扎实推进供给侧结构性改革等方面坚定清醒、积极主动、当好表率；落实到敢于直面和善于化解前进道路上的各种风险挑战上，抢抓创新驱动发展的各种机遇，在解决急难险重问题和民生实事上不推诿、不扯皮、不退缩，努力使每一名党员立足本职、岗位奉献，成为真正合格的共产党员。

“给钱给物，不如给个好支部”，我们党的建设中最大的一个特点，就是高度重视基层党支部的作用。党支部发挥着政治思想引导、组织协调、服务指导等作用。把党员集合起来、把群众组织起来，抓好党员的教育和管理，做好群众的思想政治工作，是党支部的基本职责之一。“两学一做”中，让每一名党员成为合格共产党员，关键看党支部。学习要具体，落实要有形。要让广大党员学有标准、做有榜样、成效有检验，一方面是党员要发挥自觉性，以自身党性来保障学习教育的实效；另一方面是要压实基层党组织的职责，突出党支部主体作用和基本功能，把基层党组织战斗堡垒作用、党员先锋模范作用进一步发挥出来。总之，要通过贯彻好“三会一课”、组织生活会、民主评议党员等制度，发挥好党支部在从严教育管理党员中的应有作用。

“学有所思，思有所悟，悟有所行。”“两学一做”学习教育活动的时间是有限的，但学习教育如何融入日常，引导党员一生一世学、一生一世做，这也是学习教育活动的最终目标。充分发挥党支部主体作用，让学习教育成为党组织生活的常态，让“合格”成为每一名党员的“标配”，尤其具有现实意义。

（原载于《新华每日电讯》2016年8月22日，署名叶瓣）

以考责问责推动党建责任扛在肩上

党建工作千头万绪，说到底是个责任问题，要扭住落实主体责任这个关键，实现考责问责的制度化规范化，推动党组织书记把责任扛在肩上。

在一些地方和部门，全面从严治党不力、管党治党失之于宽松软等问题，仍然较为突出。为了推动党组织和党的领导干部切实把责任扛起来，健全问责机制，2016年7月8日起施行的《中国共产党问责条例》，进一步规范和强化了党的问责工作，全面扎紧问责的制度笼子，做到失责必问、问责必严。

问责，是全面从严治党的应有之义和重要保证。问责，正在成为党建工作的重要抓手。党组织书记在党建工作上只要出现失职失责，必须启动问责程序，依规依纪处理，倒逼尽职尽责。2016年以来，各地区各部门各单位不断加大问责力度，通过定期盘点、专项检查、巡视巡察、督查考核等制度化规范化的考责问责，防止“制度空转”，在加强党建责任落实上发挥着巨大作用，推动党建和中心工作“同频共振”，坚持不懈、持之以恒地抓下去，党建工作必将走向新高度。

但我们也必须看到，在一些地方和单位，党建责任不落实或落实不力、不到位，仍非个别现象。一些党务干部包括党组织书记不熟悉党务工作，在加强党的建设上不懂、不知、不会，以会议贯彻会议、以文件落实文件，有的甚至连什么是“三会一课”都“一头雾水”。有的同志说，到一地一部门，看看中层干部的整体精神状态就可略知这个地方的能力水平：有的干部队伍对党的路线方针政策了如指掌，有做不完的工作，充满活力和干劲；而有的干部队伍则做一天和尚撞一天钟，无精打采、了无生机。凡党员干部无精打采、了无生机的地方和单位，一定是党的领导弱化、党的建设缺失、全面从严治党不力，党的观念淡漠、组织涣散、纪律松弛，一定是管党治党“宽松软”，根本原因就是党组织书记没有正确认识权力与责任的关系，党建责任不落实。

党组织书记把责任扛在肩上，关键在基层。基层党组织书记，既是党的方针路线政策贯彻到“最后一公里”的执行者，又是管理教育党员的直接责任人，如果不能切实做到把党建责任扛在肩上，很难担当起凝心聚力、攻坚克难、引领发展的重任。权力就是责任，责任就要担当。落实党建责任，党组织书记必须做到忠诚干净担当，切切不可庸、懒、软。动员千遍不如问责一次。只有做到失责必问、问责必严成为常态，突出主体责任，聚焦“关键少数”，细化责任、层层传导压力，激发担当精神，党组织书记把责任扛在肩上才不会成为空话。

不忘初心，继续前进，加强党的建设永远在路上。“小智治事，中智治人，大智治制。”实现考责问责的制度化规范化，任何地方、部门、单位，只要发生了党的领导作用虚化、贯彻党的路线方针政策走样、管党治党不严不实等党建工作弱化问题，就要按照规定严肃追责。

习近平总书记指出："担当就是责任，好干部必须有责任重于泰山的意识，坚持党的原则第一、党的事业第一、人民利益第一，敢于旗帜鲜明，敢于较真碰硬，对工作任劳任怨、尽心竭力、善始善终、善作善成。"只有坚决把党建工作的主体责任压下去，瞄准"靶子"、精准发力，加大考责问责力度，才能推动各级党组织和党的领导干部切实担起党建责任，不断增强党的战斗力，确保实现党的历史使命。

"两学一做"学习教育是当前加强党的建设的重要抓手。各级党组织书记要清醒认识肩负的使命，坚持全覆盖、常态化、重创新、求实效，紧密联系实际深化"两学一做"学习教育，用解决一个个具体问题的成效来说话，让群众切实感受到党员干部的新变化、新风貌。

（原载于《新华每日电讯》2016年9月9日，署名乐水）

四

汇聚起全面建成小康社会的强大力量

要切实增强政治意识、大局意识、核心意识、看齐意识，更加坚定地维护以习近平同志为核心的党中央权威，更加自觉地在思想上政治上行动上同以习近平同志为核心的党中央保持高度一致，更加扎实有效地把党中央的决策部署落到实处。要把十八届六中全会精神落实到每一个党支部、每一名党员，更好地把党员组织起来、把群众组织起来，汇聚起全面建成小康社会的强大力量。

培养年轻干部，首在坚定理想信念

中央领导同志出席全国优秀年轻干部培养选拔工作座谈会并作讲话时，强调要以培养锻炼为基础，以选准用好为根本，以从严管理为保障，改进创新培养选拔方式，努力建设高素质的优秀年轻干部队伍。培养优秀年轻干部，坚定理想信念是第一位要求，要坚持不懈地抓好理论武装，引导年轻干部打牢思想根基、补足精神之"钙"，增强道路自信、理论自信、制度自信，做社会主义核心价值观的践行者、引领者。

"士不可以不弘毅，任重而道远。"国家的前途，民族的命运，人民的幸福，是年轻一代必须和必将承担的重任。党和人民事业的未来和希望属于青年，重视培养年轻干部就是重视未来。在协调推进"四个全面"战略布局的伟大事业中，尤其需要一大批理想信念坚定、充满蓬勃朝气的年轻干部攻坚克难、接力奋进。选准用好年轻干部，让大批精力充沛、思想活跃、知识面广、视野开阔，有激情、有朝气、敢创新的年轻干部充实到党的血液中，党和人民的事业才能后继有人、万古长青。在新形势下，党面临的执政考验、改革开放考验、市场经济考验、外部环境考验是长期的、复杂的、严峻的，精神懈怠危险、能力不足危险、脱离群众危险、消极腐败危险更加尖锐地摆在全党面前。执政环境越复杂，越需要一支德才兼备、忠诚干净担当的高素质干部队伍。选准用好年轻干部，是确保党的基本路线不动摇、党的大政方针持之以恒贯彻下去的需要。

办好中国的事关键在党，关键在人。关键在人的核心，在于选用什么样的人。习近平总书记指出："选什么人就是风向标，就有什么样的干部作风，乃至就有什么样的党风。"在某种意义上，选用什么样的年轻干部，风向标意义更大。因为，年轻干部的言行表现，对同龄人有着巨大的示范效应。年轻干部同人民一起奋斗，会鼓舞更多的奋斗者；年轻干部同人民一起前进，会带动更多的同道者；年轻干部同人民一起梦想，会激励更多的同梦人。

习近平总书记曾用他的亲身经历，激励青年练就过硬本领："我到农村插队后，给自己定了一个座右铭，先从修身开始。一物不知，深以为耻，便求知若渴。"让年轻干部多"墩墩苗"，到基层一线和艰苦地区经风雨见世面，到复杂的岗位上锤炼，才能植根于人民群众中间，在急难险重任务中锻炼提高，在改革发展稳定实践中增强担当，在感悟时代、紧跟时代中珍惜韶华，始终走与人民群众实践相结合的成长道路，培养和人民群众的真感情，形成良好的党风政风。

"咬定青山不放松，立根原在破岩中。"领导干部特别是年轻干部能不能在风险考验面前、在利益诱惑面前稳得住心神、守得住魂魄，最根本的检验，就是能不能保持那份对理想信念的执着追求和坚守。这正是习总书记所强调的"要立根固本，挺起精神脊梁"。国无德不兴，人无德不立。对一个国家、一个民族来说，最持久、最深层的力量是全社会共同认可的核心价值观。年轻干部坚定理想信念，以身示范践行社会主义核心价值观，意义重大而深远。把坚定理想信念放在第一位要求，引导年轻干部打牢思想根基、补足精神之"钙"，是抓到了培养优秀年轻干部的关键。

"理想信念动摇是最危险的动摇，理想信念滑坡是最危险的滑坡。"十八大以来查处的腐败案件，翻阅一篇篇忏悔录，可知理想信念动摇，"总开关"失灵，是腐败分子走向不归路的共同原因。启功先生曾经说："一拳之石取其坚，一勺之水取其净。"古往今来，奢欲贪念与以权谋私、贪赃枉法往往是分不开的。因此，理想信念之门能不能把得住，决定着年轻干部是走正道还是走歧路。

理想信念的养成绝非一日之功。年轻干部只有按照习近平总书记的要求，按照党和人民的要求锤炼自己，在勤学、修德、明辨、笃实上下功夫，在修身、用权、律己、谋事、创业、做人上从严从实，将"三严三实"的要求落细落小，注重细节小事，并时时修枝剪叶、自觉改造提高，时时从谏如流、自觉接受监督，方能聚沙成塔、集腋成裘，方能志存高远、德才并重、情理兼修、勇于开拓，善于明辨是非、善于决断选择，不断地磨炼党性修养，固根守魂，脚踏实地把成长的路一步步走稳走实。

（原载于《新华每日电讯》2015年10月28日，署名乐水）

培养选拔年轻干部要坚持“四个要”

“为政之要，首在举人；为政之要，重在用人。”选人用人，是关系我们党和国家的长远利益、前途命运的战略问题。中央领导同志在一次座谈会讲话时指出，要优化干部成长路径，坚持早发现、早培养，注重从基层、从各条战线、从火热的改革发展稳定第一线发现，在复杂环境、艰苦岗位、关键时刻发现，在日常考核、近距离接触中发现。要突出政治培养，用习近平总书记系列重要讲话精神武装头脑，加强党章、理想信念、党性党风党纪教育；重视经过必要台阶、递进式培养，压担子、多磨炼。要坚持好干部标准，落实忠诚干净担当要求，坚持五湖四海、任人唯贤，拓宽视野、优化结构，严格把关、统筹使用。要从严要求，把纪律和规矩挺在前面，从细处小处抓起，加强跟踪考核管理，促进干部健康成长。

“致安之本，唯在得人。”周文王渭水访贤、刘玄德三顾茅庐，自古以来，要成就大业必然求贤若渴、唯才是举。实现中华民族伟大复兴的中国梦，协调推进“四个全面”，我们党更需要大批栋梁之材，正因为如此，习近平总书记要求“把好干部及时发现出来、合理使用起来”。如何发现？怎样使用？“知人之事，自古为难，故考绩黜陟，察其善恶。今欲求人，必须审访其行。若知其善，然后用之。”《贞观政要》中，魏徵提出知人的“六观”，即“贵则观其所举，富则观其所养，居则观其所好，习则观其所言，穷则观其所不受，贱则观其所不为”，至今不乏启示意义。中央领导同志提出的要优化干部成长路径、要突出政治培养、要坚持好干部标准、要从严要求这“四个要”，对各级组织部门进一步把握好对年轻干部培养的方法、标准、路径、监督等，具有鲜明的针对性和指导性。

选拔年轻干部，重在发现和培养。“千里马常有，而伯乐不常有”。当前，各条战线，各地各部门，都急需大批想干事、能干事、干成事又不出事的干部。事实上，我们并不缺少德才兼备、有培养前途的“良驹”，关键在于如何发现。特别是在一线在基层的年轻干部，勤勤恳恳、默默无闻做实事的年轻干部，上级部门如果不能做到眼光向下，他们很难进入视线。因此，必须坚持早发现、早培养，注重从基层、从各条战线、从火热的改革发展第一线“相马”，注重在复杂环境、艰苦岗位、关键时刻“相马”，注重在日常考核、近距离接触中“相马”。良马就在那里，就看识马者是否具备“知人善任”的本领。善用人者，人才无处不在，只要对照“信念坚定、为民服务、勤政务实、敢于担当、清正廉洁”这个标准辨贤庸、察优劣，练就一双“识人”的慧眼，善于鉴别而又培养得当，“用当其时、用当其人”，好干部就会大量涌现出来。

“干部多‘墩墩苗’没有什么坏处，把基础搞扎实了，后面的路才能走得更稳更远。”习近平总书记多次强调基层实践对年轻干部成长的重要性。看得准未必选得准，选得准未必用得准。对年轻干部的培养选拔，一定要突出政治培养。要教育年轻干部用习近平总书记系列重要讲话精神武装头脑，加强党章、理想信念、党性党风党纪教育。年轻干部只有政治上立根固本，才能挺起精神脊梁，无论在任何情况下都能坚定这份信仰、坚定这份信念、坚定这份忠诚。

“玉不琢不成器”，对年轻干部的培养选拔，一定要重视经过必要台阶、递进式培养，压担子、多磨炼，“因其材以取之，审其能以任之，用其所长，掩其所短。”坚持好干部标准，落实忠诚干净担当要求，党委组织部门要对年轻干部加强跟踪考核管理，促进干部健康成长。同时，要努力完善年轻干部有效选拔机制，把年轻干部的理想信念、理论素养、学习能力和工作实绩等作为年度考核、评先评优、职级晋升、提拔使用的重要依据和考核内容。硬脊梁方能挑重担，要敢于给年轻干部“压担子”“出难题”，让他们在实战中提高修养、历练才干。

（原载于《新华每日电讯》2015年10月29日，署名汉鸿）

与群众一块过一块苦一块干

党的事业根基立在基层，力量源于群众。习近平总书记多次强调，党的各级领导干部心中要始终装着人民。基层一线，是干部向人民群众学习的好课堂，也是磨炼作风的大考场。干部双向交流任职，是党和国家事业发展的需要，有利于基层一线干部开阔视野、提高素质，也有利于改变中央和国家机关领导干部经历单一的问题，是改善领导干部队伍结构的有效探索。近年来的实践表明，双向交流任职干部普遍增长了才干，补上了短板，开阔了视野，提升了能力。一批优秀干部脱颖而出，走上了关键领导岗位。

中央领导同志2016年8月在与双向交流任职干部座谈时指出，交流任职干部要始终保持共产党人的奋斗精神、始终保持对人民的赤子之心，不忘初心，继续前进，做出经得起实践、人民、历史检验的实绩。要深入基层、融入群众，虚心向群众学习、拜群众为师，与群众一块过、一块苦、一块干。勇于改革创新、矢志艰苦创业，争做改革的促进派、实干家。

“与群众一块过、一块苦、一块干”，可谓丝丝在理、语重心长。无论是中央国家机关交流到地方，还是地方交流到中央国家机关，无论是什么岗位什么职务，工作的性质定位和履职的特点规程可能各有不同，但说一千道一万，群众路线这个根本不能丢；向群众学习、拜群众为师的好作风不能丢。

今天的年轻干部普遍学历高、见识广。他们不缺国际视野、不缺书本知识，但最缺的还是实践经验，最缺的还是和人民群众打交道、长才干的本领。这些书本上往往学不来学不到的东西，正是我们共产党人制胜的法宝，是我们代代相传的传家宝。如果年轻干部没有学会这套看家本领，没有获取群众工作这一制胜法宝，这种情况长期发展下去，势必增加领导机关的干部脱离实际、脱离群众、主观主义、官僚主义的危险，最终贻误党和人民的大业。开展干部双向交流任职，是优化干部成长路径的举措，也是保持领导机关和基层联系的途径。领导干部特别是年轻干部到基层一线交流任职，如果切实做到身下心下、融入基层群众，与群众一块过、一块苦、一块干，如果切实做到多学多思，在边学边干、学干结合中提高思想境界、增强能力素质，对于增长领导才干、积累实践经验、加快政治成熟至关重要。

早在2010年，习近平同志就对交流任职干部提出了六点殷切希望：身下心下，转换角色；多学多思，适应环境；实干苦干，创造优良业绩；集思广益，团结协作；慎独慎微，树立良好形象；淡泊名利，保持良好心态。他语重心长地对交流干部说，大家在地方工作的所学所得，将会终生受用。

强调领导干部“与群众一块过、一块苦、一块干”，具有极其重要的现实针对性。十八大以来，习近平总书记多次强调要坚持以人民为中心，坚持人民至上，坚持人民情怀，坚持人民立场，坚持人民主体地位，坚持不忘初心。习近平总书记在“七一”重要讲话中，之所以强调不忘初心，是因为有些党员干部“忘本”了，走上了脱离群众、与人民群众利益背道而驰的不归路。我们不忘初心，就是要强调人民立场是中国共产党的根本政治立场，就是要尊重人民主体地位，坚持全心全意为人民服务的根本宗旨，实现好、维护好、发展好最广大人民的根本利益。

95年风雨兼程，我们“赶考”的成绩如果说比较满意的话，根本在于我们党一刻也没有脱离群众，坚持与群众一块过、一块苦、一块干。在未来的征途上，领导干部特别是年轻干部一定要磨炼这门基本功，坚持“三严三实”，做到忠诚干净担当，始终保持共产党人清正廉洁的政治本色，永远与人民在一起。

（原载于《新华每日电讯》2016年8月2日，署名叶辦）

汇聚起全面建成小康社会的强大力量

中央领导同志在广东调研时强调，要深入学习贯彻党的十八届六中全会精神，切实增强政治意识、大局意识、核心意识、看齐意识，更加坚定地维护以习近平同志为核心的党中央权威，更加自觉地在思想上政治上行动上同以习近平同志为核心的党中央保持高度一致，更加扎实有效地把党中央的决策部署落到实处。要把六中全会精神落实到每一个党支部、每一名党员，更好地把党员组织起来、把群众组织起来，汇聚起全面建成小康社会的强大力量。

选人用人历来是关系党和人民事业的关键性、根本性问题，正如习近平总书记所强调："党要管党，首先是管好干部；从严治党，关键是从严治吏。"面对复杂多变的国际形势和艰巨繁重的国内改革发展任务，实现党的十八大确定的各项目标任务，进行具有许多新的历史特点的伟大斗争，关键在党，关键在人，党的组织部门责无旁贷。不久前召开的十八届六中全会，着眼于协调推进"四个全面”战略布局的需要，就新形势下全面从严治党作出了新的重大部署。各级组织部门要站在全局高度，结合“两学一做”学习教育，从政治上认识和把握在全面从严治党中的职责，以县处级以上领导干部为重点对象，分层次抓好党员干部学习贯彻六中全会精神的培训，学原文、悟原理，内化于心、外化于行，建设一支宏大的高素质干部队伍，确保我们党在发展中国特色社会主义历史进程中始终成为坚强的领导核心。

“用一贤人，则贤人毕至，用一小人，则小人齐趋。”有什么样的选人风向标，就有什么样的干部作风，乃至就有什么样的党风。2013年召开的全国组织工作会议上，习近平总书记鲜明提出“信念坚定、为民服务、勤政务实、敢于担当、清正廉洁”的新时期好干部标准，对怎样是好干部、怎样成长为好干部、怎样把好干部用起来等重大问题作了全面深刻的阐述，为我们做好新形势下干部培养选拔工作指明了方向。深入学习贯彻六中全会精神，要结合习总书记重要指示精神，从严管理监督干部，落实好提醒函询诫勉、个人有关事项报告，推进能上能下、谈心谈话等制度，深入了解干部思想、工作、作风、生活状况，抓早抓小、防微杜渐，解决问题、纠正偏差；要通过加强党内政治文化建设，在广大党员干部中大力弘扬忠诚老实、光明坦荡、公道正派、实事求是、艰苦奋斗、清正廉洁等价值观，以良好的政治文化涵养风清气正的政治生态，让作风正派、锐意进取的干部脱颖而出。

习近平总书记指出：“从严治党，最根本的就是要使全党各级组织和全体党员、干部都按照党内政治生活准则和党的各项规定办事。”党内政治生活是党组织教育管理党员和党员进行党性锻炼的主要平台，从严治党必须从党内政治生活严起，要通过深入开展理想信念和宗旨教育，既从思想教育上严起来，又从制度上严起来，筑牢拒腐防变的堤坝。各级组织部门要充分利用《关于新形势下党内政治生活的若干准则》和《中国共产党党内监督条例》这两个制度武器，推进“两学一做”学习教育经常化制度化，健全和认真落实民主集中制的各项具体制度，督促各级党组织和党员干部切实解决存在的突出问题；认真落实“三会一课”、民主生活会和组织生活会等制度，把批评和自我批评这个锐利武器有效运用起来，使党的组织生活经常、认真、严肃起来。

作为管党治党的重要职能部门，组织部门要以公道正派为核心，着眼于党的事业发展需要选人用人，公道对待干部，公平评价干部，公正使用干部，敢于坚持原则，让好干部真正受尊重、受重用，让那些阿谀逢迎、弄虚作假、不干实事、会跑会要的干部真正没市场、受惩戒。要严明组织人事纪律，对违反组织人事纪律的坚决不放过，对跑官要官、买官卖官的决不姑息，发现一起，查处一起。

“邦之兴，由得人也；邦之亡，由失人也。”广东各级组织部门要以对党和人民事业高度负责的担当精神，牢固树立“四个意识”，更加紧密地团结在以习近平同志为核心的党中央周围，更好地把党员组织起来、把群众组织起来，把十八届六中全会精神贯彻到组织工作全过程各方面。要为敢担当的干部担当，为敢负责的干部负责，把党和人民需要的好干部精心培养起来、及时发现出来、合理使用起来，为实现伟大复兴的中国梦提供坚实的组织保障。

（原载于《南方日报》2016年11月23日，署名岳音）

用好三个力量，坚守育人之本

中央领导同志在上海调研时指出，高校思想政治工作关系培养什么人的根本问题，要牢牢把握社会主义办学方向，加强和改善党的领导，按照又红又专、德才兼备、全面发展的要求，努力培养合格建设者和可靠接班人。要用好马克思主义的真理力量，用好中国特色社会主义的实践力量，用好五千年历史传承的文化力量，引导师生坚定对中国道路、理论和制度的信念，保持对中华文化和中国价值的自信。要贴近师生的思想特点和实际需求，创新工作机制和方式方法，积极运用互联网等新的手段载体，使思想教育工作更接地气、更有活力。

一所大学的视野，决定其教育的广度和深度。习近平总书记在祝贺清华大学建校105周年的贺信中强调，办好高等教育，事关国家发展、事关民族未来。我国高等教育要紧紧围绕实现“两个一百年”奋斗目标、实现中华民族伟大复兴的中国梦，源源不断培养大批德才兼备的优秀人才。按照建设世界一流大学和一流学科的战略部署，我国的高等教育不仅要有国际一流水平的学科，要有引领未来科技发展的颠覆性成果，更为关键的是要源源不断地培养出又红又专、德才兼备、全面发展的一流人才。

中国的大学必须扎根中国大地，办出中国特色。又红又专、德才兼备、全面发展，是培养中国特色社会主义事业合格建设者和可靠接班人的根本要求，是我国高等教育的育人之本。回顾新中国成立之初，为了迅速改变我国一穷二白的状况，特别是在短时间内促进工业快速发展，急需大批技术专家和各种专门人才，我国很多高校成了"工程师的摇篮"，许多怀揣梦想的青年义无反顾投入到祖国最需要的领域去。实践证明，新中国培养出的一批批又红又专的人才，为我们摆脱贫穷落后做出了巨大贡献。我们必须正视一个事实，今天中国取得的巨大经济社会成就，绝大部分英才是在新中国成立以后我们自己培养出来的。

改革开放以来，随着经济社会的快速发展，国家建设越来越需要高水平、多样化的创新人才，也越来越需要未来社会的合格公民。我国高校顺应社会的需要，不同的大学对自己的人才培养提出了不同的目标和要求。如清华提出了"厚基础、重实践、求创新"的人才培养目标，北大开始致力于培养"能够引领未来发展的人才"，浙江大学提出了勇担培养一流工程师的国家使命，上海交大则把"培养一批创新型的领袖人才"作为自己人才培养的定位。但万变不离其宗，中国特色社会主义办学方向，始终没有变；培养合格建设者和可靠接班人的根本任务，始终没有变。

恩格斯曾经指出，"时代的性格，就是青年的性格"。高校学子是最有活力的青年群体，既是教书育人的对象，也是实现"两个一百年"奋斗目标、实现中华民族伟大复兴的中国梦的生力军，是主流价值观的承担者和传播者。高校学子能不能做到又红又专、德才兼备、全面发展，是检验高校培养什么人的根本问题。又红又专、德才兼备、全面发展，为我们高校在新的历史阶段人才培养的目标和定位划出了鲜明标准。这就要求高校要把思想政治教育作为师道传承的核心，把又红又专、德才兼备、全面发展，作为高校育人的基因工程、固本工程、铸魂工程，站在全球的视角，站在中国从世界大国成为世界强国的高度，努力培养更多让党和人民放心满意的合格建设者和可靠接班人。

把又红又专、德才兼备、全面发展这一育人之本落到实处，高校重点要抓好思想政治工作这把钥匙。要引导师生坚定对中国道路、理论和制度的信念，保持对中华文化和中国价值的自信。同时要贴近师生的思想特点和实际需求，不断促进思想政治教育的内容创新、工作机制创新和方式方法创新，积极运用互联网等新的手段载体，探索思想政治教育更接地气、更有活力的新路，让学生们在喜闻乐见中获得教育、掌握真知，让“有意义”的教育“有意思”，让同学们接受熏陶的同时又乐在其中，润物无声、潜移默化。华南师大等高校以“互联网+”创新思想政治教育的探索，已经迈出了可喜的一步，希望更多高校在创新思想政治教育上积极作为，努力实现社会主义核心价值观在高校的真正落地。

（原载于《新华每日电讯》2016年6月28日，署名乐水）

让文明校园成为遍布城乡的风景

党的十八大以来，习近平总书记多次就加强改进学校教育和青少年思想道德建设作出重要论述，为我们深入推进文明校园创建指明了方向、提供了遵循。

文明校园创建是促进青少年成长成才的育苗工程。习近平总书记多次强调，人生的扣子从一开始就要扣好。现在的学生主体是“90后”“00后”，他们是在我国经济社会发展起来后成长起来的一代，思想活跃、富有创造力是这一代人的鲜明特点。推进文明校园创建就是要发挥学校教育主阵地作用，推动核心价值观融入办学育人全过程，帮助青少年树立正确世界观人生观价值观，奠定文明基础、走好人生起步之路。

文明校园创建是促进学校提质升级的助推工程。当前经济社会的发展十分迅速，社会对学校教育的需求期盼和青少年的接受特点都发生了深刻变化，对学校教育发展也提出了新的更高要求。要抓住文明校园创建这个有力抓手，着力深化学校各项改革，强化科学化管理、加强队伍锻造、提升教育教学质量、优化校园文化环境，使学校提质升级、内外兼修，提升影响力和美誉度，实现学校品牌再提升和永续发展。

文明校园创建是实现家庭幸福社会和谐的希望工程。家庭是社会的细胞，青少年的健康成长事关广大家庭幸福，事关社会和谐发展。当前社会环境、家庭结构正发生深刻变化，给青少年培养教育带来了许多新挑战。推进文明校园创建，就是要坚持问题导向，抓牢阵地、把好导向、优化环境，为青少年全面发展营造良好氛围，帮助他们成长为广东省3 000多万家庭的顶梁柱，构建文明广东的主力军。

文明校园创建是实现国家富强民族振兴的战略工程。广东是教育大省，全省共有中小学15 322所，普通高校151所，在校学生1 808.85万人，教职员工124.8万人。广大青少年是实现中国梦的主力军，学校是青少年筑梦圆梦的摇篮。开展文明校园创建，就是要推动学校全面落实立德树人的根本任务，用中国梦激扬青春梦，激励学生把个人理想追求融入国家和民族的事业之中，做伟大事业、伟大梦想的承担者、圆梦人。

一是要牢牢把准方向，切实树正学校办学理念。坚持社会主义办学方向。按照社会主义精神文明建设的要求，全面加强党的领导，加强和改进思想政治工作，落实意识形态工作责任制，推动社会主义办学方向旗帜鲜明地立起来，落实到办学治校、教育教学全过程。坚持促进人的全面发展。按照立德树人的根本要求，切实破除重智育、轻德育，重应试教育、轻素质教育的弊病，坚持德育、智育、体育、美育、心理健康教育相结合，培养全面发展的“大写的人”，造就更多合格的中国特色社会主义事业建设者和可靠接班人。坚持为广东落实“四个坚持、三个支撑、两个走在前列”培养更多高素质的人才。按照“社会有所需，教学必有应”的原则，进一步完善人才培养模式，增强学生落实习近平总书记对广东工作重要批示精神的素质本领，特别要加强学生的创新精神和创新能力的培育，提升适应未来发展的综合素质。

二是要锻造理想信念，不断增强学生的精神力量。厚植家国情怀。广泛深入开展中国特色社会主义和中国梦宣传教育，推动习近平总书记系列重要讲话精神和治国理政新理念新思想新战略进教材、进课堂、进头脑，用共同理想信念的明灯照亮青少年学生前行的道路。要针对不同年龄段学生的特点开展富有成效的爱党爱国爱军教育，校长、书记要带头讲好“开学第一课”，激发学生的爱国热情和家国情怀，坚定“四个自信”，自觉肩负起传承发展中华文化的光荣使命。筑牢主流价值。持续深入开展社会主义核心价值观学习教育，坚持诠释解读、艺术熏陶、实践养成相结合，推动核心价值观潜移默化植入学生的心田，确保主旋律正能量始终在校园高扬。磨炼意志品质。加强革命英雄主义教育，传述老一辈革命家不畏艰难困苦、矢志追求理想的励志感人故事，弘扬坚忍不拔、永不气馁的奋斗精神。开展正确的逆境抗压教育，强化社会实践活动，加强就业引导，鼓励学生到基层、到人民群众最需要的地方去接受挑战、磨炼意志，让青春在搏击风浪中绽放光华。

三是要突出以德立人，涵养校园尚德明礼之风。坚持立德为本。扎实组织开展社会主义道德和中华传统美德学习教育，大力倡导仁者爱人、崇德明礼、诚实守信、孝老爱亲、俭约自守、乐于助人、勤劳刻苦、精益求精等美德善行。广泛开展道德模范、身边好人、美德少年等学习宣传，深化学雷锋志愿服务活动，引导学生养成良好道德观念，增强道德实践能力。坚持师德为先。加强师德管理，将师德表现纳入教师考核评价体系，着重在“爱”“诚”二字上下功夫，大力选树宣传师德楷模、最美教师，引导教师始终葆有春风化雨、诲人不倦的仁爱之心和春蚕吐丝、蜡炬成灰的奉献精神，带动形成仁以待人、诚以修身的好学风。注重礼仪规范。深入开展礼貌、礼节、礼仪主题教育，引导学生从小讲文明、讲公德、守秩序、爱整洁。注重完善升旗礼、开笔礼、开学礼、成人礼、入团入党礼等礼仪规程，用严肃而有内涵的礼仪规范人、引导人、塑造人。完善学校规章、学生守则和课室、宿舍、食堂公约等规章制度，发挥学生团体的积极作用，提升学生自我管理能力。大力加强法治教育，增强学生法治观念和规则意识。

四是要注重以文化人，打造师生共有精神文化家园。大力弘扬优秀传统文化。增加中华优秀传统文化和岭南优秀文化的课程内容，推动岭南戏曲、广东音乐、书画、篆刻、武术、传统手工艺、非遗项目等进入校园，引导学生从小争做中华文化的传承者、传播者和建设者，推动传统文化在教学相长中实现创造性转化和创新性发展。广泛开展校园文化活动。规划好校园文化发展的主要方向、重点主题，大力培育发展健康向上的校园文化。积极提炼完善校训、校风、师风、学风等校园文化符号，用学校的优良文化传统启迪激励学生。积极策划开展文化节、书香节、诗歌节、科技节等主题活动，加强与校外文化科技单位共建共享，打造富有成效、格调高雅的校园文化活动品牌。加强学校图书馆、阅览室、少年宫、音乐室、舞蹈室等文化阵地的建设管理，支持成立诗词、书画、戏曲、科学、文体俱乐部等方面的学生社团。营造校园浓厚文化环境。积极运用正能量的道德格言、诗词、典故等文化内容布置教室走廊、墙壁立柱等校园公共空间，运用雕塑、篆刻、楹联、墙绘、建筑小品等艺术形式打造校园文化景观，组织师生参与校园文化景观创作管理和校园文化名片评选，为校园空间注入文化内涵和人文情怀，增强师生对学校的认同感归属感。

五是要坚持社校共建，不断优化学生成长环境。创建净美校园。抓好校园卫生清洁工作，全面清理校内外卫生死角，加强厕所保洁、垃圾处理等环卫工作，建立健全长效保洁机制。注重抓好校园及周边的绿化美化工作，合理布局场地空间，实现格调、色调、造型和谐统一，提升校园环境观赏性，用美的环境熏陶人，让文明校园成为遍布城乡的一道道风景。创建清朗校园。加强对学校周边网吧、娱乐场所、报刊摊点等的执法管理，打击黄赌毒，为学生健康成长创造良好社会文化环境。创建平安校园。把打造平安校园当作文明校园创建的基础，严格落实校园安全保卫责任制，消除校园安全隐患，杜绝校园暴力事件和违法犯罪行为。针对校园周边存在的社会治安、交通安全等突出问题，各相关部门要定期组织联合执法，对违规违法行为给予严厉惩处。强化学生的科学精神和安全意识，积极普及防骗、防火、防溺水、防伤害等安全防御自救知识。

（根据2017年9月22日在广东省文明校园创建工作电视电话会议上的谈话整理，南方网登载）

五

让当代中国马克思主义放射出更加灿烂的真理光芒

习近平总书记指出："党要始终坚持把马克思主义作为根本指导思想，作为全党团结前进的精神旗帜，作为改造客观世界和主观世界的强大思想武器。"加强对规律性认识的总结，不断完善中国特色社会主义理论体系，不断推进马克思主义中国化、时代化、大众化，开辟21世纪马克思主义发展新境界，我们就一定能进一步增强道路自信、理论自信、制度自信、文化自信。全党同志要以习近平新时代中国特色社会主义思想这一当代中国马克思主义武装头脑、指导实践、推动工作，让她放射出更加灿烂的真理光芒。

切实担负起构建中国特色哲学社会科学的历史使命

一个民族要想站在时代的最高峰，就一刻也离不开理论思维。哲学社会科学的发展水平，反映一个民族的思维能力、精神品格、文明素质，体现一个国家的综合国力和国际竞争力。习近平总书记在纵论哲学社会科学的发展大势后强调，要按照立足中国、借鉴国外，挖掘历史、把握当代，关怀人类、面向未来的思路，着力构建中国特色哲学社会科学，在指导思想、学科体系、学术体系、话语体系等方面充分体现中国特色、中国风格、中国气派。

构建中国特色哲学社会科学，要在牢牢把握以马克思主义为指导这个灵魂的前提下，坚定文化自信、强化问题导向、增强创新意识。中国特色、中国风格、中国气派，创新是关键。“不如马克思，不是马克思主义者；等于马克思，也不是马克思主义者；只有超过马克思，才是马克思主义者。”这里的“超过”，其实就是真正的马克思主义者必须根据实践的情况，认识、继承和发展马克思主义。中国特色社会主义，是前无古人的伟大事业，许多新的课题迫切需要中国特色哲学社会科学进行解答。“尽信书，则不如无书。”只有具备“问题意识”，在及时回应时代的呼声中锐意创新，中国特色哲学社会科学才能担当起引导我们国家和民族实现中华民族伟大复兴中国梦的思想理论先导。

或许有的同志认为哲学社会科学过于“高冷”，与自己的日常工作生活没有多少关联。实则谬矣！“工欲善其事，必先利其器。”一位伟人说过一段很精彩的话：“有了学问，好比站在山上，可以看到很远很多的东西；没有学问，如在暗沟里走路，摸索不着，那会苦煞人。”构建中国特色哲学社会科学，与每个中国人都有关系。今天的中国已经成为全球第二大经济体，仅“中国大妈”每年上千亿的境外购买力，就令许多西方国家垂涎不已。但是，为什么有些西方国家在经济上对我们笑脸相迎甚至不惜卑躬屈膝，一旦涉及意识形态等问题却动辄翻脸不认，故意找茬？这固然有其根深蒂固的偏见成见、对我崛起心态失衡等因素，从深层次看，还是由于我们在学术命题、学术思想、学术观点、学术标准、学术话语上的能力和水平同我国综合国力和国际地位不相称造成的。为什么我们有的科研人员甘愿自扫斯文，花钱到国外期刊上发表论文？为什么我们在国际上时不时处于有理说不响、有话传不开的舆论尴尬中？原因在于人家已经早早制定了学术评价的标准，人家已经掌控了全球90%以上的新闻信息发布资源和渠道。如果我们亦步亦趋地跟在人家后面，就永远不可能赢得真正的尊重。

在人类文明长河中，德意志民族是值得借鉴的。勤劳、智慧、刚强的德意志，为什么能后来居上，构建起与法兰西平起平坐，乃至世人称羡的文明？德国模式为什么长盛不衰，令全世界竞相学习？许多人只看到德国人自然科学领域的巨大成功：在迄今为止的76位德国诺贝尔奖得主中，65人以自然科学和医学成就而获奖，涌现出一大批世界级的科学家：伦琴、开普勒、普朗克、爱因斯坦……但是，比自然科学更潜移默化、久久为功的，恰恰是德意志在哲学社科领域创造的灿烂辉煌：且不说曾被西方思想界评为“千年第一思想家”的马克思，黑格尔、尼采、歌德、贝多芬……如此众多的哲学社会科学名家大师，不仅为德国经济腾飞提供了持久的文化支撑，也为人类文明作出了重大贡献。

“善学者，借人之长以补其短。”中华文明是人类历史上唯一没有中断的文明，中华民族创造的辉煌而悠久的文明、繁荣而厚重的哲学社会科学积淀，是我们今天接力奋进的力量源泉。我们为我们的民族而自豪！我们完全有条件、有基础、有能力让中国特色哲学社会科学焕发时代之光、铸就世纪辉煌。“五位一体”“四个全面”“五大发展理念”……党的十八大以来，以习近平同志为核心的党中央治国理政新理念新思想新战略，为加快构建中国特色哲学社会科学提供了极为有利的条件，哲学社会科学创新的春天已经来临。构建中国特色哲学社会科学，就要体现继承性、民族性，就是善于融通古今中外各种资源，特别是要把握好马克思主义的资源、中华优秀传统文化的资源、国外哲学社会科学的资源，坚持古为今用、洋为中用，不断推进知识创新、理论创新、方法创新，坚持不忘本来、吸收外来、面向未来，坚定文化自信；体现原创性、时代性，就是要以我国实际为研究起点，提出具有主体性、原创性的理论观点，构建具有自身特质的学科体系、学术体系、话语体系；体现系统性、专业性，就是要在学科体系建设上突出优势、拓展领域、补齐短板、完善体系。

理论创新是对时代课题的深刻把握和科学解答，理论创新成果是时代精神的精华。哲学社科工作者要始终坚持正确政治方向，自觉把习近平总书记系列重要讲话这一马克思主义中国化的最新理论成果贯穿于哲学社科研究、学科建设、学术交流等全过程，坚持以人民为中心的研究导向，切实增强服务人民群众的能力。

党的十八大以来，广东在新发展理念指引下取得了一系列新跨越。实践呼唤广东社科界必须立足广东沃土，将党的理论创新成果在广东的具体实践上进行深入科学的研究和概括，上升为系统化的规律性认识，为“四个全面”战略布局在广东的持续推进提供有力的理论支撑。同时，要进一步加强马克思主义学科建设，统筹抓好基础学科、应用学科建设，加强广东特色学科和优长学科建设，积极培育新兴学科、交叉学科，逐步形成具有岭南特点、结构合理、门类齐全的哲学社会科学体系。只要我们立时代之潮头、通古今之变化、发思想之先声，多出经得起实践、人民、历史检验的研究成果，中国特色哲学社会科学一定能在为祖国、为人民立德立言中成就自我、实现价值。

（原载于《瞭望新闻周刊》2016年第22期）

让当代中国马克思主义放射出更加灿烂的真理光芒

中央领导同志在参观“旗帜——马克思主义中国化的光辉历程”主题展览时强调，要深入学习贯彻习近平总书记系列重要讲话精神，大力推进理论创新、实践创新，不断开辟21世纪马克思主义发展新境界，让当代中国马克思主义放射出更加灿烂的真理光芒。

习近平总书记指出：“党要始终坚持把马克思主义作为根本指导思想，作为全党团结前进的精神旗帜，作为改造客观世界和主观世界的强大思想武器。”马克思主义是共产党人的“真经”。一部中国共产党的历史，就是马克思主义在中国不断发展的历史，从根本上是马克思主义中国化的历史。我们党95年的辉煌历史告诉我们，党之所以能够历经考验磨难无往而不胜，关键就在于把马克思主义普遍真理与中国具体实践相结合，不断进行实践创新和理论创新。

恩格斯曾经指出：“马克思的整个世界观不是教义，而是方法。它提供的不是现成的教条，而是进一步研究的出发点和供这种研究使用的方法。”当代世界，马克思主义依然占据着真理和道义的制高点，依然有着强大生命力。具体到我国，随着经济社会发展进入一个新的历史阶段，迎接新挑战、把握新规律、解决新问题、指导新实践，都需要不断探索发展马克思主义。

如何实现并不断推进马克思主义中国化，是一个永恒的历史课题。领导干部学习马克思主义理论，首先要认真研读马克思主义中国化最新成果，把马克思主义中国化最新成果作为理论教育中心内容。党的十八大以来，习近平总书记围绕改革发展稳定、内政外交国防、治党治国治军等各个方面，把坚持马克思主义和发展马克思主义统一起来，适应时代需要、把握时代脉搏、回答时代课题，提出了一系列治国理政的新理念新思想新战略。习近平总书记系列重要讲话，返本开新、坚守出新，来源于中国特色社会主义发展实践，并指导中国特色社会主义发展实践，是当代马克思主义的重大创新，书写了马克思主义中国化的新篇章，是全党同志在新的历史起点上实现新的奋斗目标的科学指南，为实现伟大的中国梦注入源源不断的精神动力。

“马克思主义理论素养是领导干部领导素质的核心和灵魂，掌握马克思主义理论是领导干部的基本功。”在我们党团结带领人民进行具有许多新的历史特点的伟大斗争的新时期，我们一定要加强全党的理论武装。深入学习、深刻领会、扎实贯彻习近平总书记系列重要讲话精神，牢固树立政治意识、大局意识、核心意识、看齐意识，自觉在思想上政治上行动上同以习近平同志为核心的党中央保持高度一致，才能使我们党更加团结统一、坚强有力，始终成为中国特色社会主义事业的坚强领导核心。

实践永无止境，理论创新就永无止境。我们要牢记习近平总书记的嘱托，不忘初心，继续前进，坚持把马克思主义基本原理同当代中国实际和时代特点紧密结合起来，把系统掌握马克思主义中国化最新成果作为工作制胜的看家本领、克服“本领恐慌”的根本途径及登高望远的科学方法。

“这是一个需要理论而且一定能够产生理论的时代，这是一个需要思想而且一定能够产生思想的时代。”加强对规律性认识的总结，不断完善中国特色社会主义理论体系，不断推进马克思主义中国化、时代化、大众化，开辟21世纪马克思主义发展新境界，我们就一定能进一步增强道路自信、理论自信、制度自信、文化自信，让当代中国马克思主义放射出更加灿烂的真理光芒。

（原载于《新华每日电讯》2016年7月14日，署名汉鸿）

在开拓创新中促进广东哲学社会科学繁荣兴盛

2016年5月17日，党中央召开哲学社会科学工作座谈会，习近平总书记发表重要讲话，深刻阐述哲学社会科学的历史地位和时代价值，突出强调坚持马克思主义在我国哲学社会科学领域的指导地位，对加快构建中国特色哲学社会科学作出重大部署。讲话立意深远、思想深邃、亲切鲜活，是新形势下繁荣发展我国哲学社会科学事业的纲领性文献，为我们指明了方向，提供了根本遵循。

一、坚持正确政治方向，巩固马克思主义在哲学社会科学领域的指导地位

习近平总书记强调，坚持以马克思主义为指导，是当代中国哲学社会科学区别于其他哲学社会科学的根本标志，必须旗帜鲜明地加以坚持。我们要按照习近平总书记的要求，把坚持以马克思主义为指导体现到具体工作中，牢固树立看齐意识，自觉向以习近平同志为核心的党中央看齐，向党的理论和路线方针政策看齐，向党中央在改革发展稳定、内政外交国防、治党治国治军的决策部署看齐，始终在思想上政治上行动上与党中央保持高度一致。要始终坚持以马克思主义为指导，自觉把习近平总书记系列重要讲话这一马克思主义中国化的最新成果贯穿于哲学社会科学的理论研究、学科建设、教材编写、课堂教学、学术交流、成果评价等各个环节中，体现在哲学社会科学工作者的政治立场、思想感情、研究方法和学风建设上，转化为清醒的理论自觉、坚定的政治信念、科学的思维方法，积极为党和人民述学立论、建言献策。要运用马克思主义立场观点方法，加强意识形态工作，做好对西方意识形态和社会错误思潮的辨析和引导，帮助人们澄清模糊认识、提高辨别能力。广东毗邻港澳，各种思想观点在这里交锋碰撞，更需要加强正面引导、深度引导。

二、坚持以人民为中心的研究导向，切实增强服务人民群众的能力

习近平总书记指出，哲学社会科学要有所作为，就必须坚持以人民为中心的研究导向。脱离了人民，哲学社会科学就不会有吸引力、感染力、影响力、生命力。这一重要论述，指明了哲学社会科学工作的根本出发点和最终落脚点是人民群众。广大社科工作者要在思想上牢固树立人民是历史创造者的观点，自觉摆正同人民群众的位置，站稳群众立场，树立群众观点，自觉为人民做实学问、做好学问、做真学问。要积极参与社科界“走转改”活动，经常深入人民群众和社会实践，从中汲取智慧营养，获取不竭的发展动力。要坚持党性和人民性的统一，善用通俗易懂、鲜明活泼的语言，多写老百姓喜闻乐见的优秀理论文章，及时解答人民群众关心的重大理论和实践问题。要加强社科知识普及工作，通过组织社科普及周、“社科专家老区行”等活动，用科学理论武装群众头脑，不断提升广东省人民的理论素质和人文素养。要有“甘坐冷板凳”的定力，扎扎实实地做研究，树立为人民做学问的理想，努力多出经得起实践、人民、历史检验的研究成果，在为祖国、为人民立德立言中成就自我、实现价值。

三、牢牢把握“三个体现”，构建中国特色哲学社会科学

习近平总书记指出，构建中国特色哲学社会科学，一是要体现继承性、民族性，二是要体现原创性、时代性，三是要体现系统性、专业性。这彰显的正是马克思主义的宽广胸襟与理论品质，为构建中国特色哲学社会科学指明了方向和路径，为推动哲学社会科学工作创新发展注入了强劲思想动力。体现继承性、民族性，必须植根于中华文化沃土，从中吸收养分、汲取精华。要依托广东地方特色文化研究基地，以广府文化、潮汕文化、客家文化等地方特色文化为重点，加强对岭南历史文化资源的研究、发掘与弘扬，构筑广东省人民共同的精神家园。体现原创性、时代性，必须勇于创新、追求卓越。改革开放30多年来，广东先行先试，敢于探索，勇于创新，创造了举世瞩目的成就。在这些成就的背后，蕴含着极为丰富的实践创造和理论创新，需要广东社科界发扬“务实、前沿、创新”的优良传统，立足广东实践，着力对广东实践经验进行深入科学的理论研究和概括，努力把广东的实践优势转化为理论创新的发展优势，上升为系统化的规律性认识，继续为全国提供借鉴。体现系统性、专业性，必须完善学科建设体系。要重点加强马克思主义学科建设，统筹抓好基础学科、应用学科建设，加强广东省特色学科和优长学科建设，积极培育新兴学科、交叉学科，逐步形成具有岭南特色、结构合理、门类齐全的哲学社会科学体系。

四、始终做好团结凝聚工作，进一步强化社科理论人才队伍建设

习近平总书记强调，哲学社会科学领域是知识分子密集的地方，要把这支队伍关心好、培养好、使用好，让广大哲学社会科学工作者成为先进思想的倡导者、学术研究的开拓者、社会风尚的引领者、党执政的坚定支持者。这充分体现了党中央对广大哲学社会科学工作者的高度重视和亲切关怀。党员领导干部要在社科工作者中广交朋友、深交朋友，切实做到政治上充分信任、思想上主动引导、工作上创造条件、生活上关心照顾，充分调动广大社科工作者的积极性主动性创造性。要特别注意加强同党外知识分子的联系，加强同新经济组织、新社会组织、新媒体行业中社科理论人才的联系，切实做好依靠、团结和引导的工作。要延伸联系手臂，主动提供服务，帮助解决困难，在课题设置、项目资助、考察调研、荣誉奖励等方面创造条件、提供机会，把广大知识分子更好地团结凝聚在党的周围。要遵循社科人才成长规律，创新社科人才培养模式，继续通过研修培训、社会实践、国情调研、挂职锻炼、出国进修等途径，帮助社科理论人才开阔视野、提升素养。要运用重大研究课题、研究项目，鼓励和支持学术领军人物、优秀学者建立相对稳定的专门研究队伍，打造有实力、有优势的精干团队，形成有特色、有影响的理论研究和学术研究品牌。党员领导干部还要主动同专家学者打交道、交朋友，经常给他们出题目，在党委和政府的决策中要重视听取哲学社会科学界专家学者的意见和建议，重视运用哲学社会科学的研究成果，不断提高决策的民主化、科学化程度。

（根据2016年5月20日在学习贯彻习近平总书记在哲学社会科学工作座谈会上重要讲话精神专题会议上的谈话整理，南方网登载）

发出社科领域的“岭南强音”

党的十八届五中全会提出了“创新、协调、绿色、开放、共享”五大发展理念，把创新发展摆在第一位，并且提出要实施哲学社会科学创新工程，加强中国特色新型智库建设。这为今后一个时期社会科学事业的繁荣发展指明了方向。2015年11月5日，广东省委领导到省社科联、省社科院调研时强调，广大社科组织和社科工作者要坚持正确的政治方向，围绕广东省经济社会发展的重大问题开展创新性、前瞻性和超越性研究，占领哲学社会科学研究的学术高地，当好党委政府的“思想库”和“智囊团”。全省社科工作者要认真学习贯彻十八届五中全会精神，进一步增强责任意识和使命意识，积极投身广东哲学社会科学创新工程，推动广东省哲学社会科学工作实现新的突破和新的飞跃。

增强广东学术影响力

着力推进学术观点创新，不断增强广东学术影响力，发出社科领域的“岭南强音”。

这些年，广东省哲学社会科学取得长足发展，产生了一系列优秀成果，这次评出的224项获奖作品，就是其中的代表。但与此同时，广东的学术创新能力还不够强，真正有深度、有分量、在全国具有较大影响力的学术成果还不多。因此，我们要下大力气推进学术观点创新。一是要围绕研究阐释党的十八届五中全会和省委十一届五次全会精神创新学术观点。党的十八届五中全会，是在全面建成小康社会进入决胜阶段召开的一次重要会议，会议审议通过的“十三五”规划建议，提出了一系列新思想、新理念、新要求。广大社科工作者要对五中全会提出的“五大发展理念”及省委五次全会提出的“五大发展目标”等重大理论和实践问题加强创新研究，拿出一系列有分量、有价值的研究成果。二是要围绕学习贯彻习近平总书记系列重要讲话精神创新学术观点。习近平总书记系列重要讲话是对中国特色社会主义理论体系的丰富、完善和发展，是当代中国最鲜活的马克思主义。广大社科工作者要把研究阐释习近平总书记系列重要讲话精神作为重要的政治责任和学术担当，尤其要加强对“四个全面”战略布局的历史背景、科学内涵、实践基础、逻辑结构、重大意义、深远影响的研究阐释，推出一批高质量的研究成果，引导人们在新的高度和广度上深化对“四个全面”战略布局的认识，更加自觉地用“四个全面”战略布局武装头脑、指导实践、推动工作。三是要立足广东优秀历史文化资源和改革开放实践创新学术观点。岭南文化历史悠久，近现代更是在中国历史上具有独特地位，特别是改革开放30多年来，广东先行先试，敢于探索，勇于创新，创造了举世瞩目的成就。在这些成就的背后，蕴含着极为丰富的实践创造和理论创新，需要我们从理论上去提炼和总结广东经济社会发展实践的经验，并将之上升为系统化的规律性科学性认识，为全国提供借鉴，从而进一步增强广东学术理论的影响力。

推进科研方法创新

着力推进科研方法创新，促进社科研究水平全面提升。

推进科研方法创新，要着重从以下几个方面下功夫。一是要认真学习和运用习近平总书记倡导的五种思维。习近平总书记倡导的五种思维即战略思维、历史思维、辩证思维、创新思维、底线思维，是对党政领导干部提出来的，但它们体现了辩证唯物主义和历史唯物主义的世界观和方法论，同样适用于社科工作者。学会运用这些思维方法进行学术研究、观察事物、分析问题，会让我们开阔思路，增强学术研究的科学性和创造性。二是要坚持问题导向，增强问题意识。习近平总书记强调，“要有强烈的问题意识，以重大问题为导向，抓住关键问题进一步研究思考，找出答案”。我们要善于发现和探索学科发展的重大前沿问题，争取在前人基础上有所发明、有所创造、有所前进；要善于发现和探索广东实现“三个定位、两个率先”目标历史征程中的战略性、全局性、前瞻性问题，为省委、省政府科学决策提供理论参考。三是要充分利用现代信息技术开展学术研究。当前信息技术发展日新月异，我们要抓住机遇，充分利用现代信息技术开展学术研究，为学术研究“插上科技翅膀”，推动学术研究和管理工作创新发展。四是要大力推进学术话语体系创新。要立足中国特色社会主义建设实践，立足我国哲学社会科学发展实际，用富有时代气息的理论观点和鲜活语言，阐明中国特色社会主义道路、中国特色社会主义理论体系、中国特色社会主义制度，形成富有国际传播力和感染力的中国学术话语体系。

推进学科体系创新

着力推进学科体系创新，加快形成特色鲜明、结构合理、门类齐全、优势突出的哲学社会科学学科体系。

要遵循哲学社会科学学科发展规律，进一步健全学科建设机制，优化学科结构，完善学科布局。一是要加强马克思主义理论学科建设。要立足广东“三个定位、两个率先”目标的实践探索，认真总结广东省马克思主义理论学科建设的经验，主动适应党的思想理论建设和广东省高校思想政治理论课建设的需要，着力解决学科发展中带有基础性、导向性和战略性的重要问题，加快提升学科建设的质量和水平。要加强广东省高校马克思主义学院建设，争取2020年在广东省建设15所重点马克思主义学院，努力把高校马克思主义理论学科建设成为广东省哲学社会科学领域的优势学科。二是要从战略上更加重视基础学科建设。广大社科工作者要瞄准国际国内学术前沿，梳理出一些能够引领广东省学术发展方向的重大基础理论问题，实施一批重大基础科研专项，加强关系广东省哲学社会科学发展全局，对学科建设起枢纽性、牵引性作用的基础项目研究，重点建设一批能够增强原创能力、带动学科持续发展的基础学科，增强学术发展后劲。三是要加强广东省优势学科、特色学科建设。对以广东历史文化和经济社会发展为研究对象，具有浓郁广东地方特色的优势学科、特色学科，要进一步加大扶持力度，吸引更多专家学者安心研究、乐于研究，推出更高水平、更具权威的研究成果。四是要加强应用学科、新兴学科和交叉学科建设。重点建设一批有较强对策研究能力、对经济社会发展有重大影响的应用学科，加快推进社科研究与转变经济发展方式和产业转型升级的深度对接，为经济社会发展提供强有力的理论支撑和智力支撑。建设一批立足学术前沿、注重前瞻研究的新兴学科和交叉学科，促进自然科学、社会科学、人文科学的交叉、渗透、融合与创新，培育新的学科生长点，逐步形成立足国际学术前沿、适应国家和广东经济社会发展需要的哲学社会科学学科体系。

推进科研体制机制创新

着力推进科研体制机制创新，为哲学社会科学繁荣发展提供强有力的保障。

要不断深化科研体制改革，不断破除一切制约创新的制度壁垒和藩篱，建立健全既有利于把握正确方向，又有利于激发学术创新的体制机制，让各种创新创造活力充分迸发。一是要加强新型智库建设。2015年初，中央下发了《关于加强中国特色新型智库建设的意见》，广东省也制定出台了《关于加强广东新型智库建设的意见》，我们要认真贯彻落实这两个文件的要求，积极推进广东省新型智库建设，加快建立健全决策需求与研究供给有效互动机制、政府与研究机构信息共享机制、智库成果快速转化机制等等，真正把社科智库建设成党委政府的“思想库”和“智囊团”。二是要积极推进协同创新。要进一步加强科学规划，整合各方资源，打破学科、部门、单位壁垒，加快建立健全相互协作、联动的协同创新机制，避免社科创新中的“孤岛”现象。要整合广东省内重点高校、党校、社科研究机构的力量，建立马克思主义学院协同创新联盟等一批重点学科协同创新平台，集中力量推出一批重大标志性创新成果。三是要健全科学的学术综合评价体系。要以服务党和国家中心工作、弘扬社会主义先进文化、引领学术创新发展的实质性贡献为标准，发挥社科规划、评奖的导向作用，创新立项、评审和管理制度，更加注重研究成果的学术原创性和实际应用价值，确立质量第一的评价导向，改变简单以数量评价业绩、评价人才的做法，真正建立起符合哲学社会科学规律、有利于激励学术创新、有利于出成果出人才的综合评价体系，增强哲学社会科学可持续发展能力。四是创新人才培养机制。要进一步加大创新人才培养力度，通过实施广东省的国家特支计划、文化名家暨“四个一批”人才培养工程、宣传思想文化领军人才培养工程、青年文化英才工程、“理论粤军”工程等，努力造就一批政治坚定、潜心学术、勇于创新、具有国际国内学术影响力的名家大师，构建科学合理的哲学社会科学创新人才队伍体系，创造有利于青年创新人才成长的学术环境。希望广东省的优秀社会科学家不仅要做学术上的开拓者，更要做提携后辈的领路人，甘为人梯，奖掖后学，为青年创新人才实现人生出彩、梦想成真创造更多的机会和条件。

（原载于《中国社会科学报》2015年12月30日）

在世界知名智库中争取一席之地

落实新发展理念，协调推进“四个全面”战略布局，迫切需要一批卓越、专业化的高端智库俯瞰纵览、未雨绸缪，发挥咨政建言、理论创新、智力支持作用。习近平总书记指出：“要高度重视、积极探索中国特色新型智库的组织形式和管理方式，引导各类智库加强自身建设，积极建言献策，为中央科学决策提供高质量的智力支持。”习总书记的重要指示，为建设中国特色新型智库指明了根本方向，为我国新型智库建设迎来前所未有的大好机遇。

中央领导同志在出席国家高端智库理事会扩大会议时强调，国家高端智库理事会要深入学习贯彻中央关于智库建设的部署要求，牢牢把握正确方向，加强宏观指导和统筹协调，确保高端智库建设试点工作扎实推进，实现良好开局。此外，还要求理事会指导高端智库把握好定位和方向，有大的担当、大的格局、大的谋略，在服务中央决策上发挥引领作用，在世界知名智库中争取一席之地。

当前，经济新常态和“三期叠加”效应下，我国经济社会发展面临错综复杂的形势和挑战，面临的大事、难事、急事前所未有。新型智库研究应坚持问题导向，经济社会发展中存在的难点、焦点，就是智库研究的着眼点、着力点。高端智库如何发挥“术业有专攻”的专业优势，深钻细研，会诊各种“险滩”和“硬骨头”，提出具有创新价值的独到见解，为攻坚克难助阵出力，为破局解题凝聚智慧，使命光荣，责任重大。中央领导同志关于加强高端智库建设的要求，各有关部门要在智库建设工作中切实贯彻落实，努力在高端智库建设上有所突破，争取在世界知名智库中赢得一席之地。

人们常把智库比作决策者的“外脑”。高端智库的多寡，是一个国家软实力的集中体现。新型智库建设，必须与我国的国际地位相匹配。在高端智库建设上，我们一定要有所作为、有所突破，选择好定位、方向和路径，坚持走专业化路子，着力在提升研究质量上下功夫，多出优秀成果；发挥自身优势，在对外交流、公共外交、舆论引导中展现更大作为，深化拓展与国际智库的交流合作，在国际舞台上积极发声、善于发声，为增强我国的国际影响力和话语权做出更大贡献。

打造高端智库，必须以创新为引领。智库就是“思想库”，一流的智库，必须贡献一流的思想、一流的观点、一流的主意、一流的对策。当前，创新驱动发展战略进入关键期，我们要有大的担当、大的格局、大的谋略，着力推进科研方法创新，促进我国智库研究水平全面提升。要学会和善于运用战略思维、历史思维、辩证思维、创新思维、底线思维来开阔思路、拓展视野、开展研究，转变研究导向、优化智库成果，增强智库研究的科学性和创造性。要善于关注我们在实现中国梦、全面决胜小康征程上的战略性、全局性、前瞻性问题，为中央科学决策提供理论参考；善于以中国视角观察问题，发现和探索人类发展中面临的重大难题和前沿问题，争取以中国智慧拿出中国方案。

在这个过程中，我们不仅要充分利用现代信息技术手段开展智库研究，为人文学术研究“插上科技翅膀”，还要善于推进学术话语体系的创新。要用富有时代气息的研究成果和世界通用的话语体系，做到中国立场、国际表达，讲好、讲活中国故事，以中国话语解读中国道路和中国奇迹，体现智库的中国风格、中国气派，形成富有国际传播力、感染力和公信力的中国新型智库。

智库的培育和影响力的形成是有规律可循的，我们要遵循高端智库建设发展的规律，因势而谋、顺势而为。有步骤地重点建设一批有较强对策研究能力、对经济社会发展有重大影响的应用学科，加快推进社科研究与转变经济发展方式和产业转型升级的深度对接，为经济社会发展提供强有力的理论支持和智力支撑。特别是要建设一批立足学术前沿、注重前瞻研究的新兴学科和交叉学科，促进自然科学、社会科学、人文科学的交叉、渗透、融合与创新，培育新的学科生长点和学术带头人，逐步形成立足国际学术前沿、适应我们经济社会发展需要的中国特色新型智库方阵。

（原载于《新华每日电讯》2016年1月27日，署名汉鸿）

全面准确地宣讲好治国理政新理念新思想新战略

党的十八大以来，以习近平同志为核心的党中央毫不动摇地坚持和发展中国特色社会主义，深化对共产党执政规律、社会主义建设规律、人类社会发展规律的认识，形成一系列治国理政新理念新思想新战略，为在新的历史条件下深化改革开放、加快推进社会主义现代化提供了科学理论指导和行动指南。

学习好、宣传好治国理政新理念新思想新战略，是当前和今后一个时期的首要政治任务，关系党和国家工作全局，关系中国特色社会主义事业长远发展。

一、充分认识宣讲好治国理政新理念新思想新战略的重大意义

首先，开展治国理政新理念新思想新战略宣讲是推进“两学一做”学习教育的迫切需要。当前，全党正在认真开展“学党章党规、学系列讲话，做合格党员”学习教育，广大党员普遍期望理论

工作者们对习近平总书记系列重要讲话中集中体现的治国理政新理念新思想新战略的丰富内涵、科学体系、实践要求，作出权威准确、深入浅出的解读。集中开展宣讲活动，是进一步深化学习习近平总书记系列重要讲话的重要途径和有效方式，有利于推动正在开展的“两学一做”学习教育。

其次，开展治国理政新理念新思想新战略宣讲是广泛凝聚社会共识、统一思想的迫切需要。通过广泛深入的宣讲，把治国理政新理念新思想新战略讲透彻，把党中央的重大工作部署和工作要求讲明白，有助于引导广大干部群众不断深化对中央精神的理解，更加坚定道路自信、理论自信、制度自信，增强“四种意识”，自觉地在思想上政治上行动上同以习近平同志为核心的党中央保持高度一致。

最后，开展治国理政新理念新思想新战略宣讲是指导实践推动工作的迫切需要。开展集中宣讲，强化问题导向，联系广东改革发展实际，解决好“怎么看”“怎么干”等问题，可以有力地推动中央和省委重大决策部署的贯彻落实，将新理念新思想新战略转化为做好本职工作的具体举措，转化为实现“三个定位、两个率先”目标的强大精神动力，转化为推动广东省改革发展的生动实践。

二、全面准确深入地宣讲好治国理政新理念新思想新战略

一要围绕新理念，讲清楚创新、协调、绿色、开放、共享五大发展理念。要讲清楚五大发展理念是相互贯通、相互促进、具有内在联系的集合体，要深入阐释创新是引领发展的第一动力，必须把创新摆在国家发展全局的核心位置，让创新贯穿党和国家的一切工作；要深入阐释协调是持续健康发展的内在要求，必须坚持区域协同、城乡一体、物质文明精神文明并重、经济建设国防建设融合；要深入阐释绿色是永续发展的必要条件和人民对美好生活追求的重要体现，必须坚定走生产发展、生活富裕、生态良好的文明发展道路，加快建设资源节约型、环境友好型社会，推进美丽中国建设；要深入阐释开放是国家繁荣发展的必由之路，必须坚持对外开放基本国策，奉行互利共赢开放战略，完善对外开放布局，形成对外开放新体制；要深入阐释共享是中国特色社会主义的本质要求，必须坚持发展为了人民、发展依靠人民、发展成果由人民共享。

二要围绕新思想，讲清楚坚持和发展中国特色社会主义、推进“五位一体”总布局这一主题主线。要讲清楚治国理政新实践中“五位一体”总布局所蕴涵的一系列新思想。深入阐释关于主动适应、把握、引领经济发展新常态，促进经济持续健康发展的新思想；深入阐释发展社会主义民主政治，充分发挥社会主义政治制度优越性的新思想；深入阐释建设社会主义文化强国，用社会主义核心价值观凝心聚力的新思想；深入阐释改善民生和创新社会治理，让老百姓过上好日子的新思想；深入阐释大力推进生态文明建设，绿水青山就是金山银山的新思想。

三要围绕新战略，讲清楚实现中华民族伟大复兴中国梦战略目标和“四个全面”战略布局。要讲清楚“四个全面”战略布局是具有内在逻辑联系的有机统一体，既有目标，也有举措，每一个“全面”都具有重大战略意义。要深入阐释全面建成小康社会是我们的奋斗目标，到2020年实现这个目标，我们国家的发展水平就会迈上一个大台阶，我们所有奋斗都要聚焦于这个目标。要深入阐释全面深化改革、全面依法治国、全面从严治党这三大战略举措对于目标的实现缺一不可。不全面深化改革，发展就缺少动力，社会就没有活力。不全面依法治国，国家生活和社会生活就不能有序运行，就难以实现社会和谐稳定。不全面从严治党，党就做不到“打铁还需自身硬”，也就难以发挥好领导核心作用。要通过宣讲，引导干部群众不断提升贯彻新战略的思想自觉和行动自觉，以新战略为指引攻坚克难、化解矛盾、解决问题。

三、精心组织、周密安排，高质量、高水平完成好宣讲工作

一要加强组织领导，精心安排部署。要切实加强组织领导，周密安排部署，制订具体实施方案，深入推动，确保宣讲活动顺利、有序、深入地进行。省直各单位党委（党组）中心组要把学习治国理政新理念新思想新战略列入重要议事日程，党委一把手要担负起领导责任，以高度负责的精神抓好中心组学习。

二要坚持正确导向，把握政策界限。宣讲治国理政新理念新思想新战略，政治性、政策性、理论性很强，一定要强化导向意识。宣讲专家要在深入研读习近平总书记系列重要讲话的基础上，原原本本、原汁原味地进行宣讲，讲深讲透讲全面，不能“跑偏”和“走样”。

三要加强学习研讨，精心组织备课。读原著、学原文、悟原理是做好宣讲工作的基础。参加宣讲的同志要反复研读原著，做到学深学透、把握真谛、入脑入心。要在认真研读原文基础上，结合自身优势和专业特长，扎实备课，形成有分量有风格的讲稿。宣讲既要原原本本地讲，又不能照本宣科、千篇一律，要善于用通俗语言、大众表达来解读，使宣讲贴近实际、更接地气。

四要理论联系实际，回应群众关切。在宣讲过程中，要紧密联系当前国际国内形势的发展变化，联系广东省经济社会发展的生动实践，联系干部群众的思想实际，努力做到视野开阔、观点鲜明，言之有物、有的放矢，让人听了解渴、听了受益。要注意广泛收集、认真梳理党员干部群众关注的热点难点问题，科学阐释、深入分析，既讲清楚是什么、又讲明白为什么，既讲清楚怎么看、又讲明白怎么办，引导党员干部群众理性认识形势、客观看待问题。

（根据2016年6月21日在治国理政新理念新思想新战略宣讲动员会上的谈话整理，南方网登载）

六

坚持创新为要，巩固和壮大党的意识形态阵地

习近平主席在视察解放军报社时强调，新形势下办好《解放军报》，必须坚持创新为要。习主席的重要讲话，洞悉传媒发展大势，指明媒体发展路径和方向，不仅对军事宣传工作者，对包括新闻媒体在内的全国宣传思想战线的同志们，同样具有重要的指导意义。在以互联网为代表的新一轮科技革命的浪潮中，必须坚持创新为要，因势而谋、应势而动、顺势而为，以变应变，在全方位创新中巩固和壮大党的意识形态阵地。

在互联网使地球变“平”的今天，我们更要学会利用互联网特点和优势，推进理念、内容、手段、体制机制等全方位创新，在国际话语权的争夺中力争通过新媒体实现“弯道超车”。宣传舆论是党的意识形态阵地的重要组成部分。党的宣传舆论工作者要按照习主席的重要讲话为指引，推进全方位创新，拥抱互联网时代的到来，使党的意识形态阵地在创新和变革中巩固壮大，永远充满勃勃生机。

切实担负起意识形态工作的主体责任

办好中国的事情，关键在党。宣传思想工作面临的形势越复杂、任务越繁重，越要加强党的领导。各级党委要从维护党和国家政治安全、政权安全的高度，进一步增强政治责任感和使命感，切实加强对宣传思想工作的领导，切实担负起意识形态工作的主体责任，切实维护以政权安全、制度安全为核心的国家政治安全，保障各项宣传思想工作任务落实落地。

切实强化党对宣传思想工作的领导。党的领导是中国特色社会主义制度的最大优势，是实现经济社会持续健康发展的根本政治保证。加强党的领导，最重要的是加强对宣传思想战线各级领导班子和干部队伍的思想政治引领。要培养造就一支具有铁一般信仰、铁一般信念、铁一般纪律、铁一般担当的干部队伍。宣传思想战线做的是引导人们提升思想政治觉悟的工作，更应该在这方面过得硬、行得端。要把思想政治建设放在首位，切实抓好党的理论和路线方针政策的学习，抓好政治纪律和政治规矩的执行，抓好党性原则、品行修养的锤炼，增强贯彻党中央关于意识形态工作决策部署的自觉性坚定性。要抓好宣传思想工作部门和单位党的建设，强化党建意识，认真落实管党治党的主体责任，切实做到党建工作与业务工作两手抓、两促进。要深入落实“三严三实”要求，严格党员干部管理，严格党内政治生活，严格各项规章制度，对那些影响力大的公众人物要加强教育引导。要认真落实党风廉政建设和反腐败斗争的各项部署，严格执行党章和党的廉洁自律准则、纪律处分条例，保持宣传文化部门和单位的清风正气，树立宣传思想战线良好形象。

建立责任制、落实责任制，是做好意识形态工作的关键所在。意识形态关乎旗帜道路、关乎党和国家前途命运。做好宣传思想工作，就必须切实健全和落实意识形态工作责任制。2015年，党中央制定出台了《党委（党组）意识形态工作责任制实施办法》（简称《实施办法》），这是党的历史上第一次以党内法规形式，对意识形态工作责任制作出制度规定，是对各级党委抓意识形态工作的“约法三章”。《实施办法》明确提出按照属地管理、分级负责和谁主管谁负责的原则，各级党委（党组）领导班子对本地区本部门的意识形态工作负主体责任，党委（党组）书记是第一责任人，党委（党组）分管领导是直接责任人，其他班子成员按照“一岗双责”要求，对职责范围内的意识形态工作负领导责任。这个主体责任，首先是各级党委（党组）的责任，是党委（党组）书记的责任，是各个方面共同的责任。履行好这个责任，需要党委（党组）书记、分管领导、班子成员的密切配合、共同担当，需要党委宣传部门和有关部门的通力合作，也需要各级党委上下联动。意识形态工作的主体责任，主要包括履行好把握正确方向导向的责任，巩固壮大主流思想文化的责任，加强网上舆论工作的责任，强化意识形态阵地管理的责任，处理好意识形态领域问题的责任，履行好意识形态工作队伍管理和党员干部管理的责任。其中，导向和方向，是意识形态工作的根本；主流思想舆论，决定着意识形态工作的基本面貌；网上舆论工作，是意识形态工作的重中之重；宣传文化阵地，是意识形态工作的基本依托；处理复杂而敏感的意识形态领域问题，是意识形态工作的难点；干部队伍的建设和管理，是做好意识形态工作的关键。这六个方面，互为关联，互相影响，是统一严密的整体工程。履行好六个方面的责任，工作上要统筹兼顾，协调推进，不可畸重畸轻、顾此失彼。

不断完善工作机制，切实提高履责能力。落实好意识形态工作主体责任，要求各级领导干部，特别是关键少数，要坚定理想信念，主动担当作为，同时要进行体制机制创新，以保证主体责任落到实处。一是通过主动设置议题来掌握意识形态工作的主动权、主导权。要聚焦维护党的领导和中国特色社会主义制度两个方面，主动设置议题，放大正面声音，澄清负面声音，引领整合社会思潮，有效凝聚社会共识。要因事施策、讲究方法，针对不同受众设置不同议题，善于用微观视角展现宏大叙事，用生动故事诠释深刻主题，让受众从具体话题中得出正确结论。二是坚持建设和管理并重，营造繁荣清朗的网络空间。要坚持正能量是总要求，管得住是硬道理，筑牢网络安全“防火墙”。要支持和保护在网上积极发声、勇于斗争的网民，充分发挥网络评论员的作用。要继续推进网上专项行动，对制造传播政治谣言、宣扬宗教极端主义和暴力恐怖信息等，始终保持高压态势。要注意把握好时、度、效，防止被人利用炒作。三是建立健全考核和责任追究机制。要加强督促检查，注意抓案例、抓典型，好的要学习推广，出了问题造成严重后果的，要严格追责问责，该提醒的提醒，该批评教育的批评教育，该组织处理的组织处理，坚决不搞情有可原、下不为例。通过严格的追责问责，使党中央关于意识形态工作的规矩立起来，把意识形态工作的主体责任落到实处。

（原载于《求是》2016年第2期）

争当宣传思想文化工作开拓创新的排头兵

习近平总书记系列重要讲话，深刻阐释了治国理政的新理念新思想新战略，充满着创新的使命、要求和担当。广东是改革开放的先行地，具有良好的创新传统和创新自觉，宣传思想工作处于引领风气之先的重要地位，我们一定牢记总书记关于宣传思想工作创新的嘱托，正视社会环境和工作对象的变化，坚持与时俱进、创新为要，大力推进宣传工作的理念创新、内容创新和手段创新。2017年，我们以党的十九大召开为主线，以创新为抓手、项目为导向，着力实施哲学社会科学、社会主义核心价值观宣传教育“1+X”、新闻舆论引导、文艺精品创作、文化惠民等系列创新工程，推动宣传工作全面创新。着力加快媒体深度融合发展，发挥南方媒体融合发展投资基金和广东省新媒体产业基金的杠杆作用，做强做大南方财经全媒体集团。着力推动互联网建设与管理创新，净化网络舆论环境，发展健康向上的网络文化，让互联网更好地服务人民。着力推动文化创意产业发展，推动文化产业转型升级。着力落实创新责任，建立健全创新绩效考核机制，让党的宣传思想文化阵地充满创新活力。

（原载于《党建》2017年第1期）

坚持创新为要，巩固和壮大党的意识形态阵地

2015年12月25日，习近平主席在视察解放军报社时强调，新形势下办好《解放军报》，必须坚持创新为要。现在，媒体格局、舆论生态、受众对象、传播技术都在发生深刻变化，特别是互联网正在媒体领域催发一场前所未有的变革。读者在哪里，受众在哪里，宣传报道的触角就要伸向哪里，宣传思想工作的着力点和落脚点就要放在哪里。要顺应互联网发展大势，勇于创新、勇于变革，利用互联网特点和优势，推进理念、内容、手段、体制机制等全方位创新，努力实现军事媒体创新发展。要研究把握现代新闻传播规律和新兴媒体发展规律，强化互联网思维和一体化发展理念，推动各种媒介资源、生产要素有效整合，推动信息内容、技术应用、平台终端和人才队伍共享融通。习主席还明确指出，对新闻媒体来说，内容创新、形式创新、手段创新都重要，但内容创新是根本的。

习主席在视察解放军报社时的重要讲话，洞悉传媒发展大势，指明媒体发展路径和方向，不仅对军事宣传工作者，对包括新闻媒体在内的全国宣传思想战线的同志们，同样具有重要的指导意义。在以互联网为代表的新一轮科技革命的浪潮中，必须坚持创新为要，因势而谋、应势而动、顺势而为，以变应变，在全方位创新中巩固和壮大党的意识形态阵地。

伴随互联网裂变式的发展，令人眼花缭乱的新媒体对以纸媒为代表的传统媒体形成了强大冲击。发行量减少，影响力下降，有的报纸干脆关门大吉。由此，有些新闻宣传部门的同志自怨自艾、自暴自弃，甚至对党的宣传思想舆论阵地能不能守得住、能够守多久心生疑窦、缺乏自信。

事实上，各类媒体都是科技变革的产物。在信息技术一日千里的今天，任何媒体形态都可能会死亡、会被颠覆，但是新闻不死、内容为王！而且，机遇也夹杂着冲击迎面而来。比如，在五花八门的新闻信息几近爆炸式增长的当下，受众更渴望的是权威新闻、有价值的信息，而不仅仅是铺天盖地、真伪莫辨的碎片化泡沫。传统媒体在这方面的优势，恰恰是任何其他新媒体所无法比拟的。

当下的关键，就是按照习主席所指出的，要顺应互联网发展大势，勇于创新、勇于变革。如果墨守成规，“以不变应万变”，坐失发展机遇，传统媒体只能越来越式微。唯一的出路就是把握现代新闻传播规律和新兴媒体发展规律，扬长补短，在融合发展中创造新优势、赢得新空间。

推动传统媒体和新兴媒体融合发展，是习总书记多次强调的一个重要思想。2014年8月18日，在中央全面深化改革领导小组第四次会议上，习总书记就指出，要遵循新闻传播规律和新兴媒体发展规律，强化互联网思维，坚持传统媒体和新兴媒体优势互补、一体发展，坚持先进技术为支撑、内容建设为根本，推动传统媒体和新兴媒体在内容、渠道、平台、经营、管理等方面的深度融合，着力打造一批形态多样、手段先进、具有竞争力的新型主流媒体，建成几家拥有强大实力和传播力、公信力、影响力的新型媒体集团，形成立体多样、融合发展的现代传播体系。作为党的宣传舆论工作者，就是要按照习主席的指示，从巩固党的执政地位的高度，充分认识党的舆论阵地，承担起意识形态领域斗争生力军的重大责任，勇于创新、勇于变革，大力推进媒体的转型升级，寻找新媒体环境下引导舆论的突破口。

读者在哪里，受众在哪里，宣传报道的触角就要伸向哪里，宣传思想工作的着力点和落脚点就要放在哪里。对此，党的宣传舆论部门空间大，责任也大。就国际话语权而言，我国改革开放30多年来取得的举世瞩目的历史成就，党的十八大以来我们党在治国理政上创造的一系列巨大成果，无不验证了我们的道路、我们的理论、我们的制度是成功的。我们有“三个自信”的充分底气。但是，在国际舆论格局中，总体上依然处于“西强我弱”的状态。

在互联网使地球变“平”的今天，我们更要学会利用互联网特点和优势，推进理念、内容、手段、体制机制等全方位创新，在国际话语权的争夺中力争通过新媒体实现“弯道超车”。在这方面，广东省外宣工作已经尝到了甜头。广东省通过在推特、脸谱等海外社交媒体广泛推送符合海外受众视听习惯的资讯，传播中国声音、岭南风尚，收到了极好效果。

宣传舆论是党的意识形态阵地的重要组成部分。党的宣传舆论工作者要以习主席的重要讲话为指引，推进全方位创新，拥抱互联网时代的到来，使党的意识形态阵地在创新和变革中巩固壮大，永远充满勃勃生机。

（原载于《中国记者》2016年第1期）

以互联网为主战场，维护良好文化生态

网络空间是引导社会风气、培育核心价值观的重要阵地。清朗净化网络空间，对营造青少年健康成长环境至关重要。以互联网为主战场，依法整治各类文化市场，切实维护良好文化生态，这是抓好今年“扫黄打非”工作的“牛鼻子”。中央领导同志在出席第二十九次全国“扫黄打非”工作电视电话会议并讲话时指出，要深入贯彻中央决策部署，以专项行动为抓手，以互联网为主战场，依法整治各类文化市场，着力打击网上非法出版物和有害信息，进一步规范新闻出版秩序，切实维护良好文化生态。要坚持打管并举、标本兼治，加强统筹谋划，创新方式方法，做到个案打击与整体推动相结合，网上与网下行动相结合，查堵与反制相结合。

经过多年的持续奋战，全国“扫黄打非”工作已经取得了突破性成绩。非法出版物和淫秽色情有害信息有如过街老鼠，已经不敢招摇过市，文化市场日益清朗。在看到成绩的同时，我们也要清醒地认识到，随着互联网技术的迅猛发展，“扫黄打非”工作面临的新挑战也在增加。如非法出版物通过网络制售和传播等的“变种”出现；不法分子变换手法，利用微信、微博等新媒体传播淫秽色情有害信息的情况时有发生；一些网站唯利是图，发布低俗色情信息的情况仍然存在；等等。对此，我们要保持高度警觉，按照中央领导的要求，聚焦互联网这个主战场，切实做到以变应变、防患于未然。

强化网络主战场意识，掌握网络“扫黄打非”主动权，必须坚持创新为要，在创新中实现打管并举、标本兼治。我们不仅要从战略上思考研究，更要在战术上有效突破，探索形成互联网主战场上开展工作的新机制和新模式。应该看到，互联网舆论场是我们目前面临的“最大变量”和“不确定因素”。网络技术的快速发展，促进了社会经济文化的变革与创新，也加剧了世界范围内不同思想文化的相互激荡，放大了思想文化领域多元、多样、多变的特点。面对新形势，需要有新思维、新策略；面对新挑战，需要有新方法、新手段。各地各部门要适应和引领互联网条件下的文化市场整治，尽快掌握工作主动权，确保可管可控，不能因手段不足、方法滞后而耽误工作、延误大局。

当前，尤其要注重将个案打击与整体推动相结合、网上与网下行动相结合、查堵与反制相结合，防止网上网下“两张皮”，尽快建立健全以高科技手段为支撑的联动机制，集中整治网上传播非法出版物和有害信息，从严查处顶风制作传播淫秽色情信息的门户网站、视频网站、搜索引擎等。要把查办大案要案作为开展专项行动的突破口，坚决遏制非法出版活动和淫秽色情信息的反弹，充分彰显开展“扫黄打非”的顽强意志和坚定决心。对突发性传播淫秽色情信息等行为，在迅速控制和消除其不良影响的同时，要速查速办，依法查处、坚决打击。

各地各有关部门守土有责，务必强化阵地意识，建立惩防并举的长效机制。当务之急，要主动查办一批、挂牌督办一批、公开曝光一批大案要案，严厉查处散布谣言、传播淫秽色情信息以及盗版盗印非法出版物的典型案件。不仅要对非法出版物的销售和传播者进行打击，还要深挖彻查，严厉查处非法出版活动的组织者、策划者及幕后操纵者，推动“扫黄打非”专项行动向纵深发展。要让互联网企业切实感受到责任、承担起职责。要进一步加强监管，督促网站认真落实先审后发制度，把好内容关，防止有害信息上网传播。对那些虚与委蛇、屡改屡犯的网站要给予严厉处罚，不搞“下不为例”。

（原载于《新华每日电讯》2016年1月20日，署名汉鸿）

是真糊涂还是装糊涂

2015年颁布的《中国共产党纪律处分条例》，对违反政治纪律、组织纪律、廉洁纪律、群众纪律、工作纪律、生活纪律行为的处分，开列了详细的负面清单，做出了具体的处分规定。其中有关违反政治纪律的行为之一，即“妄议中央大政方针，破坏党的集中统一的”，将视情节给予相应处分，引起了人们关注。

“家有家规，国有国法。”按说，一个现代政党自然要有其党规党纪，党员要有行为尺度。我们党的纪律处分条例作为执行党纪的操作规范，立规明矩，亮明“底线”，内部执行，本来是天经地义的事。可有的人不知是真糊涂还是装糊涂，对党员不能“妄议中央大政方针”这一条耿耿于怀，大做文章，说什么这是搞噤声，损害党内民主；说什么“天下兴亡匹夫有责”，为什么就不能议论大政方针；等等。还有的人莫名亢奋起来，借机在互联网上翻云覆雨、大放厥词，挑拨负面情绪，发泄对中央严明党纪党规的不满，竭尽污名之能事。

笔者查看了《中国共产党纪律处分条例》，发现网络上的恶炒和攻击，基本上是断章取义、以偏概全，有些干脆就是指鹿为马，故意搅浑水。且看条例第四十六条原文：

通过信息网络、广播、电视、报刊、书籍、讲座、论坛、报告会、座谈会等方式，有下列行为之一，情节较轻的，给予警告或者严重警告处分；情节较重的，给予撤销党内职务或者留党察看处分；情节严重的，给予开除党籍处分：

（一）公开发表违背四项基本原则，违背、歪曲党的改革开放决策，或者其他有严重政治问题的文章、演说、宣言、声明等的；

（二）妄议中央大政方针，破坏党的集中统一的；

（三）丑化党和国家形象，或者诋毁、诬蔑党和国家领导人，或者歪曲党史、军史的。

发布、播出、刊登、出版前款所列内容或者为上述行为提供方便条件的，对直接责任者和领导责任者，给予严重警告或者撤销党内职务处分；情节严重的，给予留党察看或者开除党籍处分。

很显然，条例中对这个“妄议”是有准确的定义和前提条件的。一是“妄议”的途径——通过信息网络、广播、电视、报刊、书籍、讲座、论坛、报告会、座谈会等方式，这其实就是公开传播了，是公然与党唱反调。二是“妄议”的内容是中央大政方针。三是“妄议”的目的或后果是破坏党的集中统一。当然，“妄议”本身，也是有明确内涵的。“妄”乃胡乱之意，“妄议”就是胡乱议论。党章明确规定：“必须实行正确的集中……保证全党的团结统一和行动一致，保证党的决定得到迅速有效的贯彻执行。”试想，党员公开散布对党中央大政方针的破坏性言论，损害党的团结统一，如果党对此听之任之，不加约束，不依党规党纪加以处分，这个党还有什么战斗力？党还怎么能团结带领人民群众，凝聚人心，迅速有力贯彻执行党的决定，实现自己的纲领和奋斗目标？

且不论像中国共产党这样历来把严明纪律作为党的凝聚力战斗

力重要保障的政党，就是在一个现代企业里，如果职工对已决策的企业大事胡乱议论、挑拨离间，闹得人心浮动，公司难道会无动于衷？

事实上，《中国共产党章程》第四条关于党员享有的权利中明确规定："对党的决议和政策如有不同意见，在坚决执行的前提下，可以声明保留，并且可以把自己的意见向党的上级组织直至中央提出。"作为党内大法的党章，在这里已经表述得明明白白：党确定的决议和政策，前提是坚决执行；不同意见可以声明保留，并且可以向当地上级组织直至中央提出。显然，这与通过传媒等途径妄议中央大政方针完全不是一码事。

对"妄议中央大政方针，破坏党的集中统一"之举，《中国共产党章程》早有相对应的禁止性规定。党章第三条关于党员必须履行的义务中，明确规定："自觉遵守党的纪律，首先是党的政治纪律和政治规矩，模范遵守国家的法律法规，严格保守党和国家的秘密，执行党的决定，服从组织分配，积极完成党的任务。""维护党的团结和统一，对党忠诚老实，言行一致，坚决反对一切派别组织和小集团活动，反对阳奉阴违的两面派行为和一切阴谋诡计。"这说明，党章与条例的表述虽然不尽相同，但含义完全一致。

习近平总书记在十八大后第一次会见中外记者时指出："新形势下，我们党面临着许多严峻挑战，党内存在着许多亟待解决的问题。尤其是一些党员干部中发生的贪污腐败、脱离群众、形式主义、官僚主义等问题，必须下大气力解决。全党必须警醒起来。打铁还需自身硬。"当前，党面临的严峻挑战仍在，党面临的执政考验、改革开放考验、市场经济考验、外部环境考验仍在。实现"两个一百年"的奋斗目标，实现中华民族伟大复兴的中国梦，需要我们党坚持党要管党、从严治党，切实解决自身存在的突出问题，使我们党始终成为中国特色社会主义事业的坚强领导核心。党的使命、党肩负的责任，决定了我们党绝不能允许党员各唱各调、各吹各号。如果对妄议行为放任不管，必然导致纪律涣散。党纪涣散，我们这个国家必然重新回到一盘散沙，其后果不堪设想。因此，严明党纪党规，不仅是对我们党，更是对人民和国家前途命运负责的体现。

一个本无争议、恰逢其时的条例，硬生生被某些人炒成一个话题，而且在满嘴跑火车之前，居然连条例的具体内容也没有搞清楚，其言可笑，其心可疑。好在人民群众对从严治党无不拍手称快，广大党员干部对条例出台高度赞同。奉劝某些把泼脏水当作了习惯动作的“有识之士”还是省省心吧：寒蝉秋鸣、歇斯底里，悲凉的是你自己。

（原载于《新华每日电讯》2015年10月27日，署名水枚）

失语就要挨骂

中央领导同志出席加强国际传播能力建设工作座谈会时强调，要深入学习贯彻习近平总书记关于讲好中国故事的重要指示精神，坚持国家站位，树立全球视野，对外阐释好中国梦的深刻内涵和世界意义，阐释好中国特色社会主义的制度优势和发展成就，阐释好当代中国价值观念及其对人类文明的独特贡献，引导国际社会全面客观认识中国，塑造中国良好形象。

我国改革开放30多年来取得的举世瞩目的历史成就，党的十八大以来我们党在治国理政上创造的一系列巨大成果，无不验证了我们的道路、我们的理论、我们的制度是成功的。我们有“三个自信”的充分底气。但是，在国际舆论格局中，总体上依然处于“西强我弱”的状态。

研究表明，西方媒体掌握着全球90%以上的新闻信息资源，近70%的海外受众是通过西方媒体了解中国的。相当多的西方媒体仍然戴着

"有色眼镜"观察中国、报道中国。特别是随着我国国力的提升和国际影响力、话语权的增强，一些西方国家心态失衡，想方设法对我国围追堵截。某些西方媒体则为策应其国家利益应声而动，故意对我国炒作和抹黑。这就必然导致在西方舆论里的中国与真实的中国相去甚远。

"落后就要挨打，贫穷就要挨饿，失语就要挨骂。"坚持国家站位，树立全球视野，引导国际社会全面客观认识中国，塑造中国良好形象，把一个充满生机和自信的真实的中国展现给国际社会，是加强国际传播能力建设的重中之重。"道不同，不相与谋"，一些西方媒体根深蒂固地对我们怀有偏见，我们也不可能指望人家从良行善。但是，这并不意味着我们只能坐视人家泼污。我们党带领人民所创造的如此丰富的成功实践，已经足以说明我们的道路和制度是成功的，我们没有任何输理的地方！摆在我们面前的重要任务，一方面就是要在学理上研通研透，立足我们的实践，为我们的道路和制度提供深厚的学理支撑，形成富有中国特色的话语体系，真正彻底扭转在国际舞台上有理"论不出"、有理"论不响"的问题；另一方面，就是要加强对国际传播规律的研究，在研究透中国特色的同时，力求以国际通行的表述，特别是要以国际受众易于理解和接受的表达方式传播好中国声音、讲述好中国故事。可以说，加强国际传播能力建设是对外宣传一项重要而紧迫的战略任务，也是中国软实力建设的一个集中体现。

加强国际传播能力建设是一项系统工程。当前，要在加强统筹协调、稳步推进的过程中突出重点，聚焦阐释好中国梦的深刻内涵和世界意义、阐释好中国特色社会主义的制度优势和发展成就、阐释好当代中国价值观念及其对人类文明的独特贡献这"三个阐释好"，努力形成与我国的国际地位和经济实力相称的话语体系和传播能力，不断拓展国际话语新空间。

（原载于《新华每日电讯》2015年12月21日，署名汉鸿）

某些外媒的“想象力”丰富过了头

广东乌坎村原村委会主任林祖恋再次引起外媒的兴趣，不过这次被“关照”的是林祖恋的孙子林立义。2016年8月5日凌晨，林立义在微信朋友圈发了一条信息，称自己“扛不住了”，并展示了将药丸放嘴里的自拍照。因为是林祖恋的孙子，这条疑似“自杀”的信息一时成了网络热点。随即，一些境外媒体亢奋了起来，在根本不向当事人核实的前提下，将林的孙子“自杀”与林祖恋被逮捕联系起来，又是大幅配图又是道听途说四处“证实”，称林立义是其祖父涉嫌受贿遭正式逮捕后“不堪压力而服药”，“村民怀疑他被监视，承受许多压力”，等等。境外媒体“苦口婆心”想让人们相信的一点，就是林祖恋的孙子因为林祖恋被抓而服药“自杀”。有的则将2011年的乌坎风波再次炒作了一把。

不料一天之后，剧情反转。8月6日，林祖恋的孙子林立义在其个人的新浪微博连发两条博文，称自己那天的“自杀”直播纯属个人因感情上的事而发泄，和其祖父毫无关系，并讽刺某些媒体太有想象力。摘录如下："那天晚上纯属自己发泄，个人感情上的事怎么就变成为祖父的事自杀？媒体太有想象力了，网友怎么超级会联想啊，没事没事，现在告知啥事都木（没）有，不要再炒作我了。"

就这样，外媒那些靠浮想联翩编发的"义正词严"的报道，被无情的事实给扒了个精光。原本"被绑架""被自杀"的林立义，看来又让外媒们大大地失望了。21岁的林立义目前从事维修电脑、安装闭路电视的工作，据说那天和女友闹矛盾，就抓了一把胃药想吓唬一下女友。哪知烧香引鬼，林立义的这一把药，居然被某些外媒上纲上线到为其祖父、为所谓民主人权而抗争。

其实，乌坎村原村委会主任林祖恋涉嫌受贿而被依法处理，和外媒所谓的民主人权没有关系。今天的中国正在加快建设社会主义法治国家，也早已不存在株连。林祖恋个人犯了事，和他的家人包括他的孙子也没有啥关系。某些境外媒体的想象力实在丰富过了头。

中国谚语中有"黄鼠狼给鸡拜年——不安好心"之句，西方的《伊索寓言》中也有类似的故事。比如《猫和母鸡》：母鸡们病倒，猫化装成医生去问她们身体怎样，母鸡们回答说："好得很，不过要你离我们远点。"伊索由此告诉人们：坏人就是坏人，即便经过伪装，也掩饰不了本质，伪善的嘴脸最终会被揭穿。西方哲人有云："在事实面前，想象力越发达，后果就越不堪设想。"奉劝某些靠臆想度日的境外媒体，不必煞费苦心地扮演黄鼠狼和化装成医生了，谁看不穿你们这些低级伎俩呢？

（原载于《新华每日电讯》2016年8月9日，署名水枚）

乌坎老奶奶“被死亡”，外媒何以急火攻心

2016年9月13日早上，广东陆丰警方依法对乌坎村内涉嫌聚众扰乱公共秩序和交通秩序等违法犯罪的13名嫌疑人抓捕归案。乌坎村开始恢复昔日的安宁，村民的工作和生活秩序走向正常。

不过“树欲静而风不止”，眼看着乌坎在快速回归秩序，一些境外势力似乎看不下去了，“急火攻心”下甚至有点走火入魔。13日上午，一则耸人听闻的“乌坎80多岁老奶奶身中2枪死亡”信息在一些境外网站热炒，少数与这位乌坎老奶奶没有半点沾亲带故的“爱心人士”，居然还披麻戴孝，为老奶奶搞起悼念活动。

不过，真相又是如何呢？乌坎当地的陆丰在线网站13日下午发了一条消息，称记者采访了陆丰市人民医院和正在住院治疗的这位乌坎老奶奶。刚刚接受了手术治疗的钱秀香说：“我没有死！”

该消息称，据陆丰市人民医院梁银澎副院长和主刀医生张平主

任介绍，患者钱秀香，女，83岁，因外伤左上臂外侧、左肘部外侧疼痛，于13日上午8时送达急诊科就诊。经过X光检查，于上午10时30分组织专家进行手术治疗。相关异物被顺利取出。

下午3时30分，武警医院专家到达会诊，认为病人心肺功能正常。目前病情稳定，需继续观察治疗。消息还说，根据初步调查，致使患者钱秀香受伤的异物疑似渔民出海所用的土炮弹片。

陆丰在线这条小稿，字数不长，却铁板钉钉地说了三个事实：1. 老奶奶活着，“我没有死”！2. 老奶奶受伤并接受了手术治疗，病情稳定。3. 导致老奶奶受伤的异物疑似渔民出海打鱼的土炮弹片。把一个活人整成死亡，而且言之凿凿称“身中2枪”，如此蒙太奇未免离奇过头了！无怪乎老奶奶的亲属要考虑追究某些境外媒体和“爱心人士”侵犯名誉权。

陆丰在线的澄清，令一些外媒又大大丢了一次脸。有的为了保脸面，扭扭捏捏承认是援引了庄烈宏提供的信源。而这个庄烈宏正是5年前在乌坎事件中呼风唤雨，而后摇身一变成为所谓“异见人士”，如今躲在美国“避难”的中国经济犯罪嫌疑人。事实上，这个不甘寂寞的人，就是乌坎这么一个普通的中国村庄一个时期里被人为复杂化的一名搅局者。只要乌坎一有风吹草动，他就会俯首听命于西方某些势力，充当搅屎棍的角色。

自林祖恋涉贪被查处，乌坎村的此次风波已经持续了80多天。对于村民反映的土地等各类问题，汕尾和陆丰两级政府没有回避，也没有推诿。据当地政府负责人介绍，能够解决和兑现的目前已经全部落实。一时解决不了的，比如乌坎和周边7个村的土地纠纷，也开通了协商平台，政府充当“娘舅”，各家充分磋商。属于不合理不合法、不可能解决的，比如林祖恋许诺的48万元人头费的“空头支票”，也实事求是回复了村民。2个多月下来，13 000人的乌坎村，继续热衷于闹事起哄的也不过百来号人了。

此次乌坎村风波刚起时，某些境外媒体几乎同步进村安营扎寨，坐等警民冲突。可惜，他们没有等着。即便某些外媒肆无忌惮地在乌坎村内进行煽动、策划、导演，警方也保持了最大限度的克制。结果，随着林祖恋案件的立案、起诉、审理、宣判，随着林祖恋一次又一次地认罪悔罪，越来越多的村民看清了闹事背后的真正企图，聚集的人员也越来越少。警方此次抓捕犯罪嫌疑人后，一些乌坎村民还放起烟花、鞭炮表示庆祝。如此情景，令某些境外势力情何以堪！

显然，不愿看到乌坎太平的境外势力坐不住了。不甘心乌坎这个他们臆想中的“争民主争人权”的标杆就此偃旗息鼓，不甘心乌坎老百姓越来越向心于地方党委政府，于是，但凡乌坎村有点情况，他们下意识地会听风便是雨，夸大其词，煽风点火，直至让老奶奶“中弹死亡”。

莎士比亚曾经说过：谣言是一把凭着推测、猜疑和臆度吹响的笛子。某些境外势力太钟情于这把笛子了！以至于把幻觉当作了现实。不过，西方还有一句名言：既然没有被子弹打死，何必害怕谣言的子弹？重归安宁的乌坎村民早已看透了这类把戏。他们还有自己的幸福梦想去追求，可不想当那些人手中的谣言子弹！

（原载于《新华每日电讯》2016年9月15日，署名水枚）

境外一些势力唯恐乌坎平静下来

香港有少数人（有媒体称约100人）2016年9月17日晚搞了一场“烛光晚会”，针对的是广东乌坎事件。广东当地警方上周在乌坎执法，拘留了13名扰乱公共秩序的闹事者。之后乌坎的形势趋于平静，5名香港记者因不具有在内地采访资格或未办理相关手续被带出乌坎村，香港少数人却为这两件事搞起“烛光晚会”，宣扬内地警方对乌坎村民暴力执法，以及粗暴对待香港记者。

一些西方媒体也在报道乌坎事件时将之描述成民众的“民主抗争”，把中国基层社会的依法管理朝政治方向引申。

乌坎之事起源于土地纠纷，在2011年出现过一拨高潮。村民们对旧村委会处理土地的做法不满，要求重选村委会。乌坎的村委会选举当时沸沸扬扬，林祖恋当选村委会主任，之后村民们对他的态度经过了冷热变化，原因是他无法兑现之前一些不切实际的承诺，村委会有人涉贪腐，但林祖恋在乌坎村里有大量亲属，后又要组织集体上访，受到一些村民和外媒的支持。

林祖恋于2016年6月17日被警方带走，后在9月8日以受贿罪被判有期徒刑3年。从6月开始，乌坎村再次成为境外媒体关注的焦点，这些关注同时伴随了对林祖恋以及闹事者的政治性声援。

围绕乌坎村的各种谣言不断通过境外渠道传播开来，比如林祖恋的孙子"自杀"了，乌坎村一名老奶奶"身中两枪死亡"，等等，它们都被证明是假的。

乌坎的问题原本是中国基层围绕土地补偿款的普通纠纷，但它遭到外媒的集中炒作，被贴上政治标签，受到了特殊怂恿，解决起来更为复杂。

比如香港搞"烛光晚会"的那些人，哪里是关心乌坎村民，他们就是不希望看到乌坎的事态平息，就是想看到乌坎出乱子，中国的法治拿这样的乱子没办法，而且这样的乱子最好能在中国蔓延开来。

乌坎的事情说到底是利益纠纷，处理利益纠纷的唯一办法是依法解决，这当中如果有人以违法方式搞所谓"抗争"，也要通过法律手段予以处置。一些境外媒体对中国社会上的非法抗议活动一概支持，是因为他们根本就不希望中国有秩序，中国出的乱子越多他们越开心。

从人性的角度看这也讲得通：那些境外媒体和势力有它们的立场和利益，它们凭什么要支持广东把乌坎的事情处理好呢？它们为什么不想多看些中国内地的"笑话"呢？

按说林祖恋是基层干部，中国内地这些年抓了那么多贪腐官员，境外媒体和香港搞"烛光晚会"的那些人专为林"打抱不平"，他们的政治用意真是再清楚不过了。

2011年的时候，有几十家境外媒体进入乌坎村"采访"，而那些"采访"事实上对当时乌坎事态的加剧起了推波助澜作用。如何避免外媒的过度干扰，及时澄清事实，这是中国社会的一个课题。本次乌坎事件的处理过程显示了这方面的探索。

乌坎的事情最终要回归法律，这是不二之途。当外媒带头打出的各种烟幕散去时，这点一定会越看越清楚。

（原载于《环球时报》2016年9月19日）

学习实践论 ▶▶

七

切实担负起新闻舆论工作的职责和使命，让党的主张成为时代最强音

习近平总书记指出，做好党的新闻舆论工作，事关旗帜和道路，事关贯彻落实党的理论和路线方针政策，事关顺利推进党和国家各项事业，事关全党全国各族人民凝聚力和向心力，事关党和国家前途命运。我们要深刻学习领会习总书记一系列重要论断，认清形势任务，认清肩负的职责使命，切实增强做好新闻舆论工作的责任感使命感，切实担负起党和人民赋予我们的神圣职责。

坚持创新引领，提高能力水平

做好党的新闻舆论工作，营造良好舆论环境，是治国理政、定国安邦的大事。习近平总书记在“2·19”讲话中强调，做好党的新闻舆论工作，要遵循新闻传播规律，创新方法手段，不断提高能力和水平。我们要深入学习贯彻习近平总书记讲话精神，树立强烈的紧迫感危机感，从巩固党的执政地位的高度，因势而谋、应势而动，顺势而为、以变应变，在全方位创新中巩固和壮大党的新闻舆论阵地。

增强工作针对性、实效性，落实“管得住”的硬道理。当前，宣传思想工作面临的环境已经发生深刻变化，工作对象、受众需求等也在发生深刻变化。特别是网络和数字技术裂变式发展，带来媒体格局的深刻调整和舆论生态的重大变化。

新形势下，一是要树立问题导向，讲求工作实效，以积极有为的责任担当，把改进创新的理念、精神、方法贯穿到坚持党管媒体、守护舆论安全的工作实践中，坚决防范阵地失守和舆论失控的危险。二是要坚持用“工程师的方法”抓意识形态工作，以项目为抓手，把导向、阵地和队伍管理任务落细落小落实。加强意识形态分析研判，提高对意识形态斗争的预警和应变能力。运用大数据技术，开展媒体影响力评价指标体系建设，提高媒体管理的科学化水平。立足抓早抓小抓源头，用有效机制落实意识形态工作主体责任，把党管媒体原则贯彻到全部媒体领域，夯实队伍和阵地管理基础，切实净化舆论环境。三是要按照“信息灵、反应快、处置得当”的原则，把握好新媒体环境下舆论引导的时度效，防范出现“舆论漩涡”。在热点敏感舆情处置中，将舆论引导融入事件处置全过程，着眼网上网下、内宣外宣一盘棋，针对事件的不同属性，及时发布权威信息，主动设置舆论议题，积极开展舆论斗争，因事制宜、因时制宜引导社会舆论走向，牢牢掌握舆论引导的主动权主导权。

推动媒体深度融合，巩固壮大主流舆论阵地。巩固宣传思想文化阵地、壮大主流思想舆论，要按照“融为一体、合而为一”的要求，以体制机制创新为突破口，以新发展理念推动媒体内容、渠道、平台、管理等深度融合。

一是牢牢把握传统媒体与新兴媒体优势互补、此长彼长的原则，推动传统媒体资源重构整合，着力打造媒体深度融合标杆项目。2016年11月，南方财经全媒体集团正式揭牌，以南方报业传媒集团所控股的21世纪报系和广东广播电视台旗下南方经济科教频道、股市广播频率等为核心资源，进行战略重组，并引入战略投资者，初步完成媒体、数据、交易三大业务的主体布局，争取建成国内领先、国际知名的财经全媒体、金融资讯综合服务商和现代金融文化产业新引擎。二是着眼于向体制机制要活力，树立“媒体+金融”的思路，发挥政府引导和市场推进这两只手的作用，建设媒体融资平台，推动社会优质资源和生产要素向融合发展聚集。南方传媒在上交所挂牌；广东成立两只百亿元量级的媒体融合发展和新媒体产业基金以及50亿元的“珠影越秀影视文化产业发展投资基金”；广东省委宣传部与浦发银行签署500亿元投融资额度的“文化+金融”战略合作协议；南方财经全媒体集团联手中国建设银行，组建百亿元规模的全媒体文化产业基金，媒体融合和文化产业发展得到金融的有力支撑。三是确立移动优先战略，强化技术引领和驱动，创新移动新闻产品，打造移动传播矩阵。现在已进入移动互联时代，“终端随人走、信息围人转”成为信息传播的新态势。我国移动新闻用户已超过5亿，占网民总数的70%以上。宣传对象在哪里，宣传工作的触角和手臂就要延伸到哪里，着力点和落脚点就要放在哪里。近年来，《南方日报》《羊城晚报》、广东广播电视台等主流媒体重点打造的“南方+”“羊城派”“触电”等移动新媒体拳头产品相继上线，用户量级持续做大，传播力影响力不断增强。四是重点突破采编发流程再造这个关键环节，以“中央厨房”即融媒体中心建设为龙头，创新媒体内部组织结构，构建新型采编发网络。2016年，广东省财政投入专项资金重点支持媒体采编系统升级改造，省直和广州、深圳主要媒体的采编一体化平台陆续建成，初步实现全媒体内容的集约化生产、内容导向的一体化管理，对传统媒体和新媒体的统一指挥调度进一步强化。

发力内容供给侧改革，推进新闻传播工作创新。做好党的新闻舆论工作，要始终坚持“内容为王”，大力推进内容供给侧改革和新闻传播创新，努力以内容优势赢得发展优势。

一是巩固和壮大主流思想舆论。坚持把深入宣传阐释习近平总书记系列重要讲话精神和治国理政新理念新思想新战略作为重点，大力推进“南方评论高地”建设，积极传播国内主流舆论的“南方声音”正能量。比如，2016年我们围绕全国“两会”、G20杭州峰会，庆祝中国共产党成立95周年、纪念红军长征胜利80周年等重大主题，策划推出了一大批高质量的融合传播产品。二是加强国际传播能力建设，提升中国话语的国际影响力。传播力决定影响力，话语权决定主动权。我们积极参与国家对外传播话语体系建设，2016

年3月，南方报业传媒集团承建的“今日广东”国际供稿中心上线，与10余家海外主流媒体合作打造网络社交媒体传播矩阵，加大对外信息推送力度。举办“世界主流媒体看广东”“外国记者沙龙”等外宣品牌活动，提升广东对外形象的标识度。精心打造南方英文网、今日广东等对外传播载体平台，推动广东广播电视台国际频道（率）在影响西方主流社会方面取得突破性进展，支持主流媒体走出去参与国际传媒市场竞争，努力让世界都能听到并听清中国声音。

（原载于《求是》2017年第4期）

走正道，谋发展，勇担新闻舆论工作职责使命

习近平总书记在党的新闻舆论工作座谈会上的重要讲话，是一篇马克思主义的纲领性文献，为新形势下做好党的新闻舆论工作提供了强大思想武器和根本遵循。广东新闻战线和新闻舆论工作者倍感振奋、深受鼓舞，将牢记和落实习近平总书记重要讲话提出的48字党的新闻舆论工作职责使命，进一步增强政治家办报意识，不负党和人民的重托，坚决守护和建设好党的新闻舆论阵地，努力开创广东新闻舆论工作新局面。

把牢政治方向走正道

习近平总书记在讲话中深刻阐明了党的新闻舆论工作的职责和使命——高举旗帜、引领导向，围绕中心、服务大局，团结人民、鼓舞士气，成风化人、凝心聚力，澄清谬误、明辨是非，联接中外、沟通世界。强调要承担起这个职责使命，必须把政治方向摆

在第一位，牢牢坚持党性原则，牢牢坚持马克思主义新闻观，牢牢坚持正确舆论导向，牢牢坚持正面宣传为主。习近平总书记的重要论述为我们指明了新形势下党的新闻舆论工作的努力方向和必须遵循的基本方针，启示我们，做好新闻舆论工作，要始终把牢政治方向，走正道，谋发展。

把牢政治方向，要牢固树立政治意识、大局意识、核心意识、看齐意识，在思想上政治上行动上同以习近平同志为核心的党中央保持高度一致；要把党管媒体原则贯彻到全部媒体领域，把导向要求落实到一切媒体领域、形态、内容之中，始终做到守土有责、守土负责、守土尽责，守护好党交给我们的新闻舆论阵地。同时，更要把把牢政治方向的要求贯穿到当前媒体转型发展的要务之中。

当前，舆论环境、媒体格局、传播方式发生深刻变化，传媒业面临前所未有之大变局，特别是传统媒体经营收入面临断崖式下跌，新闻舆论工作队伍中有个别人出现悲观情绪。越是在这种情况下，越是要保持清醒的意识，在转型发展中要坚守底线勇开拓，敢于创新不逾矩。要深刻认识到，坚持正确的政治方向、走正道是媒体发展的前提。任何旁门左道、歪门邪道最终都会损害媒体发展的根基。只有守好底线才能放开手脚大干一场，只有严于自律才能踏踏实实谋划未来，只有系上安全带才能在空中跳出曼妙的舞姿。我们要按照党中央的要求，坚持一手抓发展、一手抓管理，做到事业发展到哪里，管理就跟进到哪里，确保媒体转型发展始终沿着正确方向前进。

坚持创新为要谋发展

习近平总书记指出，随着形势发展，党的新闻舆论工作必须创新理念、内容、体裁、形式、方法、手段、业态、体制、机制，增强针对性和实效性。习近平总书记的讲话有非常强的针对性。

当前，舆论生态和媒体格局已发生深刻变化，如果我们还是因循守旧地按照老套路、老规矩来做宣传、管宣传，自娱自乐，自拉自唱，自说自话，“以不变应万变”，其结果必然是阵地萎缩、名存实亡。这其实也是一种失职渎职！我们必须按照习近平总书记的要求，坚持把创新贯穿到一切工作中，用创新思维来推动传统媒体与新兴媒体深度融合，创新宣传思想工作方法手段，改进宣传话语体系，创新工作体制机制，真正实现有效宣传、有效管理，守住阵地、壮大阵地。

2015年以来，广东在宣传思想工作创新方面做了一些尝试，也尝到了甜头。我们进一步提高聚焦党委政府中心工作的能力，着力打造好“南方评论”高地。在“9·3”阅兵、习近平总书记考察广东3周年等一系列重要节点、重大活动、重点活动中，广东主要媒体的表现得到社会各界充分肯定，新闻舆论领域“南方声音”的正能量进一步彰显。加强意识形态分析研判，对意识形态斗争的预警和应变能力大大提高，意识形态安全“护城河”“防火墙”作用进一步凸显。不断深化对舆论引导规律的认识，把握好新媒体环境下舆论引导的时度效。“12·20”深圳光明新区滑坡事故新闻应急处置稳妥有效，没有发生舆情“次生灾害”，境内外舆论给予肯定。

下一步，我们将按照习近平总书记的要求，继续着力推进新闻舆论工作方法手段的创新，重点在增强针对性和时效性上下功夫，认真研究干部群众的接受心理，想方设法让主流思想舆论抓人、感人、动人。在强化国际传播能力上下功夫，发挥我省外宣媒体平台优势，提高影响能级，广泛推送符合海外受众视听习惯的资讯，有效传播中国声音、岭南风尚。同时着力推进媒体影响力评价指标体系建设工作。该项工作2015年已经启动，希望通过建立科学合理的舆论引导评估体系，引导媒体敢于创新、勇于开拓，更好地巩固主阵地，壮大主流舆论声音。

打造“四铁”队伍有保障

习近平总书记强调，媒体竞争关键是人才竞争，媒体优势核心是人才优势；要加快培养造就一支政治坚定、业务精湛、作风优良、党和人民放心的新闻舆论工作队伍。我们要按照习近平总书记的要求，紧紧抓住“人”这个关键要素，以铁一般信仰、铁一般信念、铁一般纪律、铁一般担当的“四铁”标准衡量广东的新闻舆论工作队伍，为做好新闻舆论工作提供坚强稳固的组织保障。

我们要重点抓好新闻舆论阵地班子建设，注重选拔政治强、业务精、作风正、善治理、敢担当的领导干部作为班子成员，而不是把宣传部门当成安置性、过渡性岗位，更要防止不担当、不作为的人上位。要准确把握媒体竞争形势，营造积极向上、团结和谐的内部发展氛围，使大家看到新闻舆论事业蓬勃发展的前景，看到新闻媒体转型发展的希望，提振队伍精神面貌。要不断深化新闻单位干部人事制度改革，科学设计媒体内部的创业机制、激励机制、用人机制，通过构建价值认同、提供施展空间、强化经济保障，吸引人才、留住人才、用好人才，聚合众力、融合众智推动新闻舆论工作大踏步发展。尤为重要的是，要把政治纪律和政治规矩挺在前面，对失职渎职的，会同纪检部门和组织部门，该提醒的提醒，该批评教育的批评教育，该组织处理的组织处理，坚决不搞情有可原、下不为例；对个别立场不坚定的新闻媒体从业人员，该清理的坚决清理，纯洁我们的队伍，真正把广东新闻舆论工作队伍打造成具有“四铁”精神的干部队伍，确保阵地永远掌握在党和人民放心的人手中。

广东是媒体大省。目前，全省公开出版报纸141种、期刊381种，有广播频率148个、电视频道163个，备案网站截至2016年1月底已有68万多家。作为改革开放的前沿阵地，广东也是一个经济社会活力充足但舆论环境高度复杂的地区。做好广东的新闻舆论工作，任务艰巨，使命光荣。我们将进一步深化对习近平总书记重要讲话精神的学习贯彻，首先做到“三个全覆盖”：学习培训全覆盖、导向管理全覆盖、队伍管理全覆盖。特别是新闻单位，要带着问题学，对照讲话精神逐项抓好工作落实；要以问题为导向，查找工作差距和不足，排查隐患，即查即改；要按照习近平总书记“一个必须”“四个坚持”的重要论述和要求，拿出切实可行的贯彻落实措施，确保广东新闻舆论阵地永远走正道、谋发展，永远充满勃勃生机。

（原载于《中国新闻出版广电报》2016年2月26日）

切实担负起新闻舆论工作的职责和使命，让党的主张成为时代最强音

习近平总书记在党的新闻舆论工作座谈会上发表的重要讲话，对党的新闻舆论工作作出了全面系统深刻的阐述，就新的时代条件下做好党的新闻舆论工作作出战略部署，明确了党的新闻工作者必须担负的职责与使命。习总书记的重要讲话创造性地丰富和发展了马克思主义新闻观，创造性地丰富和发展了我们党治国理政的思想体系，具有很强的政治性、思想性和指导性，充满了创新意识和时代精神，是一篇马克思主义纲领性文献，是党的新闻舆论工作者最好的教科书，为新形势下做好党的新闻舆论工作提供了强大思想武器和根本遵循。

新闻舆论工作是党和国家工作的重要组成部分。党的十八大以来，以习近平同志为核心的党中央高度重视党的新闻舆论工作，多次听取汇报、进行研究，作出重要部署。

在“2·19”重要讲话中，习近平总书记进一步深刻阐释了新闻舆论工作在党和国家工作格局中的重要地位。习总书记指出，党的新闻舆论工作是党的一项重要工作，是治国理政、定国安邦的大事，必须从党的工作全局出发把握定位，做到思想上高度重视、工作上精准有力。习总书记用五个“事关”强调党的新闻舆论工作的极端重要性，指出做好党的新闻舆论工作，事关旗帜和道路，事关贯彻落实党的理论和路线方针政策，事关顺利推进党和国家各项事业，事关全党全国各族人民凝聚力和向心力，事关党和国家前途命运。我们要深刻学习领会习总书记一系列重要论断，认清形势任务，认清肩负的职责使命，切实增强做好新闻舆论工作的责任感使命感，切实担负起党和人民赋予我们的神圣职责。

习近平总书记的重要讲话着眼党和国家的事业发展和长治久安，着眼党的工作全局，旗帜鲜明地提出了新闻舆论工作“高举旗帜、引领导向，围绕中心、服务大局，团结人民、鼓舞士气，成风化人、凝心聚力，澄清谬误、明辨是非，联接中外、沟通世界”这6句话、48个字的职责使命，找准了新闻舆论工作在党和国家事业发展全局中的定位，是我们做好新形势下党的新闻舆论工作的行动指南。

“世界上最重要的事，不在于我们在何处，而在于我们朝着什么方向走。”高举旗帜、引领导向，强调的正是旗帜和方向这一根本问题。党的新闻媒体永远姓党。无论媒体大小、形态各异，党的新闻舆论工作者都必须毫不动摇地把坚持正确政治方向放在首位，牢牢坚持党性原则，牢牢坚持马克思主义新闻观，牢牢坚持正确舆论导向，牢牢坚持正面宣传为主；坚定不移地增强政治意识、大局意识、核心意识、看齐意识，自觉向以习近平同志为核心的党中央看齐，绝对听从以习近平同志为核心的党中央指挥。要时刻牢记党的新闻舆论的所有工作，都要体现党的意志、反映党的主张，维护党中央权威、维护党的团结，做到爱党、护党、为党。各级党报党刊、电台电视台要讲导向，都市类报刊、新媒体也要讲导向；新闻报道要讲导向，副刊、专题节目、广告宣传也要讲导向；时政新闻要讲导向，娱乐类、社会类新闻也要讲导向；国内新闻报道要讲导向，国际新闻报道也要讲导向。

需要指出的是，党的舆论阵地不存在什么“飞地”“特区”。有人幻想在舆论导向和尺度把握上对某些新媒体业态“网开一面”，甚至企图“潜移默化”以达到“各个击破”，这是决不能容许，也决不会得逞的。党的新闻舆论工作者必须以坚定清醒的认识和立场，切实解决好“为了谁”这个宗旨问题、“依靠谁”这个方法问题、“我是谁”这个立场问题，在思想上政治上行动上同党中央保持高度一致，以党的旗帜为旗帜，以党的使命为使命，把党的意志党的主张贯穿到新闻舆论的全部工作中。坚持党性与人民性相统一，把党的理论和路线方针政策变成人民群众的自觉行动，及时把人民群众创造的经验和面临的实际情况反映出来，丰富人民精神世界，增强人民精神力量。为此，新闻舆论工作者必须筑牢思想之基，坚守信念之魂，时时刻刻站稳政治立场、保持政治定力、把握政治方向，在任何时候、任何工作上都向以习近平同志为核心的党中央看齐、对表，做到步调一致、分秒不差，确保新闻舆论工作始终与党和人民同心同向、同步同频。相反，如果迷失方向、忘本丢魂，导向必然出偏差，必然给党和人民的事业带来危害。

“纲举目张，执本末从。”党的新闻舆论工作必须把握党和国家工作大局，紧扣工作重点。围绕中心、服务大局，强调的是新闻舆论的中心工作，就是要把握时代发展大势，提高聚焦能力，紧紧围绕实现“两个一百年”奋斗目标、紧紧围绕党和国家工作大局开展工作。党的各级各类新闻媒体工作者都要按照总书记的要求，做党的政策主张的传播者、时代风云的记录者、社会进步的推动者、公平正义的守望者。要心中有党、心中有民，牢记党性、勿忘人民，唱响主旋律、传播正能量，热情讴歌在以习近平同志为核心的党中央治国理政新理念指引下亿万人民的创新创造。偏离了中心大局，必然舍本逐末、跑调走样，必然导致新闻舆论工作的缺位和错位。

“纤笔一枝谁与似？三千毛瑟精兵。”毛泽东同志当年如此评价“笔杆子”的力量。团结人民、鼓舞士气，是党的新闻舆论工作者的重要使命。我们党历来重视“笔杆子”的作用，用新闻媒体传播真理、组织群众、推动工作，是我们党的工作重要法宝。今天，在我们党团结带领人民进行有许多新的历史特点的伟大斗争的进程中，党的新闻舆论工作必须弘扬优良传统，发挥舆论团结鼓舞的强大作用，激发全党全社会团结奋进、攻坚克难的巨大力量，凝聚起人民群众在新发展理念引领下奋发有为的创新伟力，不断巩固全国人民共同奋斗的思想基础。要将人民的奋斗和价值追求镶嵌在国家发展、时代前进的宏伟蓝图里，充分调动各方面的积极性、主动性、创造性。增强信心、鼓舞士气，成风化人、凝心聚力，同步伐、共奋进，向着实现中华民族伟大复兴中国梦的宏伟目标接力奋进。

习近平总书记曾经指出：“问题是时代的声音，人心是最大的政治。推进党和国家各项工作，必须坚持问题导向，倾听人民呼声。我们要坚持求真务实、真抓实干，积极适应国际国内形势新变化，准确把握规律，紧紧依靠人民，奋发有为开创各项工作新局面。”此刻重温总书记的这段论述，对于党的新闻舆论工作者，具有特别深刻的启迪意义。成风化人、凝心聚力，就是要善做人心工作，增强新闻舆论工作的针对性和实效性，增强宣传报道的吸引力和感染力，丰富人民精神世界，增强人民精神力量，真正成为发展的“推进器”、社会的“黏合剂”。新闻舆论工作是党的宣传思想工作极为重要的组成部分，但不能简单地将新闻舆论完全等同于宣传。随着形势发展，党的新闻舆论工作必须创新理念、内容、体裁、形式、方法、手段、业态、体制、机制，增强针对性和实效性。在以互联网为代表的新媒体风起云涌、形成颠覆性变革的今天，新闻舆论工作越来越成为一门科学、一门艺术。从平面媒体时代的读者、到电视机时代的观众，再到新媒体时代的用户，受众名称的演变，从一个侧面说明当前舆论生态和媒体格局正在发生深刻变化。如果我们还是因循守旧地按照过去的老套路、老规矩来办报办刊，看不到外面的世界如此精彩的变化，自娱自乐，自拉自唱，自说自话，千报一面，千台一腔，“以不变应万变”，其结果必然是阵地萎缩、名存实亡。对此，我们绝不能麻木不仁，无所作为。

要通过新闻媒体做凝聚人心的工作，就必须精准把握新媒体条件下的传播规律和受众接受心理。做好新闻舆论工作是加强党的执政能力建设的一项基础性工作。就新闻舆论工作者而言，无论从事什么报道，都要把握好时度效，都要以实际传播效果检验新闻舆论工作的得失。不能因为出发点是好的，却因为时机不妥、分寸不好、表达不当而引起社会舆论的抵触、反感，形成舆论的“次生灾害”，乃至给党和国家的工作大局添乱。比如，在重大突发事件来临时，就要本着快报事实、慎报原因，公开透明、实事求是的原则，有序处置。就各级领导干部而言，要善于同媒体打交道，经常向新闻舆论领域的行家里手请教；善于换位思考，对热点舆情发生和应对过程中当事人的心理、受众的心理要充分把握；善于因势利导，以新闻舆论的感召力影响力推进实际工作。

“真理越辩越明。”澄清谬误、明辨是非，就是要在重大和热点问题面前敢于亮剑、善于发声，旗帜鲜明地开展舆论斗争；运用实践和真理的力量，及时解疑释惑；激浊扬清、针砭时弊，准确客观开展舆论监督。在新媒体舆论环境下，党的新闻舆论要发挥“定音锤”和“压舱石”的作用，在众声喧哗中保持冷静客观，不人云亦云、不随波逐流，始终保持政治定力，始终保持党的新闻舆论的“格”与“位”，切不可纯粹为了博人眼球而丢了报格、台格。对那些噪音杂音，要敢于亮明观点、摆开事实、廓清迷雾，客观公正、消除偏见、增进理解，引导人们全面认识当代中国、客观看待外部世界。

舆论监督是党的新闻舆论极为重要的一项职能，是澄清谬误、明辨是非的重要而有效的手段。当前，舆论监督工作之所以难，一方面是新闻媒体工作者从事监督不过硬、不客观，背离了真实性的原则，把自己摆在“裁判官”的位置，有的出发点根本不是为了党和人民的利益，而是为了一己之私，监督变成了敲诈。这样的所谓监督是自掘坟墓，必须坚决禁绝。另一方面，也有一些党员领导干部不适应在聚光灯下工作和生活，想方设法回避和阻挠舆论监督。一旦一地一部门出现了问题，不是本着知错即改的态度，而是挖空心思去忽悠、去摆平搞定。这种心态和做法也要坚决予以克服。

党的新闻媒体开展舆论监督，首先要站稳立场，要站在党和人民的立场而不是对立面开展监督。舆论监督是手段而不是目的，目的是要党的肌体更健康，让歪风邪气没有市场。同时，要聚焦党和政府明令禁止、人民群众深恶痛绝的人和事，聚焦违反中央八项规定和党风廉政建设各项要求的人和事，事实准确、分析客观、理性监督。就党的各级领导干部而言，要本着闻过则喜而不是闻过则怒的态度，虚心接受舆论监督，有则改之，无则加勉，切实改进工作。

“以家为家，以乡为乡，以国为国，以天下为天下。”中华文明是我们最深厚的软实力。今天的中国创造了前人未敢想象的巨大成就，但与我们的经济实力相比，我们在国际上的话语权还是很不相称的。在国际舆论格局中，总体上还处于“西强我弱”的状态。联接中外、沟通世界，就是要贯通内宣外宣，加强国际传播能力建设，讲好中国故事，传播好中国声音。“受众在哪里，新闻舆论阵地就应该在哪里。”党的新闻舆论部门空间大，责任也大。

“书生报国无他物，唯有手中笔如刀。”当前，舆论环境、媒体格局、传播方式的深刻变化给党的意识形态工作带来新挑战。广东省地处改革开放和对敌斗争“两个前沿”，社会舆论生态更加复杂，维护国家意识形态安全的任务尤其繁重，做好新闻舆论工作责任更大、要求更高。我们要充分学习领会习总书记重要讲话的精神实质和丰富内涵，从巩固党的执政地位的高度，充分认识加强党的舆论阵地建设的重要性，因势而谋、应势而动、顺势而为，以变应变，在全方位创新中巩固和壮大党的意识形态阵地，以铁一般信仰、铁一般信念、铁一般纪律、铁一般担当打造新闻舆论战线的南方“铁军”。

（原载于《瞭望新闻周刊》2016年第9期）

带着问题意识，学以致用以学促行

2016年2月21日，中央宣传文化单位领导干部学习贯彻习近平总书记在党的新闻舆论工作座谈会上重要讲话精神专题会议在京召开，中央领导同志出席会议并讲话，强调要把学习贯彻习近平总书记重要讲话精神作为重要政治任务，坚持党性原则，坚持以人民为中心的工作导向，认真履行党的新闻舆论工作的职责使命，为协调推进“四个全面”战略布局、落实五大发展理念、决胜全面建成小康社会提供思想舆论支撑。

中央领导同志的讲话，对新闻舆论工作者深入学习领会、全面贯彻落实习近平总书记重要讲话精神，切实把思想和行动统一到讲话精神上来，具有重要指导意义。

在党的新闻舆论工作座谈会上，习近平总书记从党和国家全局的高度，深刻回答了党的新闻事业发展一系列重大问题，系统阐述了做好新闻舆论工作的重要意义，进一步明确了新的时代条件下新闻舆论工作的职责使命、基本方针、实践路径，强调要切实加强和改善党对新闻舆论工作的领导。习近平总书记的重要讲话丰富和发展了党的新闻舆论工作理论，是指导做好新形势下党的新闻舆论工作的纲领性文献。我们必须学深悟透、融会贯通、注重实效。

深入学习贯彻习近平总书记重要讲话精神，要充分认识新闻舆论工作的极端重要性，联系实际抓好落实。党的新闻舆论工作是党的一项重要工作，是治国理政、定国安邦的大事，必须从党的工作全局出发把握党的新闻舆论工作，做到思想上高度重视、工作上精准有力。各级宣传部门和新闻单位要抓紧制订落实习近平总书记重要讲话精神的具体方案，组织好讲话精神的学习研讨和集中培训，全面掀起学习贯彻讲话精神的宣传热潮，迅速形成强大的宣传声势。要深入开展马克思主义新闻观教育，深化“走转改”活动，切实把新闻舆论工作职责使命的48字内化于心、外化于行，引导广大新闻舆论工作者做党的政策主张的传播者、时代风云的记录者、社会进步的推动者、公平正义的守望者。要带着问题意识学习贯彻，弄清差距在哪里，采取切实措施加以解决，推动党的新闻舆论工作理念、内容、体裁、形式、方法、手段、业态、体制、机制等各方面的创新，真正做到学以致用、以学促行。各级党委要自觉承担起政治责任和领导责任，加强对新闻舆论工作的领导，推动讲话精神落实落地，培养造就一支政治坚定、业务精湛、作风优良、党和人民放心的新闻舆论工作队伍，为做好新闻舆论工作提供坚强的组织保障。

做好新形势下党的新闻舆论和宣传思想工作，关键是强化宣传文化单位领导班子思想政治建设，做到讲政治、强党性、敢担当、勇创新、严律己。党和政府主办的媒体是党和政府的宣传阵地，必须姓党。新闻舆论工作者要增强政治家办报意识，在围绕中心、服务大局中找准坐标定位，牢记社会责任，不断解决好“为了谁、依靠谁、我是谁”这个根本问题。习近平总书记的重要讲话，为加强新闻舆论工作队伍特别是领导班子建设指明了方向。在实际工作中，我们必须坚定不移地增强政治意识、大局意识、核心意识、看齐意识，在思想上政治上行动上同以习近平同志为核心的党中央保持高度一致，主动自觉地向党中央看齐，维护党中央权威。必须毫不含糊地把坚持正确政治方向放在首位，认真践行党管宣传、党管意识形态、党管媒体的根本原则，把正确导向要求体现在工作各个方面。必须切实担负起巩固壮大主流思想舆论的责任，坚持正面宣传为主这一基本方针，积极唱响主旋律、传播正能量，落实好抓党建、带队伍的责任。必须以改革创新精神破解难题，把握宣传思想工作规律，贯彻好时度效的要求，提高工作科学化水平。必须按照“三严三实”改进作风，有针对性地排查廉政风险点，树立宣传文化单位良好形象。

“思深方益远，谋定而后动。”各级党委和领导干部必须充分学习领会习近平总书记重要讲话的精神实质和丰富内涵，迅速将思想和行动统一到讲话精神上来，以讲话精神武装头脑、指导实践，主动谋划本地区本部门的新闻舆论工作，进一步增强做好新闻舆论工作的责任感使命感，不断提高党的新闻舆论传播力、引导力、影响力、公信力。

（原载于《新华每日电讯》2016年2月25日，署名乐水）

以“五个抓”推进新闻舆论工作

中宣部召开学习贯彻习近平总书记在党的新闻舆论工作座谈会上的重要讲话精神电视电话会议。中央领导同志强调，学习贯彻习近平总书记重要讲话精神，关键要体现在行动上、落实到工作中。要抓政治方向，坚定不移向党中央看齐；抓正面宣传，不断提高宣传质量和水平；抓改进创新，推动重点工作实现新突破；抓严格管理，牢牢把握主导权主动权；抓人才培养，建强工作队伍，努力开创党的新闻舆论工作新局面。

“五个抓”，是学习贯彻习近平总书记重要讲话精神体现在行动上、落实到工作中的重点，各新闻单位要结合实际，扎实推进。

抓政治方向是根本。新闻媒体工作者要承担起总书记提出的48字职责使命，必须把政治方向摆在第一位，牢牢坚持党性原则，牢牢坚持马克思主义新闻观，牢牢坚持正确舆论导向，牢牢坚持正面宣传为主。把牢政治方向，首要的是要在全体新闻工作者中牢固树立政治意识、大局意识、核心意识、看齐意识，在思想上政治上行动上同以习近平同志为核心的党中央保持高度一致；把党管媒体原则贯彻到全部媒体领域，把导向要求落实到一切媒体领域、形态、内容之中，始终做到守土有责、守土负责、守土尽责，守护好党交给我们的新闻舆论阵地。

当前，舆论环境、媒体格局、传播方式发生深刻变化，传媒业面临前所未有之大变局。面对受众接受信息渠道、方式，甚至“口味”喜好的新变化，如果继续“以不变应万变”，就会发现，原来驾轻就熟的“老手艺”不灵了，原来屡试不爽的“老套路”也失效了。失效，失在传播力、影响力、公信力上，最终必然失掉引导力。面对新的形势，一些新闻媒体不能与时俱进，在履职尽责上无所作为，新闻舆论工作队伍中也有少数人出现迷茫、畏难情绪。越是在这种情况下，越是要保持清醒的政治头脑，保持政治定力。要深刻认识到，媒体要发展，坚持正确的政治方向是唯一正道。任何旁门左道、歪门邪道最终必然是饮鸩止渴。只有把牢政治方向，与党中央治国理政新理念新实践看齐，与以习近平同志为核心的党中央对表，自觉爱党、护党、为党，在“五位一体”和“四个全面”的伟大事业中，在实现中华民族伟大复兴中国梦的时代大潮中，准确定位，发挥新闻舆论凝心聚力跟党走的天职，才能找准攻坚克难的着力点，坚守正道，创新方式方法，确保媒体发展始终沿着正确方向走在阳关大道上。

抓正面宣传的关键是提高宣传质量和水平。有效的舆论引导，是要通过一件件优秀的新闻作品、一个个精彩的故事，吸引人、感染人、教育人。正面宣传如果不会讲故事，不能打动人，满足于千篇一律、千报一面，满足于从概念到概念、空对空喊口号，看似热热闹闹，实则无效传播，不仅发挥不了凝心聚力的作用，受众甚至会久而生厌。这就要求新闻工作者必须坚持走转改，用脚力丈量大地，用眼力发现沾泥土、带露珠、冒热气的鲜活故事，用脑力总结“小故事”折射的“大主题”，用笔力奉献有思想、有温度、有品质，为受众喜闻乐见的精品力作。

提高舆论引导的水平和实效，一靠方向正确，二靠改进创新。抓改进创新，需要精准用力，重点突破。习近平总书记指出，随着形势发展，党的新闻舆论工作必须创新理念、内容、体裁、形式、方法、手段、业态、体制、机制，增强针对性和实效性。我们必须按照总书记的要求，坚持把创新贯穿到一切工作中去，用创新思维来推动传统媒体与新兴媒体深度融合，创新宣传思想工作方法手段，改进话语体系，创新工作体制机制，真正实现有效传播、有效管理，守住阵地、壮大阵地。

抓严格管理，是牢牢把握主导权主动权的关键。党的新闻舆论阵地永远姓党，必须把政治纪律和政治规矩挺在前面。新闻媒体的当家人和舆论把关人必须旗帜鲜明地履行管理职责，不能把阵地拱手相让。对那些管理不力造成失职渎职的，要按照意识形态责任制的规定，该批评教育的批评教育，该警戒的警戒，该组织处理的组织处理，坚决不搞情有可原、下不为例，确保阵地永远掌握在党和人民放心的人手中。

人才优势是媒体优势的核心。要紧紧抓住“人”这个关键要素，抓人才培养，建强工作队伍。要重点抓好新闻舆论阵地班子建设，注重选拔政治强、业务精、作风正、善创新、敢担当的干部。要准确把握媒体竞争形势，营造积极向上的发展氛围，加紧培训“十八般武艺”，提振队伍的精神面貌和业务素质。

做好党的新闻舆论工作，使命光荣，责任重大。我们要进一步深化对总书记重要讲话精神的学习贯彻，对照“五个抓”拿出扎实举措推进工作，确保党的新闻舆论阵地在走正道中壮大，在创新中充满生机活力，不负总书记的殷切期望，不负党和人民的重托。

（原载于《新华每日电讯》2016年2月26日，署名汉鸿）

全方位推进新闻传播创新

中央领导同志出席创新新闻传播工作交流会并讲话时强调，创新是新闻传播的动力之源、活力之源，是巩固主流阵地、壮大主流舆论的必然要求，要以新的理念、新的举措，不断开创新闻传播创新新局面。要树立适应时代发展的思维方式和思想观念，强化融合意识、用户意识、市场意识，更注重选题策划、更注重打磨精品、更注重融合传播、更注重社会效果，全方位推进新闻传播创新。

全方位推进新闻传播创新，是把握现代新闻传播规律和新兴媒体发展规律，在融合发展中创造新优势、赢得新空间的唯一选择。习近平总书记多次强调推进媒体融合发展，强调创新为要，指出读者在哪里、受众在哪里，宣传报道的触角就要伸向哪里，宣传思想工作的着力点和落脚点就要放在哪里。面对瞬息万变的互联网时代，新闻舆论工作必须顺应发展大势，勇于创新、勇于变革。如果墨守成规，“以不变应万变”，坐失发展机遇，就难以巩固主流阵地、壮大主流阵地；如果我们还是按老套路、老规矩来做新闻、搞报道，自娱自乐，自拉自唱，其结果必然是阵地萎缩、影响力消减。新闻传播从来没有像今天这样迫切需要创新，也从来没有像今天这样具有丰富多彩的创新条件。我们必须坚持把创新贯穿于一切工作中，用创新思维来推动传统媒体与新兴媒体深度融合，创新新闻传播的方法手段，改进传播的话语体系，创新工作体制机制，真正实现有效传播、有效管理，守住阵地、壮大阵地，开创新闻舆论工作的新局面。去年下半年，广东启动了媒体影响力评价指标体系建设工作，其目的就是通过建立科学合理的舆论引导评估体系，引导媒体在融合发展背景下敢于创新、勇于开拓，更好地巩固主阵地，壮大主流舆论声音。

以互联网为代表的新媒体环境正在出现一种新的舆论生态，新媒体语境也在形成中。如何树立适应时代发展的思维方式和思想观念，强化融合、用户、市场的“三种意识”，落实选题策划、打磨精品、融合传播、社会效果的“四个更注重”，是确保全方位推进新闻传播创新的核心动力。新闻传播是一门科学，必须遵循其内在规律。比如，就传播效果而言，在新媒体语境下，说什么、怎么说、何时说，都需要把握好时度效。新媒体交互、平等、开放的特点决定了我们往往不能简单地沿用过去一些传统的习惯性做法，采用“我说你听”的单向传输形式。如果原封不动地将传统媒体上的东西搬到新媒体终端上，效果肯定会大打折扣。在新媒体的语境下，新闻传播工作光有满腔热情还不够，更要把握好传播的科学性、艺术性和有效性，要理直气壮，更要润物无声；要正面出击，也要学会迂回作战。在许多场合许多议题上，居高临下的说教、刻意拔高的“完美”，在新媒体舆论场往往会激起逆反心理，甚至捅娄子、帮倒忙，放大负面影响。主流媒体的新媒体风格，应该是大气谦和、开放包容，心平气和、平等以待。

创新是动力之源、活力之源。广东全省各级各类新闻媒体要进一步增强创新的自觉性，努力在创新中赢得新优势。尤其要注重从新媒体的传播方式、话语体系等规律中汲取养分，“反哺”传统媒体并推动其改革创新，巩固和壮大主流媒体的话语权和影响力。

（原载于《南方日报》2016年9月3日，署名汉鸿）

坚持创新为要，抢占融合发展制高点

党的十八大以来，中央媒体认真学习贯彻习近平总书记系列重要讲话特别是在党的新闻舆论工作座谈会上的重要讲话精神，在中宣部领导下积极探索媒体融合发展，取得了显著的成效，为地方推动媒体融合发展树立了标杆，作出了表率。2015年以来，广东坚持创新为要，积极推动理念、内容、形式、方法、手段、业态、体制、机制等全方位创新，强化互联网思维和一体化发展理念，推动传统主流媒体进行资源优化整合，媒体融合发展取得了新的进展。

我们着力打造媒体融合发展的标杆项目。积极推动南方财经全媒体集团组建，以财经市场为突破方向，把南方报业传媒集团、广东广播电视台等媒体的核心资源进行战略重组，并将引入战略投资者，打造集媒体、数据、交易三大业务板块为一体的专业财经全媒体和综合金融信息服务平台。在中宣部的支持下，组建工作进展顺利，于2016年第三季度试运行。

我们着力培育媒体融合发展的拳头产品。经过一年多的探索实践，一个全新的融媒体矩阵已初具规模：南方报业传媒集团“南方+”、羊城晚报报业集团“羊城派”、广州日报报业集团“广州参考”、深圳报业集团“读特”等一批新媒体平台陆续建成上线。广东广播电视台与扎客（ZAKER）合作打造的“触电频道”在2016年全国两会期间正式推出，把传播范围向扎客1.7亿用户覆盖。南方报业传媒集团旗下南都“并读”客户端安装量已超过6 800万。

我们着力构筑媒体融合发展的资金保障平台。打造标杆项目和拳头产品，推进媒体融合发展，必须以强大的资金作后盾。2016年以来，我们借助政府和市场两种力量，相继成立了广东南方媒体融合发展投资基金、广东省新媒体产业基金两只融资规模分别超百亿元的投资基金。其中，广东南方媒体融合发展投资基金在省委宣传部指导下，由省直4家传媒出版企业和海通证券等金融机构共同发起，于2016年3月设立，并获得财政部专项资金支持。广东省新媒体产业基金是经省政府批准，省委宣传部、省财政厅联合发起的政府投资基金，按照“政府引导、社会参与、市场运作、服务媒体”的原则，由省财政出资10亿元引导，中信银行等社会资金共同参与，于7月设立。两只基金以面向市场、面向广东、面向新媒体为投资方向，以股权投资为主要手段，共同服务于广东媒体融合与文化产业发展这一总体目标。同时，两者又各有侧重、互为补充，广东南方媒体融合发展投资基金重在市场运作，类似于国有商业银行；广东省新媒体产业基金则侧重于发挥政策引导作用，类似于国家开发银行。

我们着力推动文化企业上市融资，创新机制。2016年2月，广东省级文化传媒企业整体上市的第一股“南方传媒”在上海证券交易所挂牌上市，发行规模为1.69亿股，募集资金10亿元。南方传媒以南方云媒体、云出版、云阅读、云教育和云终端等五大平台为载体，积极推进深度融合发展。还有一批已具备条件的公司正筹备上市，在文化与金融融合发展上，争取迈出更大的步伐。

我们正着力推动文化企业与地方合作共赢。比如推动珠江电影集团与越秀集团联合发起设立“珠影越秀影视文化产业发展投资基金”，目标总规模50亿元，首期吸纳社会资本约5亿元，以助力广东出品的电影产业。通过这一系列创新举措，我们努力推进金融杠杆和市场化运作共同发力，持续为媒体融合发展提供强大的金融和政策支持，持续释放出体制机制创新的活力。

媒体融合发展只有进行时，没有完成时。虽然广东媒体融合发展工作取得了一些进展，但与中央和省委的要求相比，与中央新闻单位和兄弟省市的成果相比，还有很大的差距。我们将继续深入贯彻中央部署要求，特别是深入贯彻落实习近平总书记在党的新闻舆论工作座谈会上的重要讲话精神，认真学习借鉴中央新闻单位和兄弟省市的经验做法，立足广东实际，坚持创新与管理并重，创新理念和思路，推动深度融合，打造一支既彰显广东特色又具有国际视野的新型媒体舰队，抢占媒体融合发展的制高点。

（原载于《新闻战线》2016年第17期）

广东媒体融合发展：探索性、创新性做法已现成效

在习近平总书记“8·19”重要讲话发表4周年之际，我们齐聚创新之都深圳举办2017媒体融合发展论坛，具有非常特殊而重要的意义。

习近平总书记强调，推动媒体融合发展关键在融为一体、合而为一，要尽快从相“加”阶段迈向相“融”阶段，从“你是你、我是我”变成“你中有我、我中有你”，进而变成“你就是我、我就是你”。近年来，广东坚持创新为要的工作理念，把推进媒体深度融合发展，作为贯彻落实习近平总书记对广东工作提出的“四个坚持、三个支撑、两个走在前列”的一项重要工作任务，以时不我待的紧迫感，抢抓时机、创新机制、汇聚资源、推动融合，一些探索性、创新性做法已开始显现成效。

借此机会，我把我们的做法向大家作一个简单汇报。

一是注重资源重构，打造融合标杆项目。我们着力优化媒体发展战略布局，全力打造媒体深度融合标杆项目。在中宣部支持下，组建国内首家全媒体集团——南方财经全媒体集团，集团以财经市场为突破方向，对省内财经媒体的核心资源进行了战略重组。集团已初步完成媒体、数据、交易三大业务布局，形成了一批财经全媒体集群，正在启动粤港澳大湾区研究院、中国自贸区信息港等重大项目，打造大数据产业新高地，努力向国内领先、国际知名，拥有强大实力和传播力、公信力、影响力的财经媒体集团与金融资讯综合服务商迈进。

二是注重双效统一，把牢正确舆论导向。我们在加快媒体融合发展的过程中，始终坚持把社会效益放在首位，着力实现社会效益和经济效益相统一。广东省主要新闻媒体已全部实现事业与企业分开、采编与经营分开，率先探索并实施以管队伍、把导向为重点的特殊管理股制度，不断健全党委领导与法人治理相结合的管理体制，推动将党的组织层层内嵌到公司治理结构，让现代企业制度更加凸显意识形态属性。在采编流程重构中，我们始终把导向管理摆在首位，着力完善媒体管理和评价考核机制，始终确保内容、流程、渠道、技术、终端等各环节安全可控。

三是在规范和安全前提下，探索资本运作，构建媒体融资平台。媒体“相融”离不开体制机制创新和管理变革。广东着眼于向体制机制要活力，立足媒体大省、金融大省的优势，创新构建媒体融资平台，推动社会优质资源和生产要素向融合发展聚集。2016年以来，在省委、省政府的大力推进下，我们发起设立了三个百亿元量级的媒体产业基金，以及一个规模50亿元的珠影越秀影视文化产业发展投资基金，成功与浦发银行签署500亿元投融资额度的“文化金融”战略合作协议。广东媒体融合和文化产业发展的金融资本日益丰厚，为省市主要媒体一批有前途有潜力的媒体融合和新媒体项目注入了新动能，实现了快速发展。

四是注重移动优先，推出融媒拳头产品。在“终端随人走、信息围人转”的信息传播新态势下，移动媒体必将进入加速发展的新阶段。广东把移动优先作为重要战略，积极推动省市各媒体把资源、技术、力量向移动端倾斜。近年来，南方报业传媒集团、羊城晚报报业集团、广东广播电视台等媒体着力打造自主可控、传播力强的新型传播平台，推出了一批有影响力的移动端拳头产品。其中，“南方”客户端实现下载量和营业收入“两个1 000万”。南方财经全媒体集团所属21财经APP下载量超过4 000万，稳居全国财经媒体客户端首位。深圳“读特”等省内一批形态多样、特色鲜明的新型媒体平台正在不断发展壮大。

媒体融合发展的根本目的是为了巩固壮大主流舆论阵地，更好地为党和人民服务。我们将进一步深入学习贯彻习近平总书记系列重要讲话特别是“7·26”重要讲话精神，以高度的政治责任感和使命感，加快媒体融合发展进程，虚心向《人民日报》等中央媒体和兄弟省份学习，主动用好媒体融合发展成果，着力讲好中国故事，传播好广东声音，积极营造健康向上、团结奋进的社会舆论氛围，以优异的成绩迎接党的十九大胜利召开。

最后，祝本次论坛取得圆满成功！

（原载于《新闻战线》2017年第17期）

八

把人民对美好生活的向往，作为文明创建的奋斗目标

新时代要有新气象，更要有新作为。2020年，我们将全面建成小康社会。全面建成小康社会，一个不能少；共同富裕路上，一个不能掉队。精神文明全面发展是全面小康社会必不可少的重要组成部分。我们必须以强烈的进取意识和一流的工作标准，以永不懈怠的精神和一往无前的姿态，重整行装、脚踏实地，在新的起点上谋篇布局，永不满足、永不懈怠、永不停歇，不断推动广东省精神文明建设实现新发展。

深化社会主义核心价值观建设，建设共有精神家园

党的十八大以来，广东全省上下深入学习贯彻习近平总书记系列重要讲话精神，省委把社会主义核心价值观建设摆上重要位置，专门出台实施意见，着力深化核心价值观建设。

任何一种主流价值理念在全社会的确立都需要一个长期的过程。广东地处改革开放和对敌斗争“两个前沿”，各种价值观念和社会思潮在这里碰撞交锋，社会主义核心价值观建设的责任更加重大，任务更加艰巨，更需要着力建设共有精神家园，在全社会推动形成奋发向上、崇德向善的强大力量。

一要抓好铸魂强基工程，精心组织开展重大主题宣传教育活动。推进核心价值观建设，根本在筑牢理想信念。要深入开展以习近平同志为核心的党中央治国理政新理念新思想新战略重大主题宣传。要做好《习近平总书记系列重要讲话读本（2016年版）》学习

宣传使用，用党的理论创新成果武装全党、教育人民，引导人们更好地坚定信念、推动工作。要抓好媒体专题报道和理论研究阐释，紧密结合广东省实施创新驱动发展战略、率先全面建成小康社会进程，推出一批有理论高度、有实践说服力的深度报道和理论研究成果。精心组织纪念中国共产党成立95周年和红军长征胜利80周年主题宣传教育活动。要按照中央和省委的部署，策划开展一系列有特色、有影响的群众性主题教育活动，创作推出一批在全国叫得响的献礼文艺精品。要充分挖掘利用1934年中央红军长征过境粤北地区，成功突破国民党军第二、第三道封锁线这段光辉历史，深化爱国主义教育，深入挖掘宣传红军过境粤北的人、史、地，策划开展“重走长征路”等群众性宣传教育活动，加强对南雄、仁化、乐昌、连州等地长征遗迹遗址和纪念设施的修缮维护，让人们在薪火相传的红色革命文化中感悟认同核心价值观。

二要抓好环境育人工程，营造核心价值观宣传浓厚社会氛围。要使核心价值观的影响像空气一样无所不在、无时不有，必须注重营造向上向善的社会环境。要抓好社会公益广告宣传。认真贯彻执行国家《公益广告促进和管理暂行办法》，制定广东省具体实施办法，建立健全户外公益广告发布长效机制，落实好党委政府部门和社会力量共同做好户外公益广告发布维护的责任义务。要提升宣传部门在户外公益广告发布工作中的话语权、主导权，积极在高速公路口、机场、高铁站、闹市区等设置中国梦、核心价值观等公益广告。要合理控制户外商业广告和公益广告的占比，依法依规进行规划和治理，对涉违法违规和有不良价值导向的户外广告要及时进行整治清理，对破旧的公益广告要及时更新维护。要加强城乡主题景观建设。出台进一步加强社会主义核心价值观主题公园建设的实施意见，进一步推动各地紧密结合本地历史人文特点和群众需求，抓好规划建设，突出特色主题，广泛运用雕塑、木刻、绿化造型、民间工艺等艺术手段，着力建设一批有文化味、有艺术美、有道德教化意义的核心价值观主题公园、广场、校园、厂区和社区花园。

三要抓好文化滋养工程，注重用广东特色文化活化核心价值观建设。牢固的核心价值观，都有其固有的根本。核心价值观建设要立足中华优秀传统文化，更好地发挥固本培元、成风化人的作用。要在大力弘扬中华优秀传统文化的基础上，更加重视传承弘扬好岭南本土文化，着力加强对广东文物古迹、非物质文化遗产等重要历史文化资源的保护利用，加强对向善向上民系文化的挖掘运用，抓好创造性转化、创新性发展，梳理赋予其新的价值内涵，创作推出一批符合青少年审美口味的网络文化精品、优秀广播电视节目和普及读本，建设共有精神家园。要注重用好家训文化。广东各地保留了不少优秀家训，家训承载着人们的道德追求，饱含着优秀的精神传承。要进一步挖掘整理优秀家风家训、家书族谱、乡贤名言、民间谚语、童谣歌谣等，使它们成为推动核心价值观导入基层群众的有效载体。要注重用好地名文化。地名承载着丰富的历史文化，不少还寄托着当地百姓对传承传统美德、创造美好生活的向往。要对地名内涵进行挖掘阐释，切实把地名故事讲新、讲好。各地新建的街道、小区、公园、广场等的命名也要注意体现好历史传承和价值导向，防止出现“洋”“怪”地名。要注重用好民俗文化。岭南民俗丰富多彩、各具特色，要更好地策划开展“我们的节日”主题活动，组织引导基层群众开展健康向上、符合时代精神的民俗文化活动。要注意有扬弃地传承传统民俗，对一些不合时宜的活动要坚决抵制、予以摒弃。

四要抓好典型示范工程，不断扩大核心价值观建设的影响力感召力。核心价值观建设要面向全社会抓落实，要发挥好人和“点”的示范作用，推动全方位覆盖。要深入挖掘选树先进典型人物，充分发挥示范引领作用。进一步选树宣传好南粤楷模、道德模范、南粤工匠、广东好人、最美人物等先进典型，深入开展“楷模代言核心价值观”学习宣传活动，加大对典型的关爱帮扶力度，形成学习先进典型、践行核心价值观的浓厚氛围。注重发挥好党员干部的模范带头作用，结合“两学一做”学习教育，挖掘宣传一批对党忠诚、信念坚定、爱岗敬业、廉正为民的优秀党员干部。要进一步抓好各类示范点建设，不断增量扩面。

坚持分类指导、重点推进，着力加强对企业、社区、农村、学校、医院、机关等各领域示范点的培育建设，推动核心价值观落实到基层。企业要突出“爱岗敬业、诚信守法”，社区要突出“睦邻和谐”，农村要突出“敦风化俗”，学校要突出“立德树人”，医院要突出“和谐医患”，机关要突出“为民务实清廉”，通过以点带面，推动核心价值观融入社会各领域各行业，在基层落地生根、开花结果。

五要抓好道德实践工程，使核心价值观融入人们日常生活。核心价值观的生命力在于践行，要面向群众、走进生活，扎实推动实践养成。要持续开展道德实践活动。紧紧围绕“弘扬传统美德践行当代价值”主题，不断深化“德行南粤”“日行一善”、全民修身、节俭养德等行之有效的群众性道德实践活动，增强人们的价值判断力和道德责任感。要持续开展学雷锋志愿服务活动。充分发挥学雷锋活动示范点和岗位学雷锋标兵的示范作用，加强社区、行业志愿服务标准化建设，打造志愿服务活动品牌，着力推动学雷锋活动常态化全民化。要持续开展群众性精神文明创建活动。坚持“文明从生活开始”的理念，从小处着手推动文明创建向基层、向镇街覆盖。重点抓好文明交通、文明旅游、文明餐桌、文明网络等四大文明引导行动，在高速公路服务区、机场、车站、旅游景区等窗口单位建设一批文明创建示范点。要持续开展道德领域突出问题专项整治。对老百姓深恶痛绝的虚假医疗、食药安全、黄赌毒等问题，要充分运用舆论、经济、法律等手段予以遏制、加强惩戒。大力推进诚信制度化建设，建立完善“红黑榜”发布制度，不断曝光失信败德典型案例，宣传以信取胜的“老字号”“新品牌”，营造诚信守法的良好社会氛围。要制定完善日常行为规范。积极组织引导各地各行业制定完善市民公约、邻里公约、乡规民约、学生守则、行业规章、团体章程等社会规范、行为准则，确保为人们日常工作生活提供正确的行为导向。

（根据2016年5月27日在广东省深化社会主义核心价值观建设推进会上的谈话整理，南方网登载）

创建为民，让人民群众有更多获得感

“民之所好好之，民之所恶恶之。”随着全面小康建设的推进，人民群众物质生活水平持续提高，仓廪实、衣食足之后，知礼节、明荣辱同样成为民生大事，人们越来越期盼生活得更有信仰、更有道德、更有文化、更有品位，对公共治理、社会风尚、环境卫生、交通秩序、文明旅游、网络空间等等的关切与日俱增。

“人民对美好生活的向往就是我们的奋斗目标”，实现好、维护好、发展好最广大人民的根本利益，必须让文明创建活动深入到人民群众心坎里。中央领导同志主持中央精神文明建设指导委员会第四次全体会议并讲话时强调，精神文明建设的出发点和落脚点是为了人民群众，要坚持创建为民，把精神文明创建工作同落实各类民生项目结合起来，同打赢脱贫攻坚战结合起来，注重做好困难群体帮扶工作，让人民群众有更多获得感。

习近平总书记指出：“检验我们一切工作的成效，最终都要看人民是否真正得到了实惠，人民生活是否真正得到了改善，这是坚持立党为公、执政为民的本质要求，是党和人民事业不断发展的重要保证。”精神文明创建，作为“权重”不断加大的民生和幸福工程，必须实实在在地惠及广大人民群众，让人民群众在文明创建活动中有更多获得感。这样的创建活动必然受到人民群众的拥护，必然会有持久的动力和活力，也有利于我们党赢得人心、民心。中央领导同志强调的创建为民，正是精神文明创建工作的本质所在。

文明是一种自觉，其动力源于对美好生活的共同愿景。文明创建最显著的特征和最大的优势，就是群众性、普惠性、公益性。创建为民，必须坚持群众参与，充分尊重和发挥人民群众在精神文明建设中的主体地位和首创精神，建立经得起人民群众检验的评价标准，使蕴藏于群众中的创造活力充分迸发。当前，要把创新、协调、绿色、开放、共享的新发展理念和社会主义核心价值观融入各项精神文明创建活动之中，推动文明创建向农村、向基层、向社区第一线延伸，提高文明创建的覆盖面，更好地服务中心工作。具体要在“五个深化”上下功夫：

深化文明城市创建。要结合推进以人为核心的新型城镇化建设，加快文明城市创建步伐，办好民生实事，注重做好困难群体帮扶工作，着力补齐城市发展短板。特别要突出城市软环境建设，培育和提高市民素质，倡导良好社会风尚，加强城市文化建设，打造体现社会主义核心价值观的城市精神；提高城市精细化管理，完善城市公共服务，不断提升城市居民的幸福指数。

深化文明村镇创建。各地要把美丽乡村建设纳入经济社会发展大局，坚持以城带乡，突出城乡协调发展，同步规划，同步推进。有条件的地方要深入开展农村文明示范片建设，促进农村乡风民风更好，人居环境、文化生活更美。要有意识地组织和引导文明单位结对帮扶贫困乡村，精准扶贫，为打赢脱贫攻坚战作出贡献。

深化文明单位创建。窗口服务行业是一个地方文明程度的“晴雨表”。要坚持以窗口服务行业为重点，加强职业道德建设，规范行业服务，提升服务水平；以社会主义核心价值观为魂，加强企业文化、团队文化、单位文化建设；宣传先进典型，打造一批文明单位、文明行业标兵。

深化文明家庭创建。“家和万事兴”，家庭是社会的细胞。要从体制机制、内容载体、目标任务等方面对文明家庭创建工作进行完善，提高文明家庭建设工作水平，广泛开展寻找“最美家庭”、创建星级文明户等活动，推动创建文明家庭示范点，引导人们修德律己、积德行善，让人心更暖、正德成风。

深化文明校园创建。“十年树木，百年树人。”校园是学生成长的重要场所。要推动形成文明办统筹协调、教育部门主抓落实、各部门密切配合的文明校园创建格局，加大文明校园在各地文明单位评比中的比例，建设好向善向上的校园文化，形成良好育人氛围。

此外，还要继续深化文化惠民活动，积极开展面向基层群众的“心连心”“文化进万家”“送欢乐下基层”、文艺志愿服务、农村电影放映、全民阅读等公益性文化活动，推动引导文化资源重心下移，“送文化”“种文化”，建成覆盖城乡、保基本、促公平的现代公共文化服务体系，努力实现“文化小康”。

问题是时代的声音，也是我们工作的出发点。要把群众普遍关心的热点、难点问题，作为创建工作的重点，协调动员各方面力量，通过抓重点带一般、抓关键促全面，努力加以破解，让人民群众对创建成果看得见、摸得着。

（原载于《新华每日电讯》2016年2月4日，署名乐水）

携手共建美丽乡村

党的十八大以来，习近平总书记对建设美丽乡村、加强农村精神文明建设作出了系列重要论述，强调中国要美，农村必须美，美丽中国要靠美丽乡村打基础，要继续推进社会主义新农村建设，为农民建设幸福家园。

以美丽乡村建设为主题，深化广东农村精神文明建设，对于顺应农民期盼、满足农民日益增长的物质文化需求，对于建设美丽广东率先实现全面建成小康社会的目标，具有十分重要的意义。

一、塑造农村风尚之美

一是坚持教育为先，培育新型农民。广泛开展宣传教育活动，采用公益广告、文化活动、墙绘等载体，以生动的形式、通俗易懂的语言，深入浅出地宣传中国特色社会主义理论体系和中国梦的深刻内涵，使之进村入户、家喻户晓。组织好农村党员干部集中学习、轮训培训，开展形势政策教育活动，讲清党和国家的大政方针，讲清党和政府强农惠农富农的政策，把关系到农民群众切身利益的问题讲明白、说清楚。加强科学知识教育，做好职业技能培训，引导农民群众树立现代市场经济观念，提高创业本领和致富能力。

二是注重家庭建设，培育优良家风。大力弘扬传统家庭美德，广泛开展孝老爱亲、勤劳节俭、诚实守信、遵纪守法、“日行一善”教育，促进家庭和睦，带动社会和谐。要广泛开展“好家风好家训”活动，推动优秀家训进家庭、进祠堂，以好家风带动乡风民风。要推动孝老爱亲成为风尚，加强文明家庭建设，围绕勤劳节俭、崇德向善、诚实守信、遵纪守法等内容，深入开展“星级文明户”“五好文明家庭”创建活动，以家庭文明筑牢农村文明的基础。

三是倡导文明行为，培育文明乡风。深入推进县级文明城市、文明村镇建设，从点、片延伸到线、面，扩大创建覆盖面。加强中华传统美德教育，弘扬真善美，传播正能量。开展一村一品主题创建活动，以培育和践行社会主义核心价值观为内容，建设一批诚信村、守法村、孝德村、书香村等。要树立和宣传一批道德模范和身边好人，建立善行义举榜，激发每个人内心深处向善向上的道德意愿。要推动乡规民约落实到日常生活中，使农民群众内心有尺度、行为有准则。要积极倡导勤俭节约、文明消费的生活风尚，改造和充实传统乡村礼俗，引导农民自我约束、自我管理、自我提高。要加快农村志愿服务建设，亲帮亲、邻帮邻，互帮互爱、守望相助。要大力整治农村黄赌毒、封建迷信、非法宗教等突出问题，重拳打击农村黑恶势力和涉农犯罪，激浊扬清，惩恶扬善。

四是凝聚乡情乡意，培育新乡贤文化。培育与社会主义核心价值观相契合、与美丽乡村建设相适应的新乡贤文化，用丰富的道德资源和人文价值涵育崇文重教、仰善敬礼的文明乡风。充分发挥“新乡贤”的作用，以他们的威望和影响力教化人心，用他们的嘉德懿行垂范乡里。要团结争取外出乡亲，以乡情乡意为纽带，吸引和凝聚各界成功人士回乡支持农村建设，用他们的学识专长、创业经验反哺桑梓，支持家乡发展。广东侨乡遍布、侨胞众多，要利用好这一独特优势，鼓励引导侨胞投身家乡建设，携手共同建设美丽乡村。

二、塑造农村人文之美

一是加快完善农村公共文化服务体系建设。坚持需求导向，优先安排与群众切身利益相关的文化设施建设；坚持因地制宜，结合当地文化特色、消费习惯和接受心理进行建设；坚持科学统筹，整合农村的文化设施，做到综合利用、共建共享；坚持有效衔接，把农村公共文化设施融入城乡建设总体规划，统筹规划、配套建设。要综合利用农村文化资源，大力推进农村文化广场、文化公园、文体场馆建设，为农村群众开展文化活动提供良好条件。珠三角地区和其他有条件的地方，要高标准规划、高起点建好文化中心，为农村群众提供高质量、高品位的活动场所和文化享受。要结合农村文明校园创建，继续推进乡村学校少年宫建设，持续为农村孩子搭建快乐学习、健康成长的平台。

二是加大文化产品和服务供给力度，丰富农民群众的文化生活。要坚持以人民为中心，把群众对文化产品服务的需求与文化惠民的政策措施匹配起来，创作更多反映群众生活、贴近农村实际的文艺作品，开展更多群众乐于参与、便于参与的文化活动，把更多优秀的电影、戏曲、图书、文艺演出、书画工艺活动送到农民群众中去。要加强农村文化队伍建设，着力培养一批农村文化活动骨干、民间文化“达人”，发挥好村级文化协管员的作用，广泛开展群众文化体育活动，让群众跳起来、唱起来、乐起来。

三是要保护传承岭南文化，留住乡韵、记住乡愁。建设美丽乡村，要留得住乡韵、记得住乡愁。要加强对历史人文资源的挖掘、整理和保护。切实保护乡土文化的物质载体，做好传统村落民居和历史文化名村名镇的保护性开发，把美丽乡村建成有历史记忆、地域特色、民族特点的文化之乡。要发展农村文化产业和旅游产业，用体制机制创新让乡村美起来、活起来。要大力开展“我们的节日”活动，让节日更富人文情怀，让农村更具情感寄托。要开展文化祠堂建设，打造一批集学教型、礼仪型、活动型于一体的文化祠堂。

三、塑造农村环境之美

一是坚持规划先行，建设人与自然相融合的美丽家园。好的村庄规划，是凝固的艺术、历史的画卷。要制定科学的乡村建设规划，提高村庄布局水平，依山就势、傍河就景、错落有致，与当地自然山水融为一体。要抓好农村民居设计，指导和帮助农民群众建设既体现岭南乡村特色又现代实用的民居住宅。要注重“产村融合”，推动农村规划建设与产业发展相配套，提高农村的承载能力、服务能力和发展能力。要加快农村基础设施建设，大力发展科技教育、文化体育、医疗卫生等社会事业，为农民群众创造宜居宜业的生产生活条件。

二是整治脏乱差，建设整洁宜居的美好家园。大力开展乡村清洁工程，整治脏乱差、建设洁齐美，推广农村垃圾“户分类、村收集、乡（镇）运输、县处理”的模式。要大力开展污水处理，推动农村改厕、改圈工作。要开展道路环境整治，做到无缝对接，覆盖盲区死角，努力打造村点出彩、沿线美丽、面上洁净的良好环境。

三是保护生态环境，建设绿水青山、蓝天白云生态的绿色乡村。生态环境的好坏，关乎群众的福祉，关乎农村的未来。要大力开展生态文明宣传教育，增强群众的节约意识、环保意识、生态意识。大力开展农村环境保护活动，使村庄园林化、道路林荫化、农田林网化、庭院花园化，建设绿色乡村、森林乡村。要从源头上防治污染和保护生态，使青山常在、绿水常流、空气常新。要统筹农村工业产业发展建设，实现资源集约利用，把过大的资源开发强度、过量使用的投入品、过多的污染物减下来。要大力推动乡村能源革命，使美丽乡村成为名副其实的生态环保乡村。

（根据2015年11月17日在广东省农村精神文明建设工作经验交流会上的谈话整理，南方网登载）

夯实精神文明建设的基层基础

开展文明镇街创建是推动精神文明建设落实到基层的基础工程和实现人民群众美好愿望的民心工程。镇街上接城市、下连乡村，是基层基础工作的重心。基础不牢，地动山摇。镇街工作不扎实，整体工作就使不上劲、发不出力。广东共有镇、街、乡1 584个，有近一半人口居住在镇村。我们必须着力改变镇街粗放发展、粗放管理的形象，提高镇街群众文明素质，提升全省城乡文明程度，提升群众对构建和谐社会和美丽家园的满意度，建设一批产业特色鲜明、人文气息浓厚、生态环境优美的宜业宜居城镇。

要以培育和践行社会主义核心价值观为根本任务，以人文美、风尚美、环境美、文化美为目标，推动全省镇街文明水平有一个大提升，形成城市、镇街、乡村文明创建的全覆盖。

一、坚持价值导向，大力培育和践行社会主义核心价值观

把培育和践行社会主义核心价值观作为一条红线，贯穿于镇街文明创建全过程，在教育实践、融入转化上下功夫，在落细落小落实上下功夫。做好核心价值观公益广告的张贴、刊播，按照公益广告占发布广告比例不低于30%的要求，迅速补足镇街中心区及其主干道公益广告发布数量，增加城乡社区公益广告的覆盖。精心规划建设一批体现核心价值观内涵、主题突出、特色鲜明、艺术美观的主题公园、广场；建设一批分布于不同行业、各具特色的基层示范点，并由点及面，逐步延伸。突出典型示范，培育公序良德。抓好道德典型挖掘选树，广泛开展“身边好人”和“最美人物”的推荐评议活动，深入开展道德典型宣传，发挥典型人物事迹的强大感召力。广泛建立善行义举榜，倡导形成人人做好事、处处有善行的良好道德风尚。深化家风家教建设，开展“优秀家训进家庭”活动，办好家长学校，广泛弘扬孝老爱亲、重教知礼、勤劳节俭、诚实守信等传统家庭美德。着力提升基层群众的文明素质，注重文明行为的培育养成。加大行为规范建设力度，按照核心价值观要求，制定完善公共文明行为规范和社区公约、乡规民约、员工守则，使广大群众内心有尺度、行为有准则。大力开展礼仪教育和文明引导，把文明落实到人们的日常生活中。

二、坚持问题导向，全力抓好环境治理整治

以提高居民生活质量为目标，把文明镇街创建纳入文明城市创建的范畴，着力解决建设规划滞后、环境脏乱差等突出问题，为广大群众营造舒适文明的工作生活环境。加强镇街建设规划，坚持规划引领，高标准、高起点规划塑造结构合理、风格协调的镇街风貌，合理规划产业、生活、生态空间布局。依托本地的自然、人文优势，规划特色城镇，不求“高大全”，力求“精巧美”。加强镇街环境整治，坚持“严”字当头，注重管理精细化、科学化，以环境治理建设干净卫生、舒适宜居的镇街环境。推行网格化管理，充分运用“互联网+”，推进智慧城管，提高管理效能和管理水平。全面整治镇街户外广告，拆除违法广告、整改违规广告。全面治理环境卫生，全面清理镇街卫生死角。严厉治理“牛皮癣”顽疾，形

成“治癖”高压态势。全面推进城乡环卫工作一体化，推进镇街生活垃圾分类处理，在社区倡导“垃圾减量分类”，在农村推广垃圾“户分类、村收集、乡（镇）运输、县处理”的模式。全面推进镇街污水治理，强化污水截留和收集，因地制宜推广污水处理模式和技术。全面治理黄赌毒，彻底铲除黄赌毒土壤。全面开展文明公厕创建，整治商业街区、旅游景区、交通枢纽以及窗口单位公厕，引导镇街居民养成文明健康生活方式。大力开展生态文明宣传教育，增强群众的节约意识、环保意识、生态意识。加强镇街绿化美化，推行沿景观河流、街巷、道路沿线等线性空间见缝插绿，提升镇街绿视率。把生态保护和民生改善、文化传承、产业发展有机结合，创建宜居、宜业、宜游的“美丽小镇”。

三、坚持氛围营造，着力丰富群众精神文化生活

大力推进镇街基层公共文化服务标准化、均等化发展，着力打造特色文化镇街。加快公共文化服务设施建设步伐。大力推进镇街综合性公共文化服务中心建设，结合镇街绿道建设和镇容改造，增加艺术雕塑、文化驿站和文化景观。推动文化资源向镇街倾斜。坚持重心下移，以群众需求为导向，整合分布在不同部门的基层公共文化资源，实现人、财、物统筹使用。为老年人、未成年人、残疾人、异地务工人员和农村留守妇女儿童等群体提供有针对性的文化服务，打造一批特色服务项目。广泛开展流动文化服务，开展文化进社区、进农村活动。推广文化体育志愿服务，组织各级文艺骨干团队与基层文化中心、文艺队伍“结对子”，把文化和欢乐送到城乡群众中去。传承弘扬优秀传统文化，振兴发展民间文化。做好历史文化名镇名村的保护利用，开展非物质文化遗产展示、地方戏曲、民族歌舞、传统体育比赛等民族民俗活动，培育地方特色文化。扶持基层民间艺术院团发展，鼓励和扶持各类群众性文艺团体，支持民间文艺团队开展经营性文化活动。利用传统节日和重要节庆，开展传统文化、民俗文化活动，让节庆更富人文情怀和文化内涵。

四、坚持以人为本，切实提高群众幸福感满意度

坚持创建为民、创建惠民，让群众在文明创建过程中获得更多的幸福感和舒适感。切实提升服务水平，以镇街社区综合服务中心为重点，加快构建“网格化管理、信息化支撑、精细化服务、法治化保障”的社会治理新模式。大力加强基层窗口服务规范化建设，建设“五优”（优雅形象、优美环境、优良秩序、优质服务、优化管理）窗口，弘扬行业新风尚。大力推进镇街志愿服务制度化建设，做到“四个有”：有队伍，镇街至少要有一支志愿服务队，社区要普遍建立志愿服务站，推广“社工+义工”的社区志愿服务模式；有项目，以基层群众真实需求为导向设计志愿服务项目，把活动效果好的服务项目固化下来；有规范，将志愿服务组织纳入依法管理范畴，建立健全政府购买服务机制、组织孵化机制、人才培养机制；有专业支撑，培育和发展一批行业志愿服务骨干队伍，进入社区开展扶弱助残、社区矫正、医疗卫生、法律服务、文化艺术等志愿服务。

（根据2016年5月31日在广东省创建文明镇街工作电视电话会议上的谈话整理，南方网登载）

文明创建，要打通“最后一公里”

随着文明创建工作向基层延伸推进，工作难度越来越大，特别是城乡环境综合整治工作，牵涉广、难度大、易反复。要打通基层文明创建的“最后一公里”，必须坚持突出重点、着眼基层、重心下移、教养并重，抓整治、抓巩固、促提升、促延伸。

一、到边到底，加快推进各项整治提升工作

要坚持横到边、纵到底，瞄准问题、精准整治，治根管远、长效推进，把影响城乡文明形象的固症顽疾治理好。要坚持问题导向，从群众关心关切的问题入手，解决好城乡环境脏、乱、违等问题。大力推动不同层级、部门负责的环卫工作有效衔接，延长时间、提高频次、扩大覆盖面。推行“河长制”等有效做法，全面整治城市黑臭水体，做好村庄生活污水、禽畜养殖污染等重点问题治理，严厉打击违法排污行为。大力整治车辆乱停乱放、行人乱行乱闯和商户乱摆乱卖、占路为市的现象，整体推进农贸市场和周边环境整治，为流动摊贩特别是生活困难群体依法依规经营创造条件。全面整治违章搭建，拆违复绿、拆旧复绿，美化沿街建筑立面。深入治理“牛皮癣”小广告问题，建立健全跨部门、跨地区的联合治理机制。保持对电信诈骗、黄赌毒等违法犯罪问题的高压打击态势，营造平安有序的城乡环境。要加大投入，完善基础设施建设，提升群众生活舒适度满意度。全面推进城乡道路硬化、净化、绿化、美化、亮化，推动公共服务设施建设向村居延伸覆盖。大力推进基层综合性文化服务中心建设，落实建设标准，丰富服务内容。科学规划和统筹建设社区小公园、小广场，为群众提供更多公共生活空间。重视电力线、电信线、电视线“三线”杂乱问题治理，积极推进城市地下综合管廊建设，对既有线网有计划、分阶段地进行规整。加强城市治理制度规范建设，提升基层干部队伍的业务素质，增强他们学法用法的能力，实现有效治理和依法治理相结合。推动建立城市综合治理云平台，打破部门间的信息壁垒，及时发现、快速响应、共同解决好基层治理工作难题。在基层服务窗口广泛开展“优雅形象、优美环境、优良秩序、优质服务、优化管理”五优窗口创建，推动“一门式”“一网式”政务服务下沉到村居基层，让群众少跑腿、好办事、不闹心。推行公共文化“菜单式”服务，持续开展面向基层、针对性强的文化服务和活动，促进“送文化”与群众需求有效对接。

二、强基固本，彰显文明创建的价值引领

把深化社会主义核心价值体系建设作为文明创建的根本任务抓好抓实，使文明创建真正成为培育社会共识、凝聚发展合力的过程。要突出主题内容。深入挖掘“三个倡导”24字的深厚内涵，提炼出与地方经济社会文化特质相契合、与核心价值观要求相一致的创建主题，打造“一城市一品牌”，做到有主题、有内容、有标准、有载体、有项目，用核心价值观为文明创建提供强大的精神动力和方向指引。要强化分类指导。按照“一行业一主题一重点”的思路，对企业、社区、乡村、机关、医院、学校里的价值观建设进行具体部署。根据各类基层单位实际，有针对性地细化重点教育内容，创新开展丰富多样的主题实践活动。坚持分期分级分类推进核心价值观基层示范点建设，做到成熟一批、命名一批、推广一批，推动核心价值观建设增量扩面、深入基层。要打造文化景观。坚持“以景铸魂”，运用汉字、诗词、楹联、典故、家训等文化内容和雕塑、墙绘、石刻、书法、剪纸等技艺，将地方民系文化、地名物产文化和新时期广东人精神艺术性融入核心价值观主题公园等景观建设之中，让人们在休闲娱乐中潜移默化受到熏陶教育。要营造浓厚氛围。以公益广告宣传为载体，运用好广播电视、报纸杂志、网络媒体及村居宣传栏等各类阵地平台，大力开展核心价值观宣传弘扬，营造无处不在、无时不有、无人不知的浓厚宣传氛围。同步推进户外公益广告宣传与商业广告治理，及时清除各类违法违规广告，注重城乡主干道和重要公共场所的核心价值观公益广告宣传，持续唱响主旋律。积极运用新媒体，提升宣传创意，丰富表达形式，使公益广告能在互联网中叫得响、传得开。要注重典型引领。坚持先进性与广泛性相统一，突出宣传社会贡献大、群众评价高、示范作用强的重大典型，广泛开展道德模范、南粤楷模、身边好人、最美人物等先进典型的挖掘选树和学习宣传活动，推动形成群星灿烂与七星共明的先进群体格局。改进学习宣传方式，做到全媒宣传、重点展示、常态传播、互动学习。加强先进典型关爱礼敬工作，形成德者有得、好人好报的浓厚氛围。

三、教养并重，着力提高群众的文明素质

持久深入地开展宣传教育，潜移默化地引导群众养成文明习惯，使文明新风尚在广大城乡基层蔚然倡树。要培育求知好学之风。深入开展全民阅读活动，推进《广东省全民阅读促进条例》的立法工作，推动“南国书香节”提质升级。全面开展书香校园、书香家庭、书香企业创建活动，建好用好村居、企业、学校书屋，加大阅读平台建设，实施分众分级阅读，深入开展优秀读物推荐分享活动，为人们常读书、读好书创造良好条件。要培育遵德守礼之风。弘扬讲“礼”重“仪”的优秀传统文化，深入校园、机关、企业、窗口、社区、乡村开展礼仪宣传教育和实践养成，广泛开展文明交通、文明餐桌、文明旅游等文明引导行动，营造友善礼让、文明有序的公共生活氛围。要培育勤劳节俭之风。广泛开展“移风易俗，告别陋习，树立新风”主题教育，全面遏制大操大办、封建迷信、攀比浪费等不良风气，倡导绿色生活、绿色办公、绿色消费，引导群众养成健康文明的生活方式、交往方式和科学理性的消费观念。要培育孝悌和睦之风。传承“家和万事兴、忠厚传家久、百善孝为先”等传统治家理念，融入当代价值、丰富时代内涵，使优秀传统家文化活起来、传下去。发动群众推选好公婆、好媳妇、好丈夫、孝心子女等家庭角色典型，依法惩治并发动社会舆论谴责不履行抚养、监护、赡养等家庭责任义务的行为。广泛开展“传家训、立家规、扬家风”活动，引导人们撰写、悬挂、诵读和推广优秀家训，整理编写体现中华美德、符合生活实际的新时代家规，组织开展写家史、谈家教、倡家健、秀家宝等家风文化活动，传播好家训、好家规、好家风。要培育互助友善之风。依托村居服务平台开展志愿服务组织孵化，降低志愿服务组织准入门槛，鼓励有条件的志愿服务组织依法登记、接受管理。通过政策支持、专项资助、政府购买、公益创投等方式，引导志愿服务组织积极对接公共服务项目，有效参与到社会治理的全过程。

四、齐步共进，开展市、县、镇街、村居四级文明联创

要发挥地级城市的辐射带动作用。加大对基层创建工作的政策、资金支持力度，抓好顶层设计和督促指导，帮助县乡基层提高文明创建水平。要全面加强县级文明城市创建。根据县级城市体量小、流动人口少的特点，对照全国和省县级文明城市的创建标准，加快补齐创建短板。要深入推进镇街、村居文明创建工作。以美丽小镇、美丽乡村为主题，丰富创建内涵，打造特色品牌。突出“精而美”，高起点、高标准、高质量抓好镇街、村居规划建设，推动产业、文化、旅游、生活等功能有机融合，实现“一镇街一风貌”

“一村居一景观”。突出“特而强”，根据自身区位优势、人文底蕴和自然禀赋，因地制宜发展装备制造、电子商务、信息技术、文化创意、休闲旅游等特色产业，激活镇街、村居文明创建的内在动力。

（根据2016年10月18日在广东省基层文明创建工作座谈会上的谈话整理，南方网登载）

以核心价值观为引领树立文明乡风

2016年11月28日，中宣部、中央文明办召开推动移风易俗树立文明乡风电视电话会议。中央领导同志出席会议并讲话，强调要深入学习领会习近平总书记重要指示精神，坚持以社会主义核心价值观为引领，把反对铺张浪费、反对婚丧大操大办作为农村精神文明建设的重要内容，推动移风易俗，树立文明乡风。

人民有信仰，民族有希望，国家有力量。我们党历来高度重视精神文明建设，改革开放之初就创造性地提出了建设社会主义精神文明的战略任务，确立了“两手抓、两手都要硬”的战略方针。党的十八大以来，以习近平同志为核心的党中央围绕深化精神文明建设又作出了一系列重要部署。“要继续锲而不舍、一以贯之抓好社会主义精神文明建设”“以辩证的、全面的、平衡的观点正确处理物质文明和精神文明的关系，把精神文明建设贯穿改革开放和现代化全过程、渗透社会生活各方面，紧密结合培育和践行社会主义核心价值观”“抓精神文明建设要办实事、讲实效，紧紧围绕促进人民福祉来进行，坚决反对形式主义、官僚主义，努力满足人民群众不断增长的精神文化需求”……习总书记的一系列重要论述，阐明了精神文明建设的总体要求和方法论，是我们做好新时期精神文明工作的基本遵循。

推动农村精神文明建设，树立良好社会风气，既是推动社会主义核心价值观在农村落地生根的必然要求，也是深化美丽乡村建设的有效途径、完成脱贫攻坚任务的重要抓手。中国要美，农村必须美，以美丽乡村建设为主题深化农村精神文明建设，对提高农民文明素质和农村社会文明程度具有重要意义。近年来，各地按照中央决策部署，大力加强农村精神文明建设，广泛开展社会主义核心价值观教育实践，农民精神文化生活得到了有效改善，农民文明素质和农村文明程度明显提升。同时也要看到，对照建设美丽乡村的要求，一些地方诚信缺失、薄养厚葬、铺张攀比等现象突出，一些农村文化建设还相对滞后，必须进一步加强农村精神文明建设，推动移风易俗，培养新型农民，树立文明乡风。

核心价值观是最持久最深沉的力量。推动农村精神文明建设，关键是坚持以社会主义核心价值观为引领，统筹推进农村的各项文化工作。一方面，要密切联系农村生产生活实际和农民群众思想实际，找准工作载体抓手，深化文明素质教育，加强移风易俗宣传和舆论监督，发挥文艺作品敦风化俗的作用，培育新型农民、优良家风、文明乡风和新乡贤文化，推动乡风民风美起来；另一方面，要充分发挥群众性精神文明创建活动移风易俗、改造社会的重要作用，依托文明村镇创建形成鲜明导向，依托传统节日弘扬文明风尚，依托重点人群抓好示范带动，让文明新风融入农村生产生活的各个方面。此外，还要大力推动农村文化繁荣发展，加快构建农村公共文化服务体系，落实农村文化惠民工程，把农民群众的基本文化权益实现好维护好发展好。

推动农村精神文明建设，还要强化制度约束，让文明乡风传承致远。习近平总书记关于“抓好社会主义精神文明建设”的“两点要求”表明，精神文明建设是一项需要常抓不懈的基础性工作，必须在健全制度、完善机制上下功夫。在时代发展和社会转型的大背景下，农民群众对精神文化需求日益多元化，不良社会风气的形式也多样化。要确保移风易俗形成长效机制，必须充分发挥党章党规、法律法规的刚性约束功能，激浊扬清、抑恶扬善，依法依规治理，把不良风气压下去，把新风正气树起来；必须广泛发动村民，按照核心价值观要求，制定完善乡规民约，确立鲜明正确价值导向，使农民群众内心有尺度、行为有准则；必须充分发挥村民议事会、道德评议会等群众组织的作用，促进移风易俗，用民间舆论的力量引导农民自我约束、自我管理、自我提高。就广东而言，要针对一些地方出现的赌、毒、大操大办等问题，对症下药，一抓到底。

“乐民之乐者，民亦乐其乐；忧民之忧者，民亦忧其忧。”在党的十八届三中全会勾画的建设美丽中国宏伟蓝图中，美丽乡村建设是其中重要一环，农村精神文明建设是重中之重。全省上下要深入学习领会习近平总书记重要讲话精神，推动社会主义核心价值观在农村落地生根，结合农村生产生活实际和农民群众思想实际，抓重点促落实，积极推动农村精神文明建设工作再上新台阶、开创新局面，为建设美丽中国、美丽乡村提供思想保证、精神力量、道德滋养和文化条件。

（原载于《南方日报》2016年11月30日，署名岳音）

以优良家风培育文明新风

家庭是社会的细胞，是国家发展、民族进步、社会和谐的重要基点。家是最小国，国是千万家。家庭文明建设不仅关乎每个人的生活质量和幸福，而且关乎国家经济社会的长远发展和民族的繁荣进步。一家仁，一国兴仁；一家德，一国兴德。开展家庭文明建设，必须深深扎根于中华优秀传统文化土壤，努力汲取中华优秀传统“家”文化的思想精华和道德精髓，坚持创新性转化和创造性发展，为中华传统家庭美德注入时代精神，使之焕发新的生机活力，引导广大家庭树立正确的道德取向，成为每个社会成员所遵循的行为准则，成为深化家庭文明建设坚强的精神支撑和丰沛的道德源泉。

家庭是人生的第一个课堂，父母是孩子的第一任老师。家庭承担着教育赡养、文化传承、情感交流、生活体验等功能，深刻影响着每个人的个性底蕴、人生成长、价值取向和最终归宿。开展家庭文明建设，必须把家庭教育摆上突出位置，引导天下父母重言传、重身教，教知识、育品德，为广大未成年人创造健康成长、快乐成长、文明成长的家庭氛围，扣好人生第一粒扣子，迈好人生第一个台阶。要深刻认识到，家风是社会风气的重要组成部分。

一、树立家庭正确价值追求

突出培育和践行社会主义核心价值观这一根本，着力推动核心价值观在家庭里生根、在亲情中升华。要倡导追求国家富强。家国两相依，有国才有家。立足培育家国情怀，深入开展中国特色社会主义、中国梦和党中央治国理政新理念新思想新战略宣传教育，引导人们把个人理想、家庭幸福与国家富强、民族复兴紧密联系起来，为实现中国梦凝聚最坚实、最广泛的力量。要倡导追求社会和谐。社会文明的基因在家庭中形成，社会和谐要靠广大家庭共同构建。要大力培育社会责任意识，引导人们自觉履行法定义务、社会责任，尽己所能、用己所长，积极主动参与社会治理，增进社会和谐。要倡导追求家庭和美。家庭因和而美，家庭和美是国家富强、社会和谐的基础，也是每个家庭最质朴、最直接的价值追求。要大力弘扬中华民族重视家庭的优良传统，引导人们正确认识、自觉履行家庭责任，倡导对配偶珍爱、对父母敬爱、对子女疼爱、对兄弟姐妹友爱，使广大家庭和和美美、各美其美、美美与共。

二、大力培植家庭美德

中华民族历来强调以德立家。要立足实际，广泛开展各种形式、不同主题的家庭美德教育主题活动，推动家庭成员养成良好的家庭道德习惯。要倡导尊老爱幼。加强中华传统孝道教育，广泛设立孝德榜、孝德文化墙，发动群众推选最美儿女、最美媳妇等孝老爱亲典型，指导父母创设有利于儿童成长的家庭环境。要倡导男女平等。以农村地区为重点，破除男尊女卑的封建等级观念和重男轻女的生育观念，促进夫妻共同承担家庭责任，大力营造男女平等的家庭生活氛围。要倡导夫妻和睦。着力培育正确的爱情观念，倡导对伴侣忠贞、对家庭忠诚，发动舆论鞭挞谴责违背婚姻伦理关系的行为。大力开展婚姻法、反家庭暴力法等法律法规的普法宣传，引导夫妻牢固树立科学、法治的家庭理念，重视家庭角色塑造，做家庭好成员。要倡导勤俭持家。大力弘扬以改革创新为核心的时代精神，引导人们树立正确的就业观、择业观、创业观。大力开展“移风易俗、告别陋习、树立新风”主题教育，宣传普及科学理性、绿色生态、健康环保的生活观念、消费观念。要倡导邻里团结。围绕扶贫济困、扶老助残、化解矛盾、心理咨询、便民服务等，广泛开展家庭志愿服务活动，倡导邻帮邻、户帮户。

三、弘扬崇文重教之风

深入实施全民阅读工程，大力开展书香社区、书香家庭创建，广泛开展优秀传统文化教育普及活动，办好“广东社区文化节”“家庭文化节”“敬老月”等品牌活动，组织开展丰富多彩的家庭文体活动，提高广大家庭的文化素养。要弘扬尊德明礼之风。大力加强传统美德教育，常态化开展“身边好人”发布、交流活动，用身边的鲜活事例引导广大家庭崇德向善、见贤思齐。广泛开展礼仪教育，传播现代礼仪知识，改革传统礼俗，做到既有仪式感又有文化内涵。要弘扬诚信友善之风。推动诚信宣传进社区、进乡村、进家庭，制定推广邻里诚信公约，大力发掘宣传诚信家庭、诚信人物，强化契约精神，倡导诚实劳动、真诚待人，重质守信、履约践诺。要弘扬清正廉洁之风。大力开展“廉洁修身、廉洁齐家”宣传教育，牢牢抓住领导干部这个关键少数，立家规、严家教、正家风，将家庭打造成为防腐拒变的坚实堡垒。

四、全面强化家庭教育

要塑造正确家教观念。引导家长树立正确育人观、成才观，掌握科学的教育方法。加强家庭教育阵地建设。建立健全家庭教育公共服务网络，普遍建立家长学校或家庭教育指导服务站点，搭建好家庭教育信息共享服务平台，推进家庭教育实践基地建设，打造家庭文明示范点，把家庭文明建设生动具体地落实到基层。完善家庭教育工作体系。着力构建完善家庭、学校、社会“三位一体”的教育网络。推动学校与家庭合作开展主题教育活动，引导和吸纳社会力量参与家庭教育。完善困境儿童及留守流动儿童关爱帮扶机制，开展适合困境儿童特点和需求的家庭教育指导服务和关爱帮扶。

五、深入推进家庭文明创建

坚持贴近生活、贴近群众，使家庭文明创建活动保持生机和活力。要持续强化环境熏陶。打造一批家庭文明建设主题社区、广场、长廊、公园、文化墙、文化街，将中华传统家庭美德和优秀家风家训具象化、立体化展现出来。要注重发挥典型引领。深化和延伸“五好家庭”“星级文明户”等活动品牌，常态化推进寻找“最美家庭”活动。注重推动广东好人、最美人物、南粤楷模等推荐评选活动深入城乡基层家庭，推动千家万户在比学赶超中实现自我提升。要大力拓展阵地平台。落实全省基层公共文化设施全覆盖工程，为家庭文明建设提供基本文化阵地。推动文明家庭创建活动向各行各业拓展延伸，发挥新媒体优势，提升家庭文明创建的吸引力影响力。要有效促进实践养成。积极倡导以家庭为单位积极参与文明引导活动和各类学雷锋志愿服务活动。持续开展“我们的节日”主题活动，引导人们热爱生活、孝老爱亲、善以为宝、和合圆融、慎终追远，培育优良家风。

（根据2016年12月14日在广东省深化家庭文明建设工作座谈会上的谈话整理，南方网登载）

以“四美”标准建设美丽城乡

党的十八大以来，习近平总书记多次强调，只有物质文明和精神文明都搞好，国家物质力量和精神力量都增强，全国人民物质生活和精神生活都改善，中国特色社会主义事业才能顺利推进。总书记明确要求广东坚持物质文明和精神文明两手抓两手硬，努力交出物质文明和精神文明两份好的答卷。

抓文明创建抓的是发展、抓的是民生，考验的是工作能力和工作决心。开展文明创建，是为了追求更加有质量的经济增长，是为了广大人民群众在物质和精神上都富裕起来。粤东北地区有世界自然遗产丹霞山、华南地区第一大湖万绿湖等重点自然保护区，森林覆盖率位居全省前列，自然环境得天独厚；这里是著名的客家之乡、华侨之乡，客家人艰苦奋斗、拼搏进取、崇文重教的优良传统，值得大力继承弘扬，海外侨胞心系家乡建设，是深化文明创建工作的重要力量；这里还有客家文化、红色文化、革命和历史名人文化等丰富的文化资源，都是精神文明建设领域独特的文化优势。粤东北地区应发挥自身优势，进一步强化文明创建的使命担当，创出声势、创出成效，为广东全面建成小康社会作出应有贡献。

一、突出价值引领，抓好融入转化，培育心灵之美

粤东北地区是客家人的主要聚居地，客家人向来具有强烈的家国情怀，近代以来涌现出以叶剑英同志为代表的一大批革命英雄人物，还涌现出曾宪梓、田家炳等一批爱国商人。这里还是革命文化资源聚集的地方，留下了中央苏区、红军长征、民族抗战的光辉印迹。要挖掘运用好这些丰富的教育资源，加强爱国主义教育基地建设和革命文化遗迹遗址保护利用，广泛深入开展爱国主义教育，弘扬优良传统，传承红色基因。要大力弘扬以改革创新为核心的时代精神。客家先民在长期的迁移迁徙中，形成了四海为家的观念和拼搏进取、勇于开拓的品格。要深入开展创业创新等时代主题宣传教育，积极营造有利于激发全社会创业创新热情的舆论环境、文化环境和政务环境，为粤东北地区加快振兴发展提供坚强的精神支撑。要融入公益广告宣传，结合客家文化等地方特色文化创作刊播一批面向基层群众的优秀作品，形式要生动新颖，语言要平实质朴，内容要打动人心，使公益广告真正叫得响、传得开，覆盖城乡各个角落，形成正能量海洋。要融入群众日常生活，加强核心价值观主题公园、文化景观建设，积极推动核心价值观融入影视、歌曲、漫画、日历等文化产品，融入贴楹联、挂灯笼等民俗活动，植入各类日常生活用品，做到群众喜闻乐见、日用而不觉。要深入实施“一城市一品牌”核心价值观建设工程，持续推进企业、社区、农村、学校、医院等基层单位核心价值观示范点建设。

二、突出城乡基层，强化整治力度，打造环境之美

创建成果表现在环境的切实改善，转化为群众看得见、摸得着的实惠，创建工作就会得到更广泛的支持。粤东北地区是广东绿色生态的屏障，要牢固树立“绿水青山就是金山银山”的发展理念，在发展经济、发展产业的同时，坚决保护好这里的江河湖泊、森林

湿地、自然风光。要着力美化城乡形象，在高速公路口、机场、车站、码头设置一批体现城市文化的雕塑、造型景观，全面清理违法违规广告，修复美化沿街建筑立面，规范商铺招牌设置，用书法、绘画等艺术手法提升招牌的文化品位，打造城市新的景观线。要致力守护安宁生活，保持对黄赌毒、电信诈骗、黑恶势力、非法宗教活动等的高压打击态势，切实维护社会和谐稳定。要提高城市精细化、常态化管理水平，破解城市管理乱象，根治固症顽疾。

三、突出敦风化俗，抓好教育引导，倡导风尚之美

客家人历来重视子女教育，民间谚语中就有“唔怕一时穷，就怕唔读书”等诸多劝学良言。要继承这一优良传统，大力弘扬尊师重教、崇尚读书的好风尚，深入开展全民阅读活动，使更多的山区孩子学有所成、读书成材。要大力加强传统美德教育，引导广大群众崇德向善、见贤思齐。制定完善市民公约、村规民约、企规店训，持续开展文明交通、文明餐桌、文明旅游、文明网络等文明引导行动，引导群众养成健康文明的生活方式和谦和礼让的交往方式。要深入开展文明家庭创建，挖掘弘扬优秀家训，广泛选树孝老爱亲先进典型，常态化开展村居志愿服务活动，着力倡导家庭和睦、邻里团结。客家人历来推崇忠厚诚信，有“忠厚唔蚀本，刻薄唔赚钱”的义利观。要继承弘扬中华民族“言忠信、行笃敬”的优秀传统，持续推动诚信宣传教育进家庭、进校园、进机关、进企业，建立完善守信联合激励和失信联合惩戒机制，营造守信践诺的浓厚氛围。要弘扬勤劳节俭之风，大力开展“移风易俗、告别陋习、树立新风”主题教育，党员干部要带头文明节俭办事，发动引导村民制定婚丧嫁娶的操办规范和消费标准，推动移风易俗，树立文明乡风。

四、突出以文化人，抓好品牌塑造，建设文化之美

文化是城市的灵魂，代表着城市的个性和软实力。粤东北历史文化底蕴深厚、独具特色，要抓好创造性转化和创新性发展，锻造文化品牌，用文化滋养文明、提升文明。要擦亮历史文化名片。

粤东北地区有马坝人遗址、龙川佗城、珠玑古巷、梅关古道、南华寺等历史文物古迹，有客家围龙屋、古村古镇、古关古道等古建筑，有广东汉剧、客家山歌、花朝戏、忠信花灯、采茶戏、排瑶长鼓舞等特色鲜明的传统艺术，有赵佗、惠能、张九龄、黄遵宪等历史文化名人。要保护利用好这些历史文化资源，挖掘自身文化特质优势，找准定位，擦亮城市文化品牌，形成市有市品牌、县有县特色、区有区亮点，星光熠熠、群星伴月的特色文化建设格局，共建粤东北历史文化城市群。要推进城市公共艺术空间建设，打造城市文化地标。将地方人文历史、名产风物、自然风貌融入到城市景观设计中，提高城市艺术品位。积极创建历史文化名城名镇名村，着力加强对历史建筑、古村落、历史街区的整体性保护。要加强地方文艺精品创作生产和宣传推广，着力办好一批有影响力的品牌文化活动。因地制宜大力发展“文化+旅游”等重点文化产业，着力增强地方文化发展的活力和后劲。构建好面向村居的基本公共文化服务体系，扶持做强做优村居文化阵地，有意识地培养一批本土中青年文艺人才，推动各类文化惠民活动深入基层、常态化开展。鼓励群众自办文化，发展健康向上的民俗文艺活动，丰富基层群众精神文化生活。

（根据2016年12月28日在粤东北文明创建工作座谈会上的谈话整理，南方网登载）

建设崇德向善、文化厚重、和谐宜居的文明城市

2017年4月7日，全国创建文明城市工作经验交流会在江苏张家港市召开，中央领导同志出席会议并讲话，强调要深入学习贯彻习近平总书记系列重要讲话精神和治国理政新理念新思想新战略，贯彻落实新发展理念，全面推进创建文明城市工作，着力提升市民文明素质，着力提升城市文明程度，着力提升城市文化品位，着力提升群众生活质量，不断提高创建文明城市工作水平。

实现中华民族伟大复兴的中国梦，是物质文明和精神文明比翼双飞的发展过程。党的十八大以来，习近平总书记多次就精神文明建设作出重要指示，强调只有物质文明建设和精神文明建设都搞好，国家物质力量和精神力量都增强，全国各族人民物质生活和精神生活都改善，中国特色社会主义事业才能顺利向前推进。以文明城市为代表的精神文明创建活动，是群策群力、共建共享、改造社

会、建设美好生活的创举，是提升国民素质和社会文明程度的有效途径，是社会主义精神文明建设的重要载体和有力抓手。在决胜全面建成小康社会的新阶段，要进一步贯彻落实新发展理念，从经济、政治、文化、社会、生态文明建设和党的建设各方面全面推进，做好文明城市创建工作，建设宜居宜业、文明和谐的现代城市。

社会主义核心价值体系是兴国之魂，决定着中国特色社会主义发展方向。培育和践行社会主义核心价值观，是新时期加强社会主义精神文明建设、推进文明城市创建工作的根本任务。习近平总书记强调："要把社会主义核心价值观的要求融入各种精神文明创建活动之中，吸引群众广泛参与，推动人们在为家庭谋幸福、为他人送温暖、为社会作贡献的过程中提高精神境界、培育文明风尚。"文明城市创建，既是市民素质、城市文明提升的过程，更是社会主义核心价值观深入人心的过程。要坚持以社会主义核心价值观为引领，增强市民文明意识，规范市民文明行为，营造城市文明氛围，建设崇德向善的城市，使文明城市成为培育和践行社会主义核心价值观的先行者、实践者和排头兵。

建设崇德向善、文化厚重、和谐宜居的文明城市，是新的历史条件下文明创建的重要内涵。中华文化源远流长，积淀着中华民族最深层的精神追求，代表着中华民族独特的精神标识，为中华民族生生不息、发展壮大提供了丰厚滋养。习近平总书记指出："要认真汲取中华优秀传统文化的思想精华和道德精髓，大力弘扬以爱国主义为核心的民族精神和以改革创新为核心的时代精神，深入挖掘和阐发中华优秀传统文化讲仁爱、重民本、守诚信、崇正义、尚和合、求大同的时代价值，使中华优秀传统文化成为涵养社会主义核心价值观的重要源泉。"在文明城市的创建中，我们要大力传承和弘扬中华民族的优秀传统文化，注重保护城市历史文化和特色风貌，用建筑风格提升城市品位，用人文精神增添城市魅力，用文化生活打造城市气质，营造健康向上的人文环境。

人民是推动发展的根本力量。增进人民福祉、促进人的全面发展是我们发展的出发点和落脚点。城市是人类居住生活的场所，推进城市化、实施新型城镇化战略，最终目的是为了让人们更好地在城市生活。构建舒适便利的生活环境、安全稳定的社会环境以及可持续发展的生态环境，是对一个文明城市的最基本要求。创建文明城市，必须贯彻以人民为中心的发展思想，建设和谐宜居的城市。要坚持以人为本、创建为民的工作理念，不断提升城市规划水平，打造更加合理有序的城市空间；不断完善城市治理能力，提供更加便捷高效的公共服务；强化生态和环保建设，创造更加干净整洁的城市环境。

“积少成多、聚沙成塔，垒石成峰、功到渠成。”推动两个文明协调发展，是我们必须长期坚持的治国兴邦的重大战略，是全面建成小康社会的基本内容。作为改革开放先行地区和前沿阵地的广东，始终高度重视社会主义精神文明建设，在文明城市创建中走在前列。面对新形势和新任务，我们要继续深入学习贯彻习近平总书记系列重要讲话精神，牢记总书记嘱托，以新发展理念为根本遵循，扎实交出物质文明和精神文明两份好的答卷。

（原载于《南方日报》2017年4月8日，署名岳音）

推动广东文明创建“大合唱”

社会主义精神文明是中国特色社会主义的重要特征，群众性精神文明创建活动是人民群众在党的带领下移风易俗、改造社会的伟大创造，是坚持以人民为中心的发展思想的生动实践。创建文明城市作为统领各项创建工作的“火车头”，能够有效地把全社会的力量调动起来，推进党委政府的中心工作，是促进我省率先全面建成小康社会的强大动力，是贯彻落实“四个坚持、三个支撑、两个走在前列”的题中应有之义。

文明城市这块“金字招牌”，既是地方与各部门共同的荣誉，也是共同的责任。应树立“抓好文明城市创建就是抓好本部门工作落实”的工作理念，把支持各地开展创建文明城市工作摆上重要位置，构建“一把手”亲自抓、“两个文明”一起抓、行业和地方文明创建共同抓的创建格局，推动我省创建文明城市工作在新起点上再创新局。

一、要树立行业文明新风

突出培育和践行社会主义核心价值观这一灵魂主线。加强职业道德教育，以官德、医德、师德等培育为重点，弘扬“工匠精神”，常态化开展岗位学雷锋活动，引导广大干部职工爱岗敬业、诚实守信、办事公道、服务群众、奉献社会。提升行业服务水平，加强岗位专业技能和服务技能培训，加强文明礼仪教育，不断增强行业干部职工服务基层、服务群众的本领。各基层单位服务群众最直接、联系群众最紧密，是观察城市和行业文明的重要窗口。要以“优雅形象、优美环境、优良秩序、优质服务、优化管理”为主要内容，大力开展文明窗口创建活动，让群众享受优质高效、便捷贴心的服务，增强对城市、行业文明创建的获得感、认同感。大力推进行业志愿服务，在本系统、本行业广泛建立志愿服务队伍，加强常态化、规范化、标准化、专业化运作水平，鼓励本单位、本行业干部职工发挥专业知识技能，到各类志愿服务站点开展志愿服务活动。注重典型示范引领，在本系统内大力开展最美人物、身边好人等学习宣传活动，积极推荐先进典型参与南粤楷模、道德模范、文明家庭、志愿服务先进典型等评选，让更多的行业先进人物、先进群体、先进事迹在各级各类学习宣传活动中被发掘出来、推广出去，成为广大干部职工和市民群众可亲可学的榜样。

二、要助力城市提质升级

城市环境面貌是影响文明创建成效的基础性因素。要助力城市基础建设，推动各地科学制定、严格执行城市建设规划，围绕基础设施建设、城市风貌管控、环境绿化美化、生活垃圾和污水处理等重点内容，加强督促指导。要助力突出问题整治，大力推进爱国卫生运动，针对老旧社区、农贸市场、背街小巷、城中村、城乡接合部等创建工作的薄弱环节、重点区域进行大力整治，有效解决各地普遍存在的乱搭乱建、乱摆乱卖、乱停乱放、乱张乱贴等问题。深化推进文明交通行动，广泛开展主题宣传教育活动，部署开展专项整治行动，营造畅顺有序的城市交通环境。加快推进农村人居环境综合整治工作，促进城乡面貌同步改善。要助力城市和谐稳定，加强全省社会治安综合治理力度。大力推进文明校园、安全文明校园等创建活动，着力净化校园环境、社会环境、网络环境，为未成年人健康成长创造良好条件。

三、要合力推进创建攻坚

创建文明城市重在全面、难在常态。要积极主动作为，切实把支持文明城市创建摆上重要议事日程。要密切配合协作，建立部门配合、条块结合、省市联动的创建指导工作机制。要加强督促指导，让各地各单位把创建文明城市作为本单位的一项经常性、日常性工作，在各类调研走访中，带着创建标准去听、去看，帮助各地把短板找出来、补上去。

〔根据2017年4月20日在广东省文明委第一次全体（扩大）会议上的发言整理，南方网登载〕

牢记习总书记嘱托，开创文明创建新局

党的十八大以来，习近平总书记就深化精神文明建设作出了系列重要论述，对广东精神文明建设提出了殷切期望。2014年3月，习近平总书记在参加全国两会广东代表团审议时指出：要坚持物质文明和精神文明两手抓两手硬，弘扬昂扬向上、只争朝夕、奋勇争先的良好精神状态，让阳光的、美好的、高尚的思想和行为更好地占领阵地，在全社会蔚然成风。2017年4月4日，习近平总书记对广东工作作出“四个坚持、三个支撑、两个走在前列”的重要批示，为我们加强精神文明建设指明了新的方向，提出了更高要求，是我们工作的基本遵循和行动指南。

加强精神文明建设，是实现中华民族伟大复兴的中国梦的必然要求。广东是近代革命的策源地和改革开放的先行地，自1840年鸦片战争起，南粤儿女从屈辱苦难中奋起抗争、持续奋斗，与亿万华夏同胞共同描绘出民族复兴的光明前景。改革开放近40年来，在

解放思想、实事求是、敢为人先、开放包容等优秀人文精神的引领激励下，广东创造了经济总量连续28年位居全国第一的经济发展奇迹。现在，中国比历史上任何时期都更接近中华民族伟大复兴的目标，广东作为排头兵、先行地、试验田，使命重大、责无旁贷，更需要有不忘初心、继续前进，坚定走中国特色社会主义道路的政治信仰；更需要有居安思危、自强不息的精神；更需要有革故鼎新、创新创业的意识；更需要有精忠报国、振兴中华的情怀，以昂扬向上、建功立业的精神状态，为实现中国梦贡献力量。

加强精神文明建设，是在全面建成小康社会、加快建设社会主义现代化新征程上走在前列的迫切需要。实现“两个走在前列”，需要在发展质量和结构效益上当好示范，在全面协调发展上做好引领，这必然要求广东花更大力气推进精神文明建设，努力建设文化小康。要注重补短板、促均衡，重视对精神文明建设相对滞后地区和领域的文化输送、文明引领，确保高质量全面建成小康社会，在建设社会主义现代化新征程上奋勇争先。

加强精神文明建设，是践行以人民为中心发展思想的重要内容。党的十八大以来，各地各部门坚持以人民为中心，把抓文明创建与抓民生、抓发展、抓和谐相结合，广大党员干部转变作风、深入基层，为群众解难题、办实事，进一步树立了党委政府的良好形象。要更加突出以人为本、为民利民，以人民对美好生活的向往为奋斗目标，撸起袖子加油干，让广大群众在文明创建中有更多实实在在的获得感。

在新起点上，广东的精神文明建设工作必须以“四个坚持、三个支撑、两个走在前列”为统领，聚焦提升公民文明素质和社会文明程度，突出工作重点，全面协调推进，努力为全省改革发展稳定提供思想保证、精神力量、道德滋养和文化支撑。

一、大力加强社会主义核心价值观建设，增强全社会精神力量

围绕迎接、宣传、贯彻党的十九大这条主线，努力营造团结奋进的社会氛围。要大力弘扬以爱国主义为核心的民族精神。在现代史上，广东人民在党的领导下进行了艰苦卓绝、英勇顽强的革命斗争，保存和遗留下了丰富的红色遗产，比如广州起义、中共三大、红军粤北长征、东江抗日等，这是开展爱国主义教育的重要资源。要坚持把爱国主义教育贯穿国民教育和精神文明建设全过程，引导全省人民发扬红色传统、传承红色基因。要大力弘扬以改革创新为核心的时代精神。2018年迎来改革开放40周年，要把广东改革开放以来取得的巨大成就展示好，把中央和省委全面深化改革、推动创新发展的重大举措宣传好、落实好，努力营造鼓励创新、宽容失败的社会氛围，形成大众创业、万众创新的生动局面，让广大干部群众焕发出改革开放初期“杀开一条血路”的精气神，不断开创广东发展新辉煌。要大力推动核心价值观融入社会环境。推进核心价值观“一城一品牌”“一村一特色”“一行一重点”“一园一主题”“一地一广告”“一节一活动”等“六个一”工程建设，建好企业、社区、学校、医院等基层示范点，使人们在生产生活中接受教育熏陶。

二、大力加强公民道德建设，树立良好道德风尚

要加强重点领域道德建设，全面推进政务诚信、商务诚信、社会诚信和司法公信建设。加强爱岗敬业教育，弘扬精益求精、注重质量的“工匠精神”。注重家庭家教家风建设，大力推进文明家庭创建。抓好青少年思想道德建设，帮助下一代走好人生起步之路。坚持破立并举，大力推进移风易俗。要加强公民道德教育实践，大力选树南粤楷模、道德模范、最美人物、身边好人等先进典型，让群众在向道德榜样看齐的过程中，做到讲道德、尊道德、守道德。广大党员要在道德标准上从高从严，讲党性、重品行、作表率，明大德、严公德、守私德。支持和发展好志愿服务组织，使“我为人人、人人为我”蔚然成风。做好公益广告宣传，加强创意设计、刊播覆盖。要加强道德制度规范约束，大力推进文明行为、社会诚信、见义勇为、尊崇英雄、志愿服务、勤劳节俭、孝亲敬老等方面的立法工作，依法惩处突破道德底线、破坏公序良俗的失德行为，用法规树立鲜明的道德导向。完善市民公约、乡规民约、行业规范等社会规范，深化政风行风建设，引导人们在工作生活中规范言行，提高道德修养。

三、大力加强文化建设，不断提升人民群众文化素养

要保护和传承岭南优秀文化，深入挖掘民系文化、丝路文化、海洋文化、华侨文化、先贤文化、粤商文化等岭南文化资源，加强历史文化名城名镇名村、历史文化街区、传统村落民居、地方戏曲、传统工艺等保护利用。推动优秀传统文化融入国民教育、生产生活。要切实增强优质文化产品和服务供给能力，挖掘好广东文艺资源的“富矿”，擦亮粤剧、广东音乐、岭南画派、南派纪录片等文化品牌，不断推出更多有温度、有深度的优秀文艺精品。办好文化惠民实事，积极壮大基层文化人才队伍，广泛开展群众文化活动，深入开展“书香岭南”全民阅读活动。要加快提升基本公共文化服务水平，推进基层综合性文化服务中心建设和文化基础设施提档升级，加快建成城市“十分钟文化圈”和农村“十里文化圈”，保障基层群众的基本文化民生。

四、深入开展群众性精神文明创建活动，不断提升基层基础文明水平

要着力解决文明发展不协调的问题，大力开展市、县、镇、村“四级同创”。珠三角地区应在更高层面上推进文明城市建设，努力建成协调发展、特色鲜明的区域文明城市群，推动粤港澳大湾区世界级城市群文明崛起。粤东西北地区应结合城市扩容提质，扎实推进市、县级文明城市建设，力争在全国文明城市创建中取得新突破。要大力深化文明村镇创建，以城市发展带动农村发展，以城市新风带动文明乡风，以城市优势文化资源支持农村文化建设，实现广大农村乡风民风、人居环境、文化生活美起来。要着力改善城乡人居环境，把抓好规划建设摆上更加突出位置，加大对老旧城区、城乡接合部等重点区域和环境卫生、交通秩序等重点问题的整治。注重把互联网新技术和网格化管理等工作手段相结合，不断提高创建工作的针对性、精细化、常态化。推进窗口行业文明创建，扎实提高服务群众效能。要着力培育公民文明行为，围绕讲文明、有公德、守秩序、树新风，广泛开展文明社会风尚行动，加强对不文明行为的约束和惩戒，让文明之花在各行各业、在社会各个角落精彩绽放。

（根据2017年7月22日在广东省精神文明建设工作会议上的谈话整理，南方网登载）

把人民对美好生活的向往，作为文明创建的奋斗目标

学习宣传贯彻党的十九大精神，是当前精神文明建设战线的首要政治任务。要全面准确深入领会十九大精神，统一思想，提高认识，抓住机遇，乘势而上，切实把十九大提出的目标任务、方针政策、决策部署贯彻落实到全省精神文明建设实际工作之中。

一、深入学习贯彻十九大精神，切实担负起新时代精神文明建设的责任使命

新时代带来新使命。习近平总书记在十九大报告中，作出了中国特色社会主义进入新时代、我国社会主要矛盾发生转变的重大判断，明确了新时代的基本方略、奋斗目标、战略安排和工作布局，为我们指明了前进方向、赋予了重大使命。站在新的历史起点，必须以推动社会主义精神文明和物质文明协调发展为己任，着力培育和践行社会主义核心价值观，深化群众性精神文明创建活动，不断

满足人民日益增长的美好生活需要。

新思想引领新实践。习近平总书记是全党拥护、人民爱戴、当之无愧的党的领袖，习近平新时代中国特色社会主义思想是全党必须长期坚持的指导思想和行动指南。要坚持原原本本、原汁原味，认真研读党的十九大报告和党章，真正做到学懂弄通做实。要通过公益广告宣传、基层文明创建等多种形式，推动党的十九大精神学习宣传进企业、农村、机关、学校、部队、社区。

新发展需要新举措。身处全面建成小康社会的决胜阶段和“两个一百年”奋斗目标的历史交汇期，人民日益增长的美好生活需要和不平衡不充分的发展之间的矛盾在广东尤为凸显。广东经济总量连续28年全国第一，其中八成都在珠三角，8个全国文明城市全部在珠三角，全省1亿多人口对美好生活的向往是一致的，在建设文明广东的征程上，我们不能让任何一个城市、任何一个村镇、任何一个单位掉队。要聚焦主要矛盾，抓两手、抓平衡、抓协调，下大力解决好区域文明不平衡、城乡文明不协调的问题，推动全省公民文明素质和社会文明程度全面、协调、快速提升。

新方略要有新作为。群众性精神文明创建活动是人民群众群策群力、共建共享、改造社会、建设美好生活的创举，要准确把握新时代坚持和发展中国特色社会主义的14条基本方略，用好用活这一重要抓手，将创新驱动发展、乡村振兴、区域协调发展、军民融合发展等一系列最新重大战略部署全面贯彻到生产生活中去，让人们在思想上统一起来，围绕新时代新使命，进行伟大斗争、建设伟大工程、推进伟大事业、实现伟大梦想。

二、坚持价值引领，着力提高全省人民思想觉悟、道德水准、文明素养

要深化培育和践行社会主义核心价值观。以培养担当民族复兴大业的时代新人为着眼点，强化教育引导、实践养成、制度保障，深入实施“1+X”核心价值观建设工程，强化优良家风家教、校风校训、企业精神、乡贤文化等宣传教育，做到全民行动、干部带头，从家庭做起、从娃娃抓起，把核心价值观融入社会发展各方面，转化为人们的情感认同和自觉行动。抓住改革开放40周年、新中国成立70周年、全面建成小康社会、中国共产党成立100周年等重要时间节点，提前谋划开展系列主题宣传教育活动，让民族精神和时代精神得到进一步弘扬。

要深入实施公民道德建设工程。全面加强“四德”建设，激励人们向上向善、孝老爱亲，忠于祖国、忠于人民。大力发掘选树道德模范、南粤楷模、广东好人、南粤工匠等先进典型，旗帜鲜明地捍卫英雄模范，健全先进典型关爱礼遇和发挥作用的长效机制。完善市民公约、乡规民约、学生守则、行业规范、团体章程等社会规范建设，深化文明行为引导，让人们行有所依、行有所止。推进诚信建设和志愿服务制度化，以更扎实的举措激励守信、惩戒失信，研究修订《广东省志愿服务条例》，为志愿服务事业健康发展提供更为全面的制度保障。深化文明家庭、文明校园创建，传承弘扬优良家训家风，加强和改进思想政治工作，培养德智体美全面发展的社会主义建设者和接班人。

要大力提升群众科学文化健康素质。结合时代要求，满足人民过上美好生活的新期待，传承发展中华优秀传统文化和岭南文化，更好地继承和弘扬红色革命文化，大力发展社会主义先进文化。大力开展移风易俗、弘扬时代新风行动，抵制腐朽落后文化侵蚀。加强全民阅读设施建设和书香主题创建活动，营造“书香岭南”的浓厚氛围。加强基层综合性文化服务中心建设，深入实施文化惠民工程，打造一批群众文化活动品牌。推进健康广东建设，加强心理健康宣传教育，弘扬“大医精诚”，为群众健康做更多的好事实事。

三、坚持以人民为中心，全面深化群众性精神文明创建活动

要突出问题导向，深化文明城市创建。以建设崇德向善、文化厚重、和谐宜居的文明城市为目标，针对全国和省级测评中反映出来的规划建设滞后、日常管理缺位、公共服务欠缺、宣传教育不足、群众满意率不高等突出问题，坚持人民城市为人民，着力加强整改提升，切实解决好群众反映强烈的老旧城区、城中村、城乡接合部、背街小巷、农贸市场等区域“脏乱差”问题，推动文明城市创建常态长效开展。珠三角地区要以努力打造社会主义现代化先行区、粤港澳大湾区世界级城市群为契机，高水平推进全国文明城市群建设，粤东西北地区要自加压力、提高标准，全面推进县级文明城市创建，带动实现区域文明协调发展。

要实施乡村振兴战略，深化文明村镇创建。围绕实施乡村振兴战略、打赢脱贫攻坚战，按照产业兴旺、生态宜居、乡风文明、治理有效、生活富裕的总要求，结合广东省委、省政府关于新农村建设的部署要求，大力推进文明村镇创建，全面改善农村人居生态环境，迅速补齐基础设施和公共服务短板，加强文明乡风建设，大力宣传推广"南粤新乡贤"，着力构建自治、法治、德治相结合的乡村治理体系，动员全社会积极参与乡村振兴、共建美丽乡村。

要突出为民利民，深化文明单位创建。以提高职工综合素质、提升服务群众能力为着力点，抓业务更要抓党务，努力构建健康向上的单位文化氛围，实现职工业务水平和道德水准同步提高。重点抓好银行、医院、机场、车站、高速公路服务区等窗口单位文明创建，努力做到环境优美、秩序优良、服务优质、形象优雅、管理优化，使之成为展示新时代行业形象的文明窗口。

习近平总书记强调指出，新时代要有新气象，更要有新作为。2020年，我们将全面建成小康社会。全面建成小康社会，一个不能少；共同富裕路上，一个不能掉队。精神文明全面发展是全面小康社会必不可少的重要组成部分。现在离全面建成小康社会的战略目标仅剩3年，时间紧迫、任务艰巨、形势严峻，全省精神文明建设战线的同志们一定要以永不懈怠的精神状态和一往无前的奋斗姿态，认真贯彻落实《广东省公民文明素质和社会文明程度提升行动纲要（2017—2020年）》，振奋精神、真抓实干，努力交出中央放心、群众满意的好答卷。

（根据2017年11月8日在广东省精神文明建设工作表彰电视电话会议上的谈话整理，南方网登载）

以优异成绩谱写新时代文明广东新篇章

2017年11月17日，全国精神文明建设表彰大会在北京隆重召开，习近平总书记在会前与代表合影时，看到93岁的黄旭华和82岁的黄大发两位道德模范，亲自拉开椅子，请他们坐到自己身边来。习近平总书记这种尊老敬贤、亲民爱民、尊重模范、尊重科学、尊重人才的言传身教，为我们弘扬传统美德作出了榜样，为推动形成关爱礼让的良好社会风尚作出了示范，值得我们学习，值得我们敬仰！

当前和今后一个时期，全省精神文明建设的首要政治任务就是学习贯彻党的十九大精神，重中之重就是用习近平新时代中国特色社会主义思想统领思想和行动。

一是坚持思想统领，把习近平新时代中国特色社会主义思想作为精神文明建设的行动指南。习近平新时代中国特色社会主义思想是贯穿党的十九大精神的灵魂和主线。将其确立为党的指导思想，是党的十九大的历史性决策和最重要的贡献。要深入学习宣传这一思想，自觉运用这一思想武装头脑、指导实践、推进工作。要结合“两学一做”学习教育常态化制度化和即将开展的“不忘初心、牢记使命”主题教育，坚持学而信、学而思、学而行，增进高度的政治认同、思想认同、理论认同、情感认同，广泛凝聚共识、凝聚人心、凝聚智慧、凝聚力量，推动全省精神文明建设不断向上向好。

二是坚持价值引领，把培育和践行社会主义核心价值观作为精神文明建设的铸魂工程。要以培养担当民族复兴大任的时代新人为着眼点，把社会主义核心价值观贯穿结合融入各项工作之中。强化教育引导，结合改革开放40周年、新中国成立70周年、中国共产党成立100周年等重要时间节点，深入开展中国梦和中国特色社会主义宣传教育，让理想信念的明灯在人民心中永远闪亮。强化实践养成，深入实施公民道德建设工程，激励人们向上向善、孝老爱亲，忠于祖国、忠于人民。强化制度保障，推进诚信建设和志愿服务制度化，健全联合激励和惩戒机制。把社会主义核心价值观融入市民公约、乡规民约、学生守则、行业规范等各行各业的制度规范中，使规范社会治理的过程成为传导正确价值取向的过程。

三是坚持以文化人，把实现文化小康作为满足人民群众精神新需求的重要内容。中国特色社会主义进入新时代，我国社会主要矛盾发生深刻变化，人民在精神文化生活方面要求更高。要传承发展中华优秀传统文化和岭南文化，继承和弘扬红色革命文化，大力发展社会主义先进文化。要认真学习贯彻习近平总书记在瞻仰中共一大会址和南湖红船时的重要讲话精神，按照省委书记李希同志在瞻仰中共三大会址纪念馆时的讲话要求，加大力度挖掘好保护好红色革命遗址，发挥好资政育人作用。加强全民阅读设施建设和书香主题创建活动，广泛开展阅读推广活动，营造“书香岭南”的浓厚氛围。加强基层综合性文化服务中心建设，深入实施文化惠民工程，打造一批群众文化活动品牌。

四是坚持典型示范，把先进人物的榜样力量转化为精神文明建设的生动实践。党的十八大以来，广东省先后涌现出全国时代楷模、全国道德模范及提名奖34名，中国好人217名，南粤楷模26名，广东省道德模范及提名奖60名，广东好人486名。包括今天在座的各位先进典型，都是全省学习的榜样。要加强对先进典型事迹的宣传推广，营造全社会崇德向善、见贤思齐、德行天下的浓厚氛围。要充分发挥榜样的示范引领作用，引导人们跟着学、照着做，带动更多的人择善而从。要加强关爱好人工作，不断完善关心帮扶先进人物的政策制度，壮大“关爱好人”基金，广泛开展走访帮扶活动，营造德者有得、好人好报的良好社会氛围。

五是坚持创建为民，把人民对美好生活的向往作为精神文明建设的奋斗目标。要聚焦新矛盾，解决好当前广东区域文明不平衡、城乡文明不协调问题。要坚持重心下移、狠抓基层，力促文明创建向镇街、乡村、社区、窗口单位延伸拓展。珠三角地区要以努力打造社会主义现代化先行区、粤港澳大湾区世界级城市群为契机，高水平推进全国文明城市群建设，粤东西北地区要自加压力、提高标准，全面推进县级文明城市创建，带动实现区域文明协调发展。继续大力开展市、县、镇、村四级文明联创，大力开展基层精神文明建设补短板、促提升工作，深入实施乡村振兴战略，抓好特色小镇、美丽乡村示范点建设。要着力解决基层环境卫生、公共秩序、基础设施等存在的突出问题，让文明创建的触角延伸到群众最关注、最需要的地方，使之真正成为群众真心喜爱、积极参与的民心工程、德政工程。

六是坚持齐抓共管，把加强党的领导贯穿于精神文明建设的全过程。各级党委要切实承担起精神文明建设的主体责任，党委主要负责同志作为第一责任人，要严格落实“一岗双责”，切实加强领导、加大投入、加强督促指导，真正做到两手抓、两手都要硬。要进一步完善“党委统一领导、党政群齐抓共管、文明委组织协调、有关部门各负其责、全社会积极参与”的领导体制和工作机制，加强统筹协调，形成工作合力，为精神文明建设提供坚强有力的组织保证。

新时代要有新气象，更要有新作为。我们必须以强烈的进取意识和一流的工作标准，以永不懈怠的精神和一往无前的姿态，重整行装、脚踏实地，在新的起点上谋篇布局，永不满足、永不懈怠、永不停歇，不断推动全省精神文明建设实现新发展。

一要有一流的工作标准。目标有多远，标准有多高，成绩就有多好。要始终瞄准一流、向往一流，大力发扬“工匠精神”，实施“工程师管理”模式，把每项工作都做到极致，做到完美；要看到与江浙先进地区的差距，自我加压，迎难而上，主动作为；要克服惯性思维，对存在的问题要立行立改，举一反三，以点带面，以点连线，实现全域、全员创建。

二要有一流的工作作风。“撸起袖子加油干”“永不懈怠的精神状态和一往无前的奋斗姿态”，是习近平总书记对工作作风的形象描述。我们一定要按照总书记的要求，端正工作指导思想，求真务实，绝不能“牌子到手、创建到头”，不能把精神文明建设搞成政绩工程、形象工程，甚至扰民工程。要坚持心朝基层想、眼往基层看、脚向基层行、力往基层使，切实解决基层群众最关心最直接最现实的利益问题，以踏石留印、抓铁有痕的作风抓好落实。

三要有一流的工作举措。精神文明建设内容纷繁复杂、工作千头万绪，各地各部门要制定切合实际的工作举措，一张蓝图绘到底；要创新方式方法，积极运用现代媒介传播文明理念、推进实际工作，不断扩大精神文明建设的覆盖面和影响力；要强化督查检查，严格考核评价，以问责倒逼工作落实，以钉钉子精神把精神文明建设工作抓具体、抓深入、抓出实效。

四要有一流的工作本领。新时代精神文明建设责任重大、任务艰巨，对精神文明建设工作者的能力素质提出了新的更高的要求。我们一定要有强烈的本领恐慌、本领饥渴的危机感和紧迫感，以勤能补拙、笨鸟先飞的精神，下苦功夫向实践学习，向群众学习，向前辈学习，向先进学习，向书本学习，不断提高做好精神文明建设工作的能力和素养。

（根据2017年11月21日在广东省精神文明建设工作座谈会上的谈话整理，南方网登载）

厕所革命，小处不可随便

厕所是体现社会文明程度的重要标志。文明公厕就是要按照文明创建的标准把厕所建设成干净、卫生、整洁，净化、美化、亮化、文化、人性化、生态化的公共场所。

“小厕所，大情怀”，习近平总书记关于“厕所革命”的论述是以人民为中心的发展思想的具体体现。习近平总书记高度重视并十分关心“厕所革命”，先后多次作出重要批示指示。2015年4月1日，习总书记指出，抓“厕所革命”，从小处着眼、从实处入手，是提升旅游品质的务实之举。2015年7月16日，习总书记在吉林延边视察时强调，农村也要来场“厕所革命”。2016年8月19日，习总书记在全国卫生与健康大会上再次肯定“厕所革命”的重要意义和成果，强调要持续开展城乡环境卫生整治行动。2017年4月，习总书记视察广西时，又一次肯定全国“厕所革命”。11月，习总书记就旅游系统推进“厕所革命”工作取得的成效作出重要指示，强调厕所问题不是小事情，是城乡文明建设的重要方面，不但景区、城市要抓，农村也要抓，要把这项工作作为振兴乡村战略的一项具体工作来推进，努力补齐这块影响群众生活品质的短板。习近平总书记重要指示和讲话精神，充分体现了以人民为中心的发展思想，充分体现了深切的百姓情怀，彰显了从小处着眼、从实处入手的务实作风。省委书记李希同志多次强调广东在“厕所革命”上要下大气力抓。我们要深入学习领会习近平总书记重要指示精神，充分认识到开展文明公厕创建工作的重大意义，牢固树立以人民为中心的发展思想，按照李希同志的要求，扎实推动文明公厕创建工作向纵深发展。

“小环境，大文明”，创建文明公厕是精神文明建设不可或缺的重要内容。文明公厕创建不仅关系到广大人民群众工作、生活环境的改善，更关系到国民素质提升、社会文明进步。厕所虽小，却是人类文明的尺度。英国历史学家汤因比曾经将排泄的文明程度作为一个民族一个国家文明进化的标志。中华民族自古追崇“尚洁之风”，5 000多年文明史绵延至今。然而，现实生活中我们常常能看到长期以来存在的歧视厕所、鄙视厕所、忽视厕所、厕所文化缺失的身影。文明公厕的创建，就是要通过大力实施厕所文明提升行动，引导人民养成良好的卫生习惯、文明的如厕行为，打造优雅的厕所文化，发展先进厕所文明，不断提高社会文明程度。

“小问题，大民生”，创建文明公厕是满足人民群众美好生活愿望的迫切需要。随着生活水平的不断提高，人民群众对公厕的品质要求越来越高。厕所是我们生活的必需空间，文明公厕创建直接关系到人民的健康和环境状况，我们必须把文明公厕这一人民群众最基本的生活需求抓紧抓好，全力推动文明公厕创建工作，努力补齐影响群众生活品质的短板，不断改善人民群众工作生活环境。

——抓建设规划管理

要加强对各地各部门公厕建设规划的指导，做到规划科学、数量足够、布局合理。要按照方便实用、注重隐私、节能环保、绿色生态、美观大方的要求，加强公厕设计和建设，使之融入周边环境，促进生态保护，彰显岭南文化。尤其是广东省广大农村，要把文明公厕建设作为实施乡村振兴战略的一项重要内容，结合2 277个省定贫困村创建社会主义新农村示范村工作，彻底改变落后的面貌。在此基础上，还要积极推动党政机关、企事业单位的厕所免费向社会开放。设施要达标。厕所建设规格要标准化，遵循“合理、适度”原则，不能在必要的配套设施上“缺斤短两”。管理要跟上。实施科学化、精细化管理，探索政府与市场相结合的运营管理模式，推进实施标准化作业。落实岗位责任制，明确监管人员和保洁人员的责任，加强检查督导。

——抓综合整治提高

在高标准做好新增公厕建设的同时，积极推进现有公厕改扩建，重点把城市公共区、农村生活区、交通服务区、旅游景观区、行业窗口区的公共厕所建设好整治好，做到“六化”。一是净化。地面、墙面、门窗、挡板和各类设施都要保持干净整洁。二是亮化。对厕所的整体轮廓进行亮化，厕所内部要保持灯光明亮，营造温馨的如厕氛围。三是美化。突出“美丽公厕”主题，绿化美化公厕内外环境。四是文化。结合当地和行业的风土人情、文化特色，赋予厕所不同的文化内涵，建设一批有文化特色的公厕；充分利用公厕有效空间，采取漫画、小故事、格言警句等图文并茂、生动有趣的方式，开展文明如厕、节能环保等宣传教育。五是人性化。设有无障碍通道，有合理的男女厕位比例，有残疾人专门卫生设施、老年人和儿童卫生洁具，有条件的地方，应建设第三卫生间。公厕指示牌清晰美观，运用微信公众号、手机APP等开展公厕定位导航和服务信息发布。配备洗手液、卫生纸、干手机、手机充电台、挂衣钩、置物台、母婴室等必要物资和设施，免费提供针线包、急救药箱等服务。六是生态化。推广使用绿色环保材料，抓好厕所生物处理技术的推广应用，实现文明公厕和生态保护的有机结合。

——抓宣传教育引导

文明公厕创建与每一个人息息相关。要深入开展公民文明如厕教育，要从娃娃抓起，从家庭、学校抓起，不断提高全社会文明程度。一是抓教育。要广泛组织开展文明公厕公益宣传活动，引导广大群众自觉爱护厕所设备、保持卫生，培育文明如厕的良好习惯。充分发挥志愿者的积极作用，宣传文明如厕，营造良好氛围。二是抓宣传。加大主流媒体宣传力度，开辟文明公厕专栏，积极引导文明公厕大讨论，大力宣传亮点、剖析难点、聚焦热点、曝光缺点，营造全社会高度关注、共同参与文明公厕建设的良好氛围。三是抓约束。要加大文明公厕监督管理力度，探索采取多种方式监督约束各种不文明行为，提高公民的公德心和文明意识。

文明公厕创建能否见到实效，关键在于决心恒心，在于作风毅力。我们要像重视餐厅一样去重视厕所，要像重视客厅一样去打理厕所，要像重视景点一样去美化厕所，以抓铁有痕、踏石留印的顽强作风，用科学的方式和有效的办法狠抓工作落实，确保文明公厕建设各项任务顺利完成、见到实效。

（原载于《南方农村报》2018年1月18日）

九

用创新精神推动文化繁荣兴盛

习总书记指出，“抓创新就是抓发展，谋创新就是谋未来”。宣传文化系统学习贯彻这一重要论述，应从内容、业态、体制机制、人才培养等方面深化文化改革创新，用创新精神推动文化繁荣发展。广东是改革开放的前沿，是创新驱动发展的先行区，必须发挥好创新优势。要把创新贯穿到文艺创作生产的全过程，致力营造“鼓励创新、拒绝平庸、宽容失误”的文艺创作环境，努力推出更多立得住、传得开、留得下，彰显岭南特色的扛鼎之作。

创新是引领发展的第一动力。近年来，广东省深入学习贯彻习近平总书记系列重要讲话精神，围绕“四个全面”战略布局，以新发展理念为引领，坚持创新为要，推进文化内容形式、体制机制、生产传播等全方位创新，增强文化发展活力，文化改革发展呈现可喜的新局面。

用创新精神推动文化繁荣发展

习近平同志在省部级主要领导干部学习贯彻十八届五中全会精神专题研讨班开班式上指出："抓创新就是抓发展，谋创新就是谋未来。"宣传文化系统学习贯彻这一重要论述，应从内容、业态、体制机制、人才培养等方面深化文化改革创新，用创新精神推动文化繁荣发展。

突出内容创新，创作生产更多精品力作

精品力作是一个地方的"精神视窗"，体现文化形象和文化品位。用创新精神推动文化繁荣发展，应突出内容创新，认真抓好文艺作品、文化产品创作生产，打造一大批弘扬中国精神，具有中国风骨、地方风格、时代风尚的精品力作。

弘扬中国精神。把握中华文化、地方文化的精髓，以此作为创新的源泉，运用富有民族特色的元素符号、形式样式，创作生产一批思想性、艺术性、观赏性俱佳，社会效益和经济效益相统一的精品力作，彰显信仰之美、崇高之美，弘扬中国精神、凝聚中国力量。广东是岭南文化的发祥地、近代革命的策源地、改革开放的前沿和先行地，涌现出众多英雄人物、改革先锋和商界能人等，这些都是优秀文化作品创作生产的重要资源和素材。要弘扬主旋律、提倡多样化，多题材反映现实社会、多方位表达时代进步、多角度观照当下生活。

增强原创能力。原创是文化繁荣发展的“发动机”，原创能力不足往往导致优秀文化作品匮乏，制约文化繁荣发展。应引导鼓励文化工作者克服浮躁情绪和跟风逐利倾向，深入基层、扎根人民寻找创作源泉、激发创作灵感、打造精品力作。抓好源头、抓好剧本，搭建“剧本超市”，加强对文学、电影、电视剧等创作基础环节的扶持力度，实施好电影、电视剧、戏曲剧本孵化计划。发挥文艺评论的引领作用，推介名家名作，建立具有地方特色的文艺评论微信公众号，加强文化热点的引导和文化新现象的评析。培育有利于原创的创作环境，提倡个性化的艺术创作，推出更多富有创意的作品。

提高组织程度。重大主题和题材作品的创作生产，必须提高组织化程度和专业化水平，集中力量和资源强力推进。要抓好精品创作生产的项目规划，分门别类做好专项设计，积累优秀选题，形成“策划一批、生产一批、储备一批”的梯次推进格局，制定电影、电视剧等创作生产重点选题规划，组织创作生产体现国家意识和民族精神的主旋律作品。完善精品创作生产运行机制，构建精品投入产出绩效评估指标体系，探索建立重点文化项目创作生产签约、考核制度和奖励机制。

注重集成创新。进一步转变观念，消除传统与现代之间的隔阂，打通艺术与技术之间的障碍，促进不同艺术形式、不同创作手法相互融合、相互借鉴。立足自我、博采众长，既注重继承民族文化优秀传统，又注重汲取世界各民族文化的长处，做到古为今用、洋为中用。推进文艺“大融合”，如动漫与音乐、刺绣工艺与美术、传统戏曲与现代音乐的融合等。推动文化产品出新开新，打造丰盛的文化大餐，更好地满足人民群众需求。

推动业态创新，抢抓文化产业发展先机

当今时代，科技进步日新月异，互联网技术发展迅速，网络文学、网络音乐、网络影视、网络动漫等不断涌现，民营文化工作室等新的文艺组织层出不穷，网络作家、独立演员歌手等新的文艺群体十分活跃，催生了新的文化业态。这要求我们努力推动文化业态创新，抢抓文化产业发展先机。

推动网络文化健康发展。大力发展网络文化产业，鼓励网络企业参与网络文化内容产品的生产经营。积极发展网络视频、移动电视、动漫网游、网络社区、在线音乐、无线音乐、数字出版等文化产业新业态，建立网络文学、网络音乐、网络剧、微电影、网络演出、网络动漫等创意产业基地。搭建网络文化发展平台，开展微电影大赛、微影视作品文化交流等活动，促进网络视听节目媒体资源融合发展。利用网络推介文化产品，大力发展文化微商、文化电商，支持文化产业从业者通过微信等工具和形式开展文化产品与服务交易，通过互联网创新文化产业商业模式、提升文化产业发展水平与质量。广东省是网络大省，截至2015年年底，登记备案的网站达67万多家，并以月均近万家的速度增长；网民7 076万多人，手机网民6 353万余人。大力发展网络文化已成为繁荣发展地方文化的重大课题。我们要大力实施“互联网+文化”行动，形成文化发展优势。

推动文化与科技融合。加快文化科技创新，加强数字等文化领域核心技术研发，增强文化产品创新能力。健全以企业为主体、以市场为导向、产学研相结合、创作生产上中下游互动的文化创新体系，开发拥有自主知识产权、市场占有率高、具有核心竞争力的文化产品。运用先进技术和现代生产方式改造提升传统文化产业，推动传统文化产业转型升级，推动特色优势产业提高自主创新能力。利用科技提升文化产品生产力，运用科技手段建设和共享文化资源数据库、素材库、信息库。建立国家级文化与科技融合示范基地，高水平规划一批文化创意产业园，打造一批优势文化产业集群。

打造知名文化品牌。文化产品只有形成品牌效应，才能在全国甚至全球叫得响。要培育和发展一批实力强、前景好的文化企业，尤其是新兴领域的龙头企业；像打造现代产业500强一样，打造若干在全国有强大竞争力、影响力的知名文化企业和文化品牌。推动文化与产业融合，增强文化竞争力，巩固现有文化产业优势。推动文化产业跨界融合，促进“文化+网络”“文化+旅游”“文化+体育”“文化+商业”“文化+传统产业”发展壮大，打造区域文化产业品牌。

创新体制机制，激发文化繁荣发展活力

习近平同志强调：“要通过深化改革、完善政策、健全体制，形成不断出精品、出人才的生动局面。”激发文化繁荣发展活力，关键是解决制约文化发展的体制机制问题。广东省作为全国文化体制改革试点省，在文化体制机制改革创新方面必须抓住关键环节、解决主要矛盾、破解难点问题。

深化文化体制改革。对发展活力不足、经营状况不好的国有文化单位，要针对不同情况完善相关政策措施，整合资源、集聚要素，深化财务、税收、社会保障和劳动人事制度改革。推动国有经营性文化单位加快完善法人治理结构，实施“扶优扶强”战略，选择一批实力强、前景好的国有及国有控股文化企业进行重点培育，推进混合所有制改革，盘活国有文化资源，打造一批有竞争力、影响力的国有或国有控股文化企业和企业集团，打造一批在推进文化繁荣发展中能发挥主力军作用的国有文化企业“旗舰”和“航母”。深化文化事业单位改革，在公益性文化事业单位建立理事会，引入竞争机制和激励机制，推进薪酬制度和人事制度改革，健全岗位目标责任制，最大限度调动员工积极性，提高公益性文化事业的社会效益和服务效能。

完善文化管理体制和运行机制。建立和完善市场化、产业化的文化产品运营模式。文化产品在市场上受欢迎，除了质量过硬，一个重要原因就是营销手段先进。要调动一切手段、办法、资源，使文化产品研发、生产、销售有机衔接，形成先进的文化产品创作、生产、营销体系。建立统一开放、竞争有序的文化市场和现代文化流通体系，发展文化中介、文化经营行业，健全文化会展平台、产权交易平台，形成有利于文化产业发展的市场环境。改变用计划经济思维管文化、办文化的方式，完善市场化的文化产业运行机制，激发文化发展活力。推动文化企业主动占领文化市场，想方设法开发和占领国际文化市场，推动文化走出去。

鼓励社会力量投入文化建设。巩固国有文化企业的主体地位，增强国有文化资本的市场控制力、影响力、带动力。促进文化建设资本多元化，引导鼓励社会资本进入文化产业，为社会资金投入文化发展创造良好政策环境和平等竞争机会，形成多元化的投资主体，形成公有制为主体、多种所有制共同发展的文化产业格局。广东省经济总量全国第一，民营资本发达，要充分发挥社会力量在文化建设中的重要作用。

加强创新人才队伍建设，为文化繁荣发展提供智力支撑

盖有非常之功，必待非常之人。推动文化创新发展需要大批创新人才。应加强创新人才队伍建设，培养引进一批文化大师、一批各专业领域的领军人物、一批懂经营善管理的复合型人才、一批掌握现代传媒技术的专门人才，形成一支规模宏大、门类齐全、结构合理的“文化大军”。

加大高层次文化人才培养力度。实施文化领军人才培养工程、青年文化英才工程，发掘培养各艺术门类和流派的带头人，集中力量抓好高层次文化人才队伍建设。引导和支持文化人才加强学习，鼓励和支持他们接受多种形式的教育。开展文化人才“一荐一”活动，以老带新，推动中青年优秀文化人才成长。资助扶持中青年优秀文化人才开展创作研究、承担重点项目、参加重大活动，为他们扩大对外交流创造条件，全方位支持中青年文化人才创业创新。

加大高端和紧缺文化人才引进力度。加大文化创新、经营人才尤其是高端和紧缺文化人才引进力度。实施人才引进计划，用足用好现有人才政策，用全国乃至全球视野吸纳人才，不求所有、但求所用。有重点、有选择地引进高层次文化人才，采取灵活多样的引进方式，必要时采取客座、签约等形式“软性”引进智力。改善文化人才队伍结构，提升文化人才档次，壮大其整体实力。

加大优秀文化人才奖励力度。坚持用事业激励人、用感情凝聚人、用待遇吸引人。制定完善文化人才培养的激励政策，深化收入分配制度改革，加大对优秀文化人才的奖励力度，调动人才创新创作的积极性。完善文化人才评价标准和办法，对优秀文化人才要大胆使用，给他们提供施展才华的舞台，激发其发展潜力，使各方面的文化人才都能才尽其用、脱颖而出。

（原载于《人民日报》2016年1月29日）

坚定文化自信，筑就民族伟大复兴时代的文艺高峰

习近平总书记在中国文联中国作协大会上发表的重要讲话，与2014年发表的文艺工作座谈会上的重要讲话一脉相承。总书记的重要讲话高瞻远瞩、思想深邃，通篇闪耀着马克思主义真理的光芒，是中国特色社会主义文艺理论的又一重大创新成果，是指导党的文艺工作和文化建设的纲领性文献，必将极大地推动我国文艺事业的繁荣发展。

党的十八大以来，在习近平总书记系列重要讲话精神激励下，广东广大文艺工作者紧紧围绕中国梦和社会主义核心价值观主题，深入生活、扎根人民，坚持与时代同步伐、与人民共命运，积极投身改革开放和全面建成小康社会的火热实践，以昂扬的风貌、出色的才华和勤奋的创作，热情讴歌人民伟业，精勤聚焦时代精神，不断续写岭南文化新篇章，为人民群众奉献了大量优秀的精神食粮，

文艺领域呈现了可喜的新变化、新气象，广东文艺综合实力和影响力越来越大，在全国文化发展大格局中唱响了“广东声音”。

学习贯彻习近平总书记重要讲话精神，就是要进一步统一思想和行动，以更高的认识、更大的热情、更实的举措推动广东文艺繁荣发展，努力推动广东做两个文明协调发展的排头兵，做创造性转化、创新性发展的排头兵，做坚定文化自信、筑就文艺高峰的排头兵。

一、坚定文化自信，更好肩负文艺工作者的历史使命

党的十八大以来，习近平总书记反复强调文化自信。创作出具有鲜明民族特点和个性的优秀作品，需要对博大精深的中华文化有深刻的理解，更要有高度的文化自信。道路自信、理论自信、制度自信和文化自信，是我们精神力量的源泉；而文化自信是更基础、更广泛、更深厚的自信。如果失去了文化自信，哪怕这个国家的历史、资源多么值得自豪，也难以建立抵御外来渗透、颠覆的精神支柱。美国人很自信，但并非因为其历史，而是他们自以为其价值观、其“主义”最好；地中海有的国家历史很辉煌，但悠久的历史对近年的乱局也无济于事；中东一些国家资源富得流油，但面对西方阵营的侵略、渗透也徒唤奈何。我国当今的强大和历史上曾经的软弱形成鲜明的对比，根本的不同点也在于我们今天有了“四个自信”！鲁迅先生说过，“文艺是国民精神所发的火光，同时也是引导国民精神的前途的灯火”。负有这样使命的文艺工作者，要在火热的新时代筑就文艺高峰，首要的就是坚定文化自信。

习近平总书记深刻指出，实现中华民族伟大复兴，是一场震古烁今的伟大事业，需要坚忍不拔的伟大精神，也需要振奋人心的伟大作品。广大文艺工作者要善于从中华文化宝库中萃取精华、汲取能量，使自己的作品成为激励中国人民和中华民族不断前行的精神力量。我们必须从这样的站位和视角来看待和认识文艺工作，认清自己所担负的历史使命和重要责任，胸中有大格局，眼里有大视野，手中有大制作。要把握时代脉搏，承担时代使命，聆听时代声音，回答时代课题。

学习领会总书记重要讲话精神，关键要用作品说话。我们要挖掘好广东文艺资源的“富矿”，继往开来、开拓创新。要在盘点经典中增强文化自信，在对话经典中激发创作灵感，在致敬经典中再创时代经典。结合建军90周年、迎接党的十九大、改革开放40周年、新中国成立70周年、建党100周年等重要时间节点，重点创作生产一批讴歌党、讴歌祖国、讴歌人民、讴歌英雄、讴歌时代的精品力作。善于发掘和表现人世间的真善美、表现人内心深处的温暖感、向上感，记录时代风云，生动描绘当代中国、广东的社会发展变化，艺术再现广东改革先锋、各行各业追梦圆梦的劳动者，把当代中国人、广东人的精气神写出来、传下去，更好激发全社会奋力前行的精神力量。

二、心里有人民，在创作导向上始终坚持以人民为中心

习近平总书记强调，人民是历史的创造者，是时代的雕塑者。一切优秀文艺工作者的艺术生命都源于人民，一切优秀文艺创作都为了人民。

广东百年来之所以经典作品迭出，文艺大家辈出，核心原因是广东人的务实精神、开放意识起作用，是作家、艺术家来自人民、为了人民、接受人民检阅的创作心态起作用。何柳堂的《赛龙夺锦》、马思聪的《思乡曲》、冼星海的《黄河大合唱》，都是关注人民、聚焦时代的作品；“两高一陈”创建的岭南画派，是直面时代、折衷中西的创新成果；欧阳山的《三家巷》、秦牧的《艺海拾贝》、陈残云的《羊城暗哨》，是聚焦百姓生活、记录时代风云的精品力作；大批独具一格的岭南戏剧佳作，是广东戏剧家们面向百姓、面向生活创作的作品。这些作品无一不是以人民为创作之源、以人民为鉴赏之母、以人民为评判之师的。广东文艺工作者要传承这种深深的人民情怀，按照总书记的重要讲话要求，坚定马克思主义文艺观，自觉以人民为表现主体，把人民的冷暖、人民的幸福放在心中，用笔墨光影生动立体地聚焦人民、呈现人民。

三、勇于创新创造，努力筑就广东文艺高峰

习近平总书记指出，创新是文艺的生命。广东是改革开放的前沿，是创新驱动发展的先行区，必须发挥好创新优势。

要把创新贯穿到文艺创作生产的全过程，致力营造“鼓励创新、拒绝平庸、宽容失误”的文艺创作环境，努力推出更多立得住、传得开、留得下，彰显岭南特色的扛鼎之作。创新观念，克服经验主义和模仿心态。想方设法增强原创能力，抓源头、抓剧本，落实好戏曲、电影孵化计划，抓好文本、词曲等基础工作，推出更多有原创价值、自主知识产权和核心竞争力的文艺作品和文化品牌。要善于运用各种现代技术和艺术元素，积极探索体裁、形式、风格、内容的创新，提升艺术的表现力和感染力。要大力推动文艺创作生产的跨界合作，推动传统与现代的融合，推动文艺与科技的融合、文艺与金融的融合，要推进文艺各门类的融合。要以严肃认真的精神对待艺术创作，力戒浮躁，努力追求艺术品的至善至美。要适应网络化、数码化等新形势，主动适应大数据时代的新要求，大力发展网络文艺，要以实施网络文艺精品创作和传播计划为龙头，鼓励推出更多优秀网络原创作品。

四、坚守艺术理想，大力培养德艺双馨的文艺人才

习近平总书记强调，文艺是铸造灵魂的工程，承担着以文化人、以文育人的职责，应该用独到的思想启迪、润物无声的艺术熏陶启迪人的心灵，传递向善向上的价值观。广大文艺工作者要以此为坚定的追求，做真善美的追求者和传播者，把崇高的价值、美好的情感融入自己的作品，引导人们向高尚的道德聚拢。伟大的文艺展现伟大的灵魂，伟大的文艺来自伟大的灵魂。经典之所以能够成为经典，其中必然含有隽永之美、永恒之情、浩荡之气。作文先做人，德为艺之魂。文艺要塑造人心，创作者首先要塑造自己。说到底，名家大师影响我们的不仅仅是他们的作品，更是他们的精神和道德情操。文艺工作者要立业先立德、为艺先为人，做到创业与修身共进，以高尚的职业操守、良好的社会形象、文质兼美的优秀作

品，赢得社会尊重。

习近平总书记指出，加强和改进党对文艺工作的领导，是文艺事业繁荣发展的根本保证。现在一说到党的领导，个别人就会说党的领导就是干涉、就是束缚，这显然是片面和错误的。

需要强调的是，第一，必须坚持党的领导。文艺家的创作确实是个性化劳动，应当予以尊重，但文艺作为上层建筑和意识形态的重要组成部分，始终同基本的经济政治制度紧密相连，始终有一个立场、性质和方向的问题。党对文艺工作的领导，既是方向原则的把握，也是落实到对文艺创作特别是一些重大题材作品、重点文艺项目的有力引导上。我们要认真贯彻党的文艺方针政策，使文艺始终沿着正确的方向前进。

第二，要遵循文艺规律，不断加强和改进党的领导。这一点，习总书记明确强调各级党委要高度重视文艺工作，要用符合文艺规律的方式领导文艺事业。我们要深刻理解总书记的指示，遵循文艺规律，要用符合文艺规律的办法来领导文艺，更好地释放文化艺术生产力。

“文章合为时而著，歌诗合为事而作。”文运同国运相牵，文脉同国脉相连。文艺是时代前进的号角，最能代表一个时代的风貌，最能引领一个时代的风气，是文化自信的集中展现。广东文艺工作者要牢记习总书记的殷切希望，紧紧抓住创作优秀作品这个中心任务，不忘初心，继续前进，在筑就中华民族伟大复兴时代文艺高峰中彰显文化自信的力量。

（原载于《瞭望新闻周刊》2016年第51期）

让文化英才近悦远来

“国势之强弱，系乎人才。”习近平总书记强调，要树立强烈的人才意识，寻觅人才求贤若渴，发现人才如获至宝，举荐人才不拘一格，使用人才各尽其能。站在新的历史起点上，深入学习贯彻习近平总书记系列重要讲话精神和治国理政新理念新思想新战略，协调推进“四个全面”战略布局，加快推进实现“两个一百年”奋斗目标和中华民族伟大复兴中国梦的伟大历史征程，决定了我们党“比历史上任何时期都更加渴求人才”。

宣传思想文化工作是“做人的大脑的工作”。加强宣传文化人才的培养，是实施人才强国战略的重要组成部分。在省委、省政府的正确领导下，广东省委宣传部认真贯彻落实习近平总书记关于人才工作的重要指示，以“天下人才、为我所用”的气魄和胸怀、“不拘一格、释放人才”的境界和眼光、“造就人才、辨识人才”的睿智和能力，努力造就近悦远来的岭南文化人才荟萃之地，着力培育文化领军人才和岭南文化当代名家大师。

“鱼无定止，渊深则归；鸟无定栖，林茂则赴。”让宣传文化人才迸涌，打造岭南文化新高地，必须创造一个聚集人才的环境。正如习近平总书记指出，“环境好，则人才聚、事业兴；环境不好，则人才散、事业衰”。广东省委宣传部深入开展新闻、出版、社科、文艺、文化产业等专业人才培养工作，形成以领军人才、“十百千”优秀人才、青年文化英才、基层文化能人等综合性人才培养工程为主体，“理论粤军”“广播影视名家、出版名家”、部校共建新闻学院等专项人才支持项目协同推进的人才培养体系。各项人才政策横向覆盖哲学社会科学研究、新闻出版、广播影视、文学艺术、动画漫画、文化创意、文化科技、文化产业经营管理等领域，纵向包含高端、中坚、后备、基层各层次专业人才，构筑了完备的宣传思想文化人才培养体系。

“广东省青年文化英才培养工程”是广东省委宣传部人才培养工作中的亮点工程，从2012年至今，先后培养了112位青年才俊，在哲学社会科学研究、新闻出版、广播影视、文学艺术、动画漫画、文化创意、文化科技、文化产业经营管理等领域崭露头角，成为各自专业领域的先行者、急先锋、领头人。现在，呈现在我们面前的《才俊的炼成——青年文化英才（卷一）》，展现了其中十位佼佼者的成长轨迹、卓越成就、文化情怀和精神风貌。他们当中，有本土培养的优秀学者、有在粤创业的行业精英，有土生土长的粤籍才俊、有落户广东的客籍翘楚，有高学历的专家教授、有从基层起步的文化馆员，有传统文化的坚守传承者、有新文化业态的开拓创新者，分布各行各业，覆盖体制内外，百花齐放，争奇斗艳。

“江山代有才人出，各领风骚数百年。”今日之青年英才，很可能就是明天之名家大师。青年承载着祖国的未来、民族的希望。青年文化人才的成长，不仅要有强烈的艺术追求，还应有正确的人生追求，要不断强化大局意识和责任意识，成为国家繁荣、民族振兴、社会进步的有力推动者，在历史和现实的交织中，寻找人生的坐标，坚定理想信念，提高自身修养，树立文艺工作者的良好社会形象，努力做到与党同心、坚定自信、人民至上、追求卓越、崇德向善，自觉在社会主义先进文化建设中发挥引领表率作用。希望广东各界青年英才以习近平总书记对广东工作重要批示为强大动力，志存高远，砥砺前行，不断攀登新的文化高峰。希望更多的青年能够以青年英才为榜样，奋发有为，敢于进取，努力成为国之栋梁大才、民之中流砥柱，为实现中华民族伟大复兴的中国梦贡献聪明才智，不负青春，不负时代！

（此文为羊城晚报出版社《才俊的炼成》一书的序言）

广东以创新理念推动文化改革发展

创新是引领发展的第一动力。近年来，广东省深入学习贯彻习近平总书记系列重要讲话精神，围绕“四个全面”战略布局，以新发展理念为引领，坚持创新为要，推进文化内容形式、体制机制、生产传播等全方位创新，增强文化发展活力，文化改革发展呈现可喜的新局面。

一、强化媒体融合创新，构筑文化发展新格局

抢抓新兴媒体发展重要机遇，以创新推动媒体融合发展，打造具有全国影响力的新型主流媒体。一是立足传统主流媒体既有优势，加快培育新媒体拳头产品、标杆项目，着力打造新型主流媒体集团。省主要媒体把抢占互联网受众作为提升传播力引导力的重要切入点，把做大用户量级作为头等重要的任务，在确保导向安全的前提下力争最大限度聚集用户、影响用户。2015年下半年以来，南方报业传媒集团“南方+”、羊城晚报报业集团“羊城派”、广州日报报业集团“广州参考”、深圳报业集团“读特”等一批新媒体平台陆续建成上线。南方报业传媒集团旗下南都“并读”客户端安装量达到6 000万，大大提升了广东在新媒体领域的影响力。二是推动不同媒体间资源优化整合，在资源重构中再造媒体的核心优势，着力打造新媒体集团。加紧组建南方财经全媒体集团，通过南方报业传媒集团、广东广播电视台旗下的优势财经媒体资源重组，打造集“媒体、数据、交易”为一体的专业财经全媒体和综合金融信息服务平台。该集团在2016年11月挂牌成立。三是加快资本运作步伐，创新体制机制助力融合发展。为加快构建媒体创新发展资金平台，破解媒体融合发展的资金瓶颈，2016年3月，省直新闻出版企业和有关金融机构共同发起设立规模100亿元的广东南方媒体融合发展投资基金，按照市场化运作方式，支持媒体转型升级和新兴文化产业项目。还在筹备设立规模100亿元的广东省新媒体产业基金，将以政策性基金方式运作，支持全省媒体融合发展重大项目。两个基金的设立，将政策性扶持和市场化运作有机结合，在解决资金瓶颈的同时进一步强化了对媒体融合发展的工作统筹。四是促进采编系统改造升级，以技术平台整合为切入口推动一体化发展机制形成。省财政投入专项资金支持媒体采编系统升级改造，南方报业传媒集团、羊城晚报报业集团、广东广播电视台、广州日报报业集团、广州市广播电视台、深圳报业集团、深圳广电集团等媒体采编一体化平台陆续建成，新的采编一体化平台采取“中央厨房”模式，初步实现了全媒体内容的集约化生产、内容导向的一体化管理，对传统媒体和新媒体的统一指挥调度进一步强化，为从相“加”阶段迈向相“融”阶段打下扎实基础。

二、强化运行机制创新，提高文化服务有效供给

以人民群众基本文化需求为导向，以欠发达地区和基层为重点，以公共文化服务标准化均等化为突破口，加快构建现代公共文化服务体系。一是努力提高公共文化服务有效供给。顺应供给侧结构性改革，认真抓好基层综合性文化服务中心、事业单位理事会、

公共文化服务标准化等改革试点，拓展服务范围，丰富服务品种，提高服务精准度。中山市在推进建设基层综合性文化服务中心国家级试点中，整合跨部门、跨系统、跨区域文化资源，以“小平台”承载“大服务”，将丰富的文化服务内容采用菜单式、定制式的形式向群众提供精准服务。二是努力推进基本公共文化服务均等化标准化。出台我省基本公共文化服务实施标准，以22条国家指导标准为基础，只做加法，确定了32条标准，在人均公共文化设施数量、公共文化服务半径等方面高于国家标准，并明确量化指标，建立动态调整机制。推进文化精准扶贫，加大贫困地区和农村公共文化服务体系建设，除加大财政支持外，还“奖补扶持”粤东西北欠发达地区建设了大批基层公共文化设施，仅建成行政村（社区）文化室就有19 956个。全面实施公共文化场馆免费开放，加大投入1亿多元，补助各场馆为人民群众提供零门槛、高品质的公共文化服务。举办了形式多样、群众喜闻乐见的文化惠民品牌活动，有效满足了群众的需求。三是创新文化投入机制，引导社会力量参与公共文化建设。鼓励社会资本和民营企业家出资兴办博物馆、美术馆、图书馆，并采用多种方式面向群众开放。大力推动文化志愿者服务工作，形成了省、市、县、镇（街道）、村（社区）五级文化志愿服务网络，全省注册文化志愿者达700万人。四是开展文化消费补贴活动，保障人民群众的基本文化权益。省财政每年安排1.1亿元，采用发放文化消费卡、购买服务、减免收费等方式，对全省15个经济欠发达地区的城乡低保人员购买书籍和音像制品、订阅报刊、看电影、看文艺演出、收看有线电视等基本文化消费进行补贴。佛山、中山、东莞、惠州等地也采用多种方式，对本地低保人员和外来务工人员看电影、看文艺演出等文化消费进行补贴。

三、强化文化科技创新，助推文化发展转型升级

注重发挥科技对文化发展的引擎作用，以文化科技融合发展推动文化生产、传播方式和业态创新，提高文化核心竞争力和公共文化服务保障能力。一是大力实施文化科技创新工程。建设广州、深

圳国家级文化科技融合示范基地，培育了数字出版、动漫网游、网络音乐、多媒体广播影视、数字娱乐等领军全国的新业态，成为推动文化产业发展的强劲力量。仅动漫业年产值就占全国1/3，漫友、喜羊羊与灰太狼、猪猪侠、熊出没等品牌风靡全国；游戏业年产值超千亿，占到全国70%，端游、页游、手游领先全国。新业态的蓬勃发展，使全省文化产业结构进一步优化提升。二是大力发展网络文化产业。把发展“互联网+文化”作为增强创新优势、抢占制高点的突破口，大力创新网络文化产品和服务，建设了一批大数据、云服务平台，培育发展了一批网络文化产业基地，互联网文化产业快速增长，涌现了腾讯、网易、金山、扎客、UC、YY等行业巨头，全国APP总榜安装量前三名（微信、QQ、酷狗音乐）均为广东企业，仅酷狗音乐就拥有5.5亿用户和30亿移动端、30亿PC端安装量。物联网、可穿戴智能设备、虚拟现实和增强现实、人工智能等技术崭露头角。三是加快网络文化公共技术平台升级提质。以“互联网+”创新公共文化服务，推进公共文化设施互联互通，开发O2O公共文化服务平台，建设网上图书馆、博物馆、文化馆、美术馆、非物质文化遗产馆，提供“一站式”线上线下联动服务，实现资源共享，公共文化服务能力大幅提升。在拓展海外市场方面，YY的社交平台活跃度位居泰国第一，金山猎豹手机杀毒软件安装量位居北美第一。

四、强化文化业态创新，拓展文化发展新空间

强化“文化+”思维，推动文化产业与制造、信息服务、教育、商业、建筑、体育等融合发展，拓展产业边界，提升发展空间。一是着力开展“文化+旅游”试点。以创建文化创意旅游示范区为抓手，在粤东西北地区支持建设了一批具有浓郁岭南特色的文化旅游名镇、名街、名村，开辟了“世界遗产游”“潮汕文化与滨海美食游”“客家文化与山水度假游”等文化旅游精品线路，文化观光游、体验游、休闲游蔚然成风。二是着力开展“文化+贸易”试点。在广州、深圳建设国家级版权贸易基地，广州版权贸易基地的综合性版权交易平台上线仅一年，交易额突破40亿元。三是着力推进

“文化+制造”。立足珠三角制造业发达优势，大力发展创意文化产业，全省建设了羊城创意产业园、广州TIT国际服装创意园、广东工业设计城等150多个文化产业园区，入园企业近2万家。

五、强化文化金融创新，优化文化发展要素支撑

创新文化投融资体系，破解文化企业融资难题。一是开展文化金融融合发展试点。出台多项政策，连续两年召开文化金融合作对接会议，促成金融机构对全省文化企业累计授信超过1 000亿元，实际贷款超过100亿元。探索构建中小微文化企业融资担保平台，“量身定做”相关贷款担保产品，鼓励文化领域“大众创业、万众创新”，推动东莞市创意产业中心园区、顺德创意产业园等大批文化产业园区引进小贷公司，由园区采用多种方式担保，为众多小微文化企业及时发放了贷款。二是加快推动组建各类文化产业投资基金，直接支持产业发展。珠江电影集团有限公司与广州越秀集团共同筹备设立规模50亿元的珠影越秀文化产业发展投资基金，于2016年4月15日挂牌成立，首期5亿元资金已到位，并开始投资影城建设、电影制作和开发文化产业综合体（星光城）等项目。三是鼓励各类风险投资基金、股权投资基金参与文化产业。2014年以来，全省有19家私募股权基金投资相关文化产业，投资项目近100个，金额达23.2亿元。支持文化企业通过上市、发行企业债券等形式直接融资。南方传媒于2016年2月15日在上交所成功上市，有多家文化企业在新三板挂牌。南方报业传媒集团近年来5次用较低利率融资融券11.4亿元，有效满足了发展所需资金，大大节省了融资成本。

（原载于《内部参考》2016年第38期）

坚定文化自信，强化文化担当

“弄潮儿向涛头立，手把红旗旗不湿”“接天莲叶无穷碧，映日荷花别样红”……G20杭州峰会期间，习近平主席在多个重要致辞中，中华古典名言佳句信手拈来，受到会场内外的广泛追捧。

习主席的精彩讲话，就是我们坚定文化自信的有力昭示。习主席在G20峰会上提出的一系列战略主张和实践路径，汇聚了我国优秀传统文化中开放、进取、合作、共赢的积极精神，展示了中华民族传承和平、和睦、和谐的坚定理念，是中国智慧形成的“中国主张”，赢得了各方热烈呼应。

中央领导同志出席中央党校2016年秋季学期开学典礼讲话时强调，领导干部要深入学习贯彻习近平总书记系列重要讲话精神，坚定文化自信、强化文化担当，推动中华文化繁荣兴盛，汇聚实现“两个一百年”奋斗目标、实现中华民族伟大复兴中国梦的强大力量。

文化，是人类历史长河中积淀的精神财富，是人类创造的文明智慧的结晶。绵延5 000多年的中华民族在繁衍生息中孕育出了博大精深的中华文化，成为人类文明百花园中的瑰宝，更成为中华民族凝聚力的内核。

“中华优秀传统文化是中华民族的突出优势，是我们最深厚的文化软实力。”党的十八大以来，习近平总书记多次阐述文化软实力的重要作用，并明确提出坚定文化自信。总书记指出：“经过几千年的沧桑岁月，把我国56个民族、13亿多人紧紧凝聚在一起的，是我们共同经历的非凡奋斗，是我们共同创造的美好家园，是我们共同培育的民族精神，而贯穿其中的、最重要的是我们共同坚守的理想信念。”“没有文明的继承和发展，没有文化的弘扬和繁荣，就没有中国梦的实现。中华民族的先人们早就向往人们的物质生活充实无忧、道德境界充分升华的大同世界。实现中国梦，是物质文明和精神文明比翼双飞的发展过程。”

“一个国家、一个民族的强盛，总是以文化兴盛为支撑的。”中华优秀文化是我们民族永不褪色的名片、永不贬值的“硬通货”。实现中国梦，文化的力量是决定性的。我们要从全局和战略高度，深刻认识坚定文化自信的重大意义，高举我们的文化旗帜、坚守我们的文化理想，以文化自信支撑道路自信、理论自信、制度自信。

坚定文化自信，源自我们有自信的底气和实力。坚定文化自信，一方面在于我们有生生不息、博大精深的中华优秀传统文化，有党领导人民创造的激昂向上的革命文化和生机勃勃的社会主义先进文化；而根本还在于有贯穿其中的科学理论指导、坚定理想信念、正确价值追求，有以爱国主义为核心的民族精神和以改革创新为核心的时代精神。

当今世界，文化软实力的比拼，说到底是核心价值观的较量。习近平总书记指出，提高国家文化软实力，要努力传播当代中国的价值观念。当代中国价值观念，就是中国特色社会主义价值观念。

要通过多层次多形式的宣传教育和传播阐释，把贯穿其中的科学理论指导、坚定理想信念、正确价值追求，和以爱国主义为核心的民族精神和以改革创新为核心的时代精神，在全社会弘扬起来，把核心价值观贯穿于社会生活和对外交流的方方面面，通过弘扬文化自信，进一步增强我们的道路自信、理论自信、制度自信。

坚定文化自信、增强文化自觉、强化文化担当，回答了我们应该以什么样的视角认识文化、以什么样的态度对待文化、以什么样的思路发展文化的问题——就是要坚持走中国特色社会主义文化发展道路，弘扬社会主义先进文化，更加坚定、更加自觉地推动“两个文明”协调发展，唱响主旋律、传播正能量、弘扬真善美，不断增强我国文化软实力，努力建设社会主义文化强国，实现“文化小康”。

（原载于《新华每日电讯》2016年9月7日，署名乐水）

注重“六力”，推动文艺繁荣发展

习近平总书记在文艺工作座谈会上的重要讲话发表以来，广东文艺领域呈现令人欣喜的新变化、新气象。进一步深入贯彻落实习近平总书记在文艺工作座谈会上的重要讲话精神，就要打造更多在全国乃至世界有影响力的弘扬中国精神，具有中国风骨、岭南风格、世界风尚的精品力作，把当代中国人、广东人的精神写出来、传下去，更好激发全社会奋力前行的精神力量。

一、以中国精神铸造灵魂，提升文艺的引领力

一要坚持正确的创作导向，用社会主义核心价值观引领文艺创作。要引导广大作家、艺术家坚持正确的创作导向，以深入学习习近平总书记在文艺工作座谈会上的重要讲话精神为主题，举办各类别、各层次的培训班、研讨会，加强马克思主义文艺观学习教育，加强党的文艺理论和方针政策学习教育。要严把文艺创作生产导向关，从规划立项开始就要把好导向。要加强对文艺经典作品的宣传推介，开展多种形式的品读、颂唱经典活动，发挥经典作品的示范引领作用。努力创作生产传播当代中国价值观念、弘扬中国精神、富有正能量、有感染力，叫得响、传得开、留得下的精品力作。

二要聚焦中国梦主题，大力推动现实题材、本土题材创作。要进一步重视和扶持重大现实题材、广东本土题材的创作，深化中国梦主题文艺创作活动，反映社会主流、记录时代风云，生动描绘当代中国、广东的社会发展变化，艺术再现广东改革先锋、商界能人、各行各业追梦圆梦的劳动者。要善于抓住群众关心关注的题材，弘扬主旋律，提倡多样化，全面立体反映时代主流。

三要礼赞英雄人物，抓好爱国主义题材的创作。爱国主义是常写常新的主题。蕴含浓浓家国情怀的作品，最能感召中华儿女团结奋斗。要抓好爱国主义题材的创作，推出一批高扬爱国主义旗帜、鼓舞激荡人心的重点作品。要引导广大作家、艺术家用最好的文字、最美的画面、最动听的旋律，使英雄成为中国故事、广东故事里最闪亮的主人公。

二、用中华审美观提高文艺品位，增强文艺的表现力

一要以中华审美的方式认知世界。要以中华审美方式，来认知和描绘现实，评判和鉴赏文艺作品。将中华美学精神融入到文艺创作、形象塑造、舞台设计、音乐曲调、符号元素之中。要加强对中华美学知识的教育普及，制定出台我省实施国民艺术教育工程有关意见，并加大中华美学知识的比重，着力提高文艺工作者和广大群众对中华美学精神的认知水平，推动用中华美学精神认知世界、引领文艺创作生产。

二要汲取中华美学的精神营养。作家、艺术家要从中华美学中汲取精神营养，着力提高发现美、感悟美、表现美的能力，使文艺作品传递真善美，传递向上向善的价值观。要大力推进道德模范、最美人物、劳动模范等各类先进典型走进文艺作品，成为文艺创作的主要对象。

三要坚持“文质兼美”的中华美学标准。要引导作家、艺术家坚持以“文质兼美”的中华美学标准开展文艺创作，创作生产的文艺作品要思想和艺术统一，内容和形式统一，能清楚地告诉人们所要反映的主题、表达的主要思想，能清楚地告诉人们肯定和赞扬什么、反对和否定什么，打造思想性、艺术性、观赏性俱佳，社会效益与经济效益相统一，人民群众喜爱的精品力作。

三、大力推进改革创新，聚焦精品力作，激发文艺发展活力

一要不断增强原创能力。要抓好源头、抓好剧本，搭建“剧本超市”，大力加强对文学、电视剧、戏剧等创作基础环节的扶持力度，实施好电影、电视剧、戏曲剧本孵化计划。要着力发挥文艺评论的引领作用，大力推介名家名作，在省主要媒体开设专版专栏专题，加强文艺“热点”问题的引导和文艺新现象的评析。要着力培育有利于原创的创作环境，提倡个性化的艺术创作，推出更多富有创意的原创作品。

二要大力推动业态创新。要以实施网络文艺精品创作和传播计划为龙头，鼓励推出更多优秀网络原创作品。要利用好广东网络广播电视台，建立专门的电影、电视剧、纪录片、戏剧等播出栏目和频道，建立广东“网络文学、网络音乐、网络剧、微电影、网络演出、网络动漫”等创意产业基地。要大力推动文化与科技融合。充分运用先进技术和现代生产方式推动影视演艺、出版发行等传统产业转型升级，推动工艺美术等特色优势产业提高自主创新能力，利用数字、3D、4D等多种高新技术提升文艺产品的表现力。

三要注重文艺的集成创新。大力推进文艺形态的创新，消除传统与现代之间的隔阂，促进不同形式、不同手法的相互融合、相互借鉴。立足自我、博采众长，既注重继承民族文化的优秀传统，又注重汲取世界各民族文化的长处，做到古为今用、洋为中用；既生产“阳春白雪”，又生产“下里巴人”。大力推进文艺各门类的融合，要提高艺术形态的集约化，促进产业链条的形成。

四、加强对外交流合作，扩大广东文艺的传播力

一要讲好中国故事、广东故事。要把讲好中国故事、广东故事作为文艺创作的一项基本任务，要着重讲好“一带一路”建设、创新驱动发展、中国创造、中国品牌等故事。讲故事，既讲国家民族的大故事、也讲百姓身边的小故事，要巧妙构思、以小见大，做到形象化、生活化，见人、见物、见精神。

二要宣传推介好广东文艺作品。要搭建好宣传推介平台，推动建立省级文艺产品网络展示和交易平台、华南地区艺术品交易中心。继续办好中国（深圳）国际文化产业博览会、中国（广州）国际纪录片节等交易展会。积极推动文艺走出去，彰显广东文化的对外影响力和美誉度。

三要积极推动广东文艺对外交流。鼓励各类文化单位广泛吸引“外脑”“外资”“外才”，在国内外寻求文艺创作生产的战略合作，进一步深化与海外及港澳台的文化交流与合作。加大对文艺产品走出去的扶持力度，实施优秀影视节目海外推广、“岭南文学名家”海外英文出版等广东文化“走出去”重大项目工程。

五、加强人才队伍建设，夯实文艺繁荣发展的支撑力

一要着力培养文艺工作者对人民的感情。引导作家、艺术家坚持以人民为中心的创作导向，建立健全文艺家下基层的长效机制，通过资助、奖励、补贴等方式，为文艺工作者采风创作、挂职锻炼、定点生活提供必要条件。把深入生活作为文艺工作者业务考核、职称评定和表彰奖励的重要依据，在晋级晋升、评奖表彰、资金扶持等方面优先考虑那些长期深入生活、扎根人民的文艺家。

二要培养造就一批文艺领军人物和拔尖人才。大力实施文化领军人才培养工程、青年文化英才工程，发掘发现和培养各艺术门类和流派的带头人，集中力量抓好高层次文化人才队伍建设。实施“当代岭南文化名家”出版工程，推出名家系列传记、作品集、电视专题片。有重点有选择地引进高层次文艺人才，建立优秀文艺人才引进的“绿色通道”，用全国乃至全球的视野吸纳人才，不求所有，但求所用。大力加强基层文艺人才队伍建设，发现和培养乡土文化能人。

三要团结凝聚新的文艺组织和文艺群体。要用新的眼光看待他们，敞开胸怀接纳他们，在规划立项、资金扶持、政府采购、教育培训、展示展演、评比奖励等方面创造条件，在发展会员、职称评定、社会保障等方面给予公平待遇，特别是在文艺骨干轮训中，要把更多新的文艺群体、文艺人才纳入进来。

六、强化组织保障，形成推动文艺繁荣发展的强大合力

一要提高组织化程度。要把推进文艺繁荣发展摆在更加突出的位置，列入重要议事日程。要加强对文艺创作的宏观研究和指导，特别是涉及重大主题、重大题材作品的创作生产要提高组织化程度和专业化水平，集中力量资源，给予强力推进。制定精品创作生产的项目规划，形成“策划一批、生产一批、储备一批”的梯次推进格局。

二要不断完善体制机制。认真落实中央关于推动国有文化企业实现两个效益相统一的有关文件，进一步强化细化社会效益的考核导向、考核指标，解决好唯票房、唯收视率、唯点击率、唯发行量的问题。要进一步做好文艺评奖工作，按照中央和省的要求，抓好规范清理工作。保留下来的评奖项目要下大力气办好，办出水平、办出品牌，增强奖项的公信力和权威性。

三要进一步完善各项文艺扶持政策。制定出台推动文艺繁荣发展的措施和办法。要用好用足已有的政策，要针对工作中出现的新情况新问题，及时研究出台新的政策措施。

四要积极鼓励社会力量办文艺。要着力营造社会力量投资文艺创作生产的良好政策环境和平等竞争机会，充分发挥民营文化机构的积极性，运用多种形式引导和鼓励社会资本投入文艺创作生产，强化文艺创作生产的多元化投入和产业化运作。

（根据2015年12月24日在广东省繁荣发展社会主义文艺推进会上的谈话整理，南方网登载）

努力成为德艺双馨文艺家

当前，文艺界正处在一个名家辈出、人才云集、名作纷涌的时代，广大文艺工作者应抓住这个难得的历史机遇，更加自觉主动地融入到文化创新的实践中去，努力成为德艺双馨的文艺家。

一、高素质的文艺人才是文艺繁荣发展的根本

改革开放以来，广东文艺事业跨入一个生机盎然的新春天，老一辈文艺家逸兴勃发，新一代文艺家迅速成长，涌现出一批引领时代的优秀作品。广东宣传思想文化战线认真贯彻落实中央和省委的人才工作部署，注重体制机制建设，加大资助扶持力度，文艺人才总量稳步提升，队伍素质逐步得到改善。但也有不足之处，比如文艺领军人物少、新型文艺人才不多等问题仍然较为突出。特别是在电影、电视剧、小说、戏剧等方面，叫得响、传得开、留得住的精品力作明显不足，与广东的经济地位还不相称。今后，要结合全省宣传文化人才培养规划，遵循文艺发展规律和人才成长规律，以提高创新能力为核心，以领军人物和拔尖人才为重点，建设一支门类齐全、业务精湛、德才兼备的文艺人才队伍。

二、努力造就一批德艺双馨的优秀文艺人才

文艺家要有高远的艺术追求。推动文艺繁荣发展，最根本的是要创作生产出无愧于我们这个伟大民族、伟大时代的优秀作品。没有优秀作品，其他事情搞得再热闹、再花哨，那也只是表面文章。作为作家艺术家，要牢记创作是中心任务，作品是立身之本，要坚持以人民为中心的创作导向，努力创作生产更多传播当代中国价值观念、体现中华文化精神、反映中华民族审美追求，思想性艺术性观赏性有机统一的优秀作品，把最好的精神食粮奉献给人民。要坚持讲品位、讲格调，坚持把社会效益放在首位，给社会以正气、给人民以温暖、给生活以情趣，唱响代表时代发展方向、体现社会进步要求的主旋律。要强化敬业意识、奋斗精神，在艺术上刻苦钻研、精益求精，耐得住寂寞，用十年磨一剑的劲头，打造出经得起历史和人民检验的作品，以之感召社会、激励人心、振奋精神、引领风尚，为建设中华民族共有精神家园作出贡献。

文艺家要有社会担当。文以载道，以文化人。文艺家要有大情怀，有社会担当，有“铁肩担道义”的社会责任感，有高尚的人格修为。历代名家大师，莫不如此。广大作家艺术家应继承和发扬“文以载道”的中华优秀传统，更加主动地承担起用先进文化引领社会进步的历史责任，胸怀天下，坚守理想，勇于担当，紧跟时代，自觉践行社会主义核心价值观，将高尚的人品和艺品结合起来，自觉把个人的艺术追求融入国家发展的洪流之中，把个人的理想抱负同人民群众的需求紧密结合起来，在报效祖国、奉献社会、服务人民中实现自己的人生价值。

文艺家要有高尚的道德情操。正人先正己，立艺先立德。崇德尚义是中华文化的鲜明底色，见贤思齐是中国人民的共同心理，无数品德高洁的人推动着中华民族的前进。历史证明，只有坚持把思想道德修养作为立身和创作之本，在不断提高作品艺术水平的同

时，始终如一地提升自己的道德境界和思想品格，才会成为人品与艺品共进、人格魅力和艺术魅力俱佳的名家大师，才能产生真正的传世佳作。道德情操没有上限，但是不能没有底线，文艺绝不能成为市场的奴隶、沾染上铜臭气。广大文艺工作者要不断提高自己的思想修养，强化人格修为，做到创作与修身共进，追求人品与艺品俱佳，努力以自己的人格力量和艺术魅力赢得社会认可、群众尊重，成为公众的表率。作为公众人物的作家、艺术家，越是知名，越要注意自己的言行可能带来的影响；越是有成就，越要戒骄戒躁；越是被社会关注和推崇，越要自尊自重、自珍自爱、自律自省，努力以良好的形象赢得群众的称赞。

文艺家要有不懈的创新精神。创新是一切艺术精品的共同特征，是文艺事业繁荣发展的不竭动力，也是文化永葆生机的根本所在。唯有创新，才能实现精品纷呈、人才辈出、文化活力绽放，才能使中华文化挺立于时代发展前列、跻身于世界先进文化之林。广大作家艺术家应适应新时代新形势新要求，把创新精神贯穿文艺创作生产的全过程，自觉吸收中华优秀传统文化精华，以更加自信开放的心态和更加开阔的视野吸收借鉴世界优秀文化成果，提高原创能力，推陈出新，开创广东文艺新风貌新气象，书写岭南文化新篇章。文艺创新，是观念、手段、内容和形式的融合创新，是各种艺术要素和技术要素的集成创新，是胸怀和创意的对接创新。要提倡体裁、题材、形式、手段充分发展，推动观念、内容、风格、流派积极创新，着力增强艺术的表现力、吸引力、感染力，不断实现文艺发展的新跨越。要善于学习新知识、不断提升艺术修养，增强对艺术的感悟力、表现力和创造力，将鲜明的时代主题融合在鲜活的艺术形象中，创作出一大批具有中国风骨、岭南风格、世界风尚的精品力作，打造岭南文艺新高地。

三、为优秀文艺人才的成长创造良好条件

要创新机制，引进和培育高端文艺人才。高端人才不多是制约广东文艺繁荣发展的急切问题。要坚持深化改革，积极运用好文化人才引进政策，建立和完善政府引导、用人单位为主体、市场化配置为基础的人才引进和发展机制。要坚持立足现实需要，面向国内和国外两个人才市场，个体引进和团队引进相结合，全职引进和柔性引进相结合，引进和培养、使用并重，通过岗位聘用、项目签约、人才租赁和项目合作等多种方式引进和使用人才，特别是引进广东影视、舞台艺术创作生产亟须的编剧、导演和市场营销、新媒体运营等人才，提升全省文艺人才队伍整体水平。要大力实施“广东特支计划”宣传思想文化领军人才培养工程，造就大批有影响力的广播影视、新闻出版、文学艺术、文物保护、文化经营管理等方面的文化名家和艺术大师。制订并落实“文学名家造就计划”，打造“文学粤军”。要继续开展“文艺终身成就奖”等评选表彰活动，加强对老一辈文艺名家及其作品的宣传推介，加大对岭南文化名家的研究传承力度，实施“当代岭南文化名家”出版工程，推出名家系列传记、作品集、电视专题片。

要创新手段，培养一大批中青年文艺英才。中青年文艺人才是文艺繁荣发展的坚实基础，是打造未来文艺高峰的希望。要以精神文明建设“五个一工程”和“广东省鲁迅文学艺术奖”等为抓手，结合省宣传思想文化战线优秀人才“十百千工程”和青年文化英才工程，继续评选中青年德艺双馨文艺家以及广播影视青年创新人才、出版青年创新人才，加大中青年文艺人才的发现、推介和培养力度。落实“作家签约制”，加大重点文学创作扶持力度，整合全省文学创作力量，以中青年作家为重点，通过选题与创作实绩相结合的办法推出人才。要全方位支持中青年文艺人才创业创新，资助扶持其开展创作研究、承担重点项目、参加重大活动，继续开展“新世纪之星”“星河展”系列展演、省青少年曲艺“明日之星”选拔等活动，推出一批有实力、有影响的高素质文艺人才。要大力开展“一带一”“一带多”等形式的名家传承活动，推进美术、音乐、舞台艺术等文艺门类的“一荐一”活动，以老带新，培养一大批中青年文艺英才。

要创新服务，加强基层文艺人才队伍建设。文艺工作重在基层，基层文艺人才队伍亟须加强。文艺要面向基层、服务基层，加强县级和城乡基层文艺人才队伍建设，扶持培养一批政治坚定、素质优良、扎根基层、服务群众的基层文艺业务骨干、技术能手，夯实文艺人才队伍。要根据服务规模，适当增加基层文艺单位工作人员的数量，落实乡镇文化站职能，健全社区文化中心专兼职岗位，培养一批基层文艺能人，发展一批基层文艺爱好者。要定期开展有针对性的学习、交流、培训活动，举办培训班，开展交流展演活动等，促进不同地区文艺人才沟通交流，丰富阅历，增长才干，提高基层文艺人才的思想认识、组织能力和业务水平。要实施基层文化能人支持计划，深入开展“结对子、种文化”活动，推进文化帮扶工程，有计划地选派文艺骨干到基层蹲点交流，组织基层文艺人才到省、市机关、企事业单位进行跟班学习，资助、补贴基层文艺人才进行创作研究、展演交流、开展授业传承、组织群众文化活动，推动基层文艺人才成长。重视加强文学“塔基”工程建设，加大对基层作家培养扶持力度，探索将新兴文学创作队伍纳入登记管理，争取吸收更多符合条件的青年作家、网络作家入会。

（根据2015年12月7日在第二届广东文艺终身成就奖表彰座谈会上的谈话整理，南方网登载）

推动文艺创作从“高原”走向“高峰”

习近平总书记在文艺工作座谈会上深刻阐述了文艺和文艺工作的重要地位和重大使命，创造性地回答了事关文艺繁荣发展的一系列根本性、方向性的重大问题，丰富和发展了马克思主义文艺观和社会主义文艺理论，大大提升了我们对文艺工作的规律性认识，为我们注入激浊扬清的正能量。深入学习贯彻习近平总书记在文艺工作座谈会上的重要讲话精神，就要以更大的努力、更有效的举措，推动文艺创作从“高原”走向“高峰”。

一、在习近平总书记重要讲话精神激励下，两年来广东文艺工作呈现可喜的新变化、新气象

一是文艺精品创作生产逐渐呈现热潮。两年来，广东出台了省“十三五”文艺精品创作生产推进计划，制定了文学、戏剧、电影、电视剧、纪录片创作生产重点选题规划，引导全省文艺界牢固树立精品意识，坚持质量第一的原则，着力打造立得住、传得开、留得下的文艺精品。

二是文艺工作者深入生活逐渐常态化。广大作家艺术家带着创作目的、创作计划来到基层，深入生活，汲取创作营养形成常态。文艺家在火热的现实生活和劳动创造中，以人民为创作之源、鉴赏之师，思维灵感得到碰撞激发，创作意志得到砥砺锤炼，思想情感得到激荡升华，创作热情高涨，巧思新构迭出，深入生活、扎根人民逐渐形成自觉和常态。

三是扶持文艺创作生产的综合环境逐渐形成。全省各地各有关部门强化问题导向，采取有力措施，有针对性地解决文艺领域难点问题。两年来，以省委办公厅名义印发了《关于繁荣发展社会主义文艺的实施意见》等文件。在财政投入、培育文艺人才、扶持精品创作等方面出台了新的政策举措，为文艺发展迈上新的台阶提供了有力支撑。先后召开了广东省推进音乐创作生产座谈会等系列推动文艺创作生产的专题会议。文艺领域的一些难点问题得到有效破解，有利于文艺创作生产的综合环境基本形成。

四是新文艺群体逐渐成为文艺生力军。近年来，随着网络文艺和文艺市场的日益活跃，新文艺群体逐渐成为十分重要的文艺创作、生产、传播力量。广东既是市场化走在前列的开放大省，也是网络文化深度影响的网络大省。

二、切实抓好优秀作品创作生产，着力推动广东文艺创作由“高原”向“高峰”迈进

一要勇于担当。要理直气壮地坚持和牢固树立马克思主义文艺观，牢记作家、艺术家的时代担当，把人民作为文艺表现的主体，把人民作为文艺审美的鉴赏家和评判者，深入生活、扎根人民，创作让人民喜闻乐见、爱不释手的文艺作品。理直气壮地讴歌中华民族伟大复兴的中国梦，记载、讲述、歌颂逐梦者的艰辛和精彩。

二要锐意创新。坚持百花齐放百家争鸣方针，发扬学术民主、艺术民主，营造积极健康、宽松和谐的氛围，提倡不同观点和流派充分讨论，提倡体裁、题材、形式、手段充分发展，推动观念、内容、风格、流派切磋互鉴。着力提升原创力。注重集成创新，培育有利于原创的环境，推出更多具有原创价值、自主知识产权和核心竞争力的文艺作品和文化品牌。要抓好源头、抓好剧本，实施好电影、电视剧、戏曲剧本孵化计划。要注重覆盖网络文艺新领域、新群体，推动新文艺群体成为创新的生力军。以实施网络文艺精品创作和传播计划为龙头，鼓励推出更多优秀网络原创作品。

三要聚焦现实。要立足国情、省情，把握中华文化、岭南文化的精髓，聚焦中国梦，围绕社会主义核心价值观主题，大力推动现实题材、爱国主义题材、重大革命和历史题材、青少年题材、广东本土题材作品的创作生产。加强选题规划，加大扶持力度，向现实题材要精品。多聚焦人民群众，充分展现人民群众的理想追求、道德光辉，传递向上向善的精神力量。

四要精细打磨。精敲细打、精雕细琢、精谋细划、精演细写，从来都是出精品的不二法门。要打造文学艺术精品，贵在高标准、严要求、有韧劲，耐得起寂寞。要克服肤浅、浮华、浮躁之气，潜心耕耘，锲而不舍，力求透过错综复杂的表象，洞察社会生活的本质，努力追求艺术品的至善至美。

五要加强协作。融合、协作、跨界是当前文艺创作的一大趋势。要推进阳春白雪与下里巴人的融合，传统与现代融合，文艺各门类的融合和跨界协作。要强化文艺创作的组织化程度，集中力量、集聚资源打造精品。

六要加强评论。要加强马克思文艺理论建设和文艺评论工作，把好文艺批评的方向盘。继续实施文艺评论提升计划，建立全媒体文艺评论机制，扶持主要媒体和重点网站办好文艺评论版面、栏目。创新文艺评论形式，推动组建广东文艺评论中心，实施签约文艺评论家制度。

三、完善扶持政策，抓好政策落实，营造有利于多出精品多出人才的良好环境

一是优化服务，为多出精品多出人才铺路架桥。要尊重作家艺术家，善于团结好、凝聚好、结交好他们，主动上门了解广大文艺工作者的所思所想，了解和掌握他们思想上有什么期盼、情感上有什么动态、精神上有什么困惑、工作上有什么需求、生活上有什么困难，努力当好广大文艺工作者信得过的贴心人。要主动为广大文艺工作者的创作生产搭台搭桥，通过搭建平台、加强权益保护等措施，帮助他们解决难题。

二是完善政策，为多出精品多出人才提供支撑。要对现行相关政策进行认真梳理，该完善的要及时完善，该用足的要主动用足，该落实的要推动落实。同时要注意根据新的形势，研究出台新的政策措施。推出新的政策措施，既要注重“输血”，也要注重“造血”，有利于增强文艺单位自我发展能力；既要注重投入，也要注重产出，有利于发挥政策杠杆的积极效应；既要注重增加政府投入，也要注重吸纳社会资本，有利于形成多点支撑的良好局面。要进一步加大广东宣传文化发展专项资金对文艺精品力作的扶持奖励力度，最大限度地发挥资助效益。要构建精品创作生产运行机制，建立完善精品投入产出绩效评估指标体系。探索建立重点文艺项目创作生产签约制度、考核制度和奖励机制。

三是加强推介，为多出精品多出人才搭建平台。要进一步强化文艺宣传的有效性，着力提高文艺作品的影响力、传播力和美誉度。首先要强化媒体宣传。全省各级各类媒体要运用人们喜闻乐见的形式，宣传好粤产优秀文艺作品和广东优秀文艺家。两年来，《南方日报》《羊城晚报》、广东广播电视台等省内主要媒体做了大量富有成效的宣传，但力度还需加大。不但要在本省媒体上宣传，还要借助中央媒体加大宣传力度。要充分运用好新媒体，注重发挥网络传播的作用，努力使这些作品传得更快、传得更广、传得更远。其次要通过文化活动把精品力作推出去。文化活动是让优秀文艺作品走下去、走出去的重要载体，要注重通过巡演、文艺下基层等形式，把优秀作品推向基层，推向群众。再次要通过深化对外交流与合作，将能够代表广东水平的优秀作品推向国内外重要的展示平台。要通过对外交流合作，使粤产文艺精品力作越过五岭、走向全国，跨过大洋、走向世界，扩大广东文艺的知名度和影响力。

四是建好队伍，为多出精品多出人才打牢基础。要把文艺人才队伍建设摆在更加突出的位置，积极实施人才强文战略，努力把广东打造成文艺人才的聚集地。既要培养造就一批文艺领军人物和名家大师，也要重视中青年后备人才的培养。要按照不求所有，但求所用的理念，用全国乃至全球的视野吸纳人才，有重点有选择地引进高层次文艺人才，建立优秀文艺人才引进的“绿色通道”，吸纳更多的优秀专业团队和专业人员参与我省精品创作生产。要团结凝聚新的文艺组织和文艺群体，用平等的眼光看待他们，敞开胸怀接纳他们，在规划立项、资金扶持、政府采购、教育培训、展示展演、评比奖励等方面创造条件，在推荐社团代表、推举委员、发展会员、职称评定、社会保障等方面给予公平待遇，特别是在文艺骨干轮训中，要把更多新的文艺群体、文艺人才纳入进来。

（根据2016年10月13日在广东省繁荣文艺创作经验交流会上的谈话整理，南方网登载）

用高品质作品守护精神家园

2016年10月8日，中央领导同志到作家出版集团调研文学期刊发展情况，强调要认真学习贯彻习近平总书记在文艺工作座谈会上的重要讲话精神，始终坚定文学理想、坚守高品质的文学阵地，在困难面前坚定信念，在浮躁面前不改初心，高标准办好文学期刊，不断推出富有思想内涵和艺术价值的优秀作品，使之成为广大文学爱好者的精神家园。

文艺是时代前进的号角。举精神之旗、立精神支柱、建精神家园，都离不开文艺。党的十八大以来，以习近平同志为核心的党中央对文艺工作高度重视。“没有中华文化繁荣兴盛，就没有中华民族伟大复兴”“必须把创作生产优秀作品作为文艺工作的中心环节，努力创作生产更多传播当代中国价值观念、体现中华文化精神、反映中国人审美追求，思想性、艺术性、观赏性有机统一的优秀作品”“把创新精神贯穿文艺创作生产全过程，增强文艺原创能力”“把满足人民精神文化需求作为文艺和文艺工作的出发点和落脚点”……总书记的一系列重要讲话，深刻阐述了文艺和文艺工作的重大使命，科学回答了事关文艺繁荣发展的一系列重大问题，是推动文艺繁荣发展、开创文化建设新局面的行动指南。

“文章合为时而著，诗歌合为事而作。”推动文艺繁荣发展，作为时代风向标和立言者的文学，使命重大、责无旁贷。历史上，从春秋战国的“老庄”“孔孟”到唐宋的“李杜苏辛”，从清代的曹雪芹到现当代的“鲁郭茅巴老曹”，从诗经、楚辞到汉赋、唐诗、宋词、元曲以及明清小说，从《格萨尔王传》《玛纳斯》到《江格尔》史诗，一代又一代的文艺巨匠，书写时代，记录历史，为民立言，创作了大量优秀作品，不仅为中华民族提供了丰厚滋养，而且为世界文明贡献了华彩篇章。今天，每一位文学创作者也应该把现实题材创作作为重点，为时代立传、为人民抒怀；文学期刊要刊载和传播更多这样的优秀作品，引导广大作家关注时代发展、关注当下生活、关注人们心灵，用文学记录和描绘这个伟大时代。

习近平总书记曾经指出：“没有优秀作品，其他事情搞得再热闹、再花哨，那也只是表面文章，是不能真正深入人民精神世界的，是不能触及人的灵魂、引起人民思想共鸣的。”让文学成为守护我们精神家园的强大力量，根本是要创作生产出无愧于我们这个伟大民族、伟大时代的优秀作品。这既要求广大文学创作者秉承“为人民抒写、为人民抒情、为人民抒怀”的理念，静下心来、精益求精搞创作，同时也需要文学期刊不忘初心，坚守品质，传播精品。为此，要高度重视编辑队伍建设，培养造就一支视野广阔、知识渊博、艺术敏锐，能够稳得住心神、耐得住寂寞的高水平编辑队伍；要引导文学编辑提高专业素养，练就一双沙里淘金的文学慧眼；要加大对年轻编辑的培训培养力度，把文学信念、宝贵经验、优良作风传承下去。

文艺创作是观念和手段相结合、内容和形式相融合的深度创新，是各种艺术要素和技术要素的集成，是胸怀和创意的对接。打造高品质的文学作品，同样如此。一方面，要鼓励百花齐放，提倡多样化、个性化创作；另一方面，要包容观念上、技法上的探索和创新，使现实题材的表现手法更加丰富多样、文学园地更加多姿多彩。尤其是在互联网日益普及的今天，技术和新媒体改变了文艺形态，催生了一大批新的文艺类型，也带来文艺观念和文艺实践的深刻变化。文学期刊不仅要适应网络时代的发展，更应善于借助互联网激发活力和创造力，扩大覆盖面和影响力；既要关注网络文学创作群体，帮助他们成长，也要积极运用网络技术，加强与读者、作者的交流互动，打造属于文学期刊自己的网络社群，增强年轻读者对期刊品牌的认知度、黏合度和忠诚度。

广东地处改革开放的前沿阵地，近年来从内容、业态、体制机制、人才培养等方面深化文化改革创新，用创新精神推动文化繁荣发展，成绩显著。通过深耕积累，“粤派批评”成为中国现当代文学史写作的一道靓丽风景线；通过打造精品，《花城》《随笔》等知名期刊逆势上扬；通过融合创新，打造网络文学产业化新高地。展望未来，全省上下要牢牢按照党中央《关于繁荣发展社会主义文艺的意见》及相关决策部署，深刻领会习近平总书记系列重要讲话精神，用创新发展理念引领我省宣传文化工作，打造岭南文化“高地”，为广东实现“三个定位、两个率先”目标提供强大的精神动力和文化支持。

（原载于《南方日报》2016年10月10日，署名岳音）

打造岭南文化新高地

回望岭南历史长流，深厚的文化底蕴、灿若繁星的名家大师，是我们永远的骄傲。迈向新时代，我们要深入学习贯彻习近平新时代中国特色社会主义文艺思想，将传承发展中华优秀传统文化与推动岭南文化创新发展结合起来，以创新举措为推力，以重点项目为带动，着力打造岭南文化新高地。

一、以中华优秀传统文化夯实岭南文化根基

习近平总书记关于传承弘扬中华优秀传统文化的重要论述，为我们明确了方针，指明了方向，提供了遵循。中央印发《关于实施中华优秀传统文化传承发展工程的意见》，以习近平总书记重要论述精神为指导，对传承发展传统文化工作进行了全面部署。一方面，应认识到中华优秀传统文化是一种重要战略资源，是中华民族伟大复兴的内生动力、精神火炬、话语底气，做好传承发展优秀传统文化工作，是广东“在新的起点上再创新局”必须传承的基因、

延续的文脉，是必须守护好的“根”和“魂”。另一方面，在中华优秀传统文化传承发展工程的全国一盘棋中，广东应为全国的传承发展工作作出具有岭南特色的贡献。做到这一点，必须坚守文化理想、坚定文化自信、坚持文化价值。特别是要把握好“马”和“儒”的关系，充分认识坚持马克思主义指导地位是历史的选择、人民的选择、文化的选择，辩证看待以儒家学说为代表的传统文化的优长和局限，坚持马克思主义立场观点方法，客观科学礼敬地对待传统文化。把握好“守”和“变”的关系，要全面贯彻落实“创造性转化、创新性发展”的基本方针，抓住重点环节，坚持实践标准，推动传统文化与现实文化相融相通，做到扬弃继承、转化创新。把握好“中”和“外”的关系，以马克思主义为指导，不忘本来、吸收外来、面向未来，既立足本土，始终保持对自身文化的自信、耐力、定力；又面向世界，在汲取各种文明养分中实现创新发展，坚持在交流互鉴中不断提升中华文化国际影响力。把握好中华民族主流文化和岭南文化的关系，充分认识岭南文化是中华优秀传统文化的有机组成部分，大力弘扬优秀岭南传统文化，将传承弘扬中华优秀传统文化与推动岭南文化创新发展结合起来，打造岭南文化新高地。

二、以岭南文艺精神推动创造性转化、创新性发展

习近平总书记多次强调，传统文化传承发展要坚持“创造性转化、创新性发展”这一基本方针。在近代以来的广东文艺发展史中，已经形成一种以革新、现实、兼容为主要内涵的岭南文艺精神，是广东做好中华优秀传统文化传承发展工作，实现中华传统文化创造性转化、创新性发展的十分难得的优势。

一是大力挖掘精华。要充分发挥理论研究的引领作用，扎实做好中华传统美德和岭南优秀文化的研究阐发，萃取传统文化的精粹精华。要加强岭南文化研究阐释工作，深入研究阐释岭南文化的历史渊源、发展脉络、基本走向，着力构建有中国底蕴、岭南特色的学术体系和话语体系。要加强岭南文脉的研究梳理，加强地方文献、史志编修，实施岭南文化资源普查和保护利用工程，扎实推进古籍保护、自然村落公共数据平台、文化遗产保护传承等行动计划，分门别类稳步推进。

二是推动转化创新。要融入国民教育，围绕立德树人根本任务，把优秀传统文化贯穿教育始终，全方位融入思想道德教育、文化知识教育、艺术体育教育、社会实践教育各环节。要融入道德教育，深入挖掘传统文化丰富的思想道德资源，促进优秀传统文化与时代精神的结合，赋予传统文化新的时代价值。要推动传统美德深入基层、深入群众，转化为人们的行为准则，培育良好道德风尚。要融入文化创造，深入挖掘利用传统文化资源，加强选题规划，创作更多体现传统文化精髓、具有鲜明岭南风格、反映当代价值观念的文艺精品。要锐意创新，善于运用各种现代技术和艺术元素，兼具时代眼光和国际视野，推进优秀传统文化的现代表达。要注重把传承优秀传统文化与节日庆典、礼仪规范、民风民俗相衔接，与文艺体育、旅游休闲、饮食医药、服装服饰相结合，让传统文化内涵更好地融入生活场景。要以“创造性保护，创新性发展”为思路，推动传统文化与现代消费融合，不断推进传统工艺生产性保护基地建设，建设工艺美术、民俗活动等传统文化产业园区、特色小镇，推动传统文化产业发展。要切实增强文物保护意识，推进文化遗产的保护利用，保护好历史文化名城、古镇、古村落、古文化街区，加强非物质文化遗产生态保护区、研究传承基地和博物馆建设，让优秀传统文化走进百姓生活。

三是加强交流互鉴。要充分利用广东独特的地缘优势和人文资源优势，发挥广东在对外文化交流中的有利条件，统筹好文化交流、文化传播、文化贸易，用开放的态度和世界眼光来推动优秀传统文化传承发展，创新对外和对港澳台文化交流的体制机制，鼓励广东各类传统文化单位进一步深化对外交流与合作。继续打造“中国广东文化周”品牌，大力支持粤剧潮剧、广东音乐、岭南舞蹈、岭南美术与民间工艺等传统文化艺术项目走出去，以海外观众乐于接受的方式传递广东精神、表现中国风格，以岭南文化的璀璨与发展展现中华文化的博大与活力。要加强港澳台传统文化普及和交流，积极举办文化交流活动，增强国家认同、民族认同和文化认同。

四是加强基层基础。要注重供给与需求有效对接，着眼基层基础，突出重点，选准依托，搭好平台，着力推动优秀传统文化深入基层、深入群众。要以青少年为重点对象，广泛开展优秀传统文化主题活动，开展传统文化艺术、民间工艺的教育培训，抓好优秀传统文化培育传承，增强青少年对优秀传统文化的文化认同和价值认同。要以传统节日和地方特色文化活动为依托，立足群众乐于参与、便于参与，突出文化内涵，创新活动方式，做旺传统节日，搞活特色文化活动，彰显地方文化魅力。要充分发挥图书馆、文化馆、博物馆、群艺馆等公共文化机构和各类爱国主义教育基地、历史遗迹等在弘扬优秀传统文化中的作用，深入推进文化供给侧结构性改革，促进内容生产、服务供给与受众需求进行有效对接，使优秀传统文化为广大群众喜闻乐见、广泛参与。

三、统筹各方力量、协调体制内外、形成强大合力

一要加强组织领导。要像抓经济工作一样抓传承发展，加强宏观指导，提高组织化程度，坚持顶层设计与项目带动并举，积极完善顶层设计，组织策划一系列具有引领性的重点项目，“虚功”实做，做到传承有抓手、发展有途径，让优秀传统文化看得见、摸得着。要整合各类资源，调动各方力量，建立合作共建机制，推动形成党委统一领导、党政群协同推进、有关部门各负其责、全社会共同参与的工作格局。

二要加强人才培养。要完善优秀传统文化传承发展人才培育和激励机制，从研究教育、学习培训、传承创业、经营管理等方面进行倾斜扶持。要制定和实施优秀传统文化师资培训计划，增强师资力量。要实施非遗传承人抢救性记录行动、传承人研修研习培训计划，推进绝艺传人以师带徒、戏曲名家以老带新，通过提供相应的物质保障、资金扶持、宣传推广等，调动传承人传帮带的积极性和主动性。

三要加大宣传力度。要借助好的传播平台和传播方式，善于把握现代传媒的传播规律。要善于运用报刊、电台、电视台、互联网、手机等各类载体，充分发挥平台优势，统筹媒体资源，创新宣传形式，开设专题专栏，舍得拿出好版面、好时段、好栏目，高效传播优秀传统文化，彰显传统文化魅力。

四要发动全社会参与。各类文化单位机构、各级文化阵地平台，都要担负起守护、传播和弘扬优秀传统文化的职责。各类企业和社会组织要积极参与文化资源的开发、保护与利用。要充分发挥政府主导作用和市场积极作用，鼓励和引导社会力量广泛参与，把弘扬优秀传统文化各项任务落实到机关企业学校、落实到城乡基层，形成人人传承发展优秀传统文化的生动局面。

（根据2017年4月26日在优秀传统文化传承发展工作推进会上的谈话整理，南方网登载）

奋力推进电影事业进一步繁荣发展

2016年9月10日，中央领导同志在长春电影集团调研，强调要以习近平总书记在文艺工作座谈会上的重要讲话精神为指导，继续抓好全国电影工作座谈会精神的落实，坚持以社会主义核心价值观为引领，坚持以人民为中心的创作导向，坚持把创作生产优秀作品作为中心环节，锐意改革创新，努力担当作为，奋力推动电影事业进一步繁荣发展。

文艺是铸造灵魂的工程。党的十八大以来，以习近平同志为核心的党中央对文艺工作高度重视。“文艺工作者要讲好中国故事、传播好中国声音、阐发中国精神、展现中国风貌。”2014年10月15日，习近平总书记主持召开文艺工作座谈会并发表重要讲话，深刻阐释了包括文学、戏剧、电影在内的文艺创作的重大使命和重要原则，科学分析了当前文艺工作存在的问题和矛盾，为新的时代条件下做好电影等文艺工作划定了基本遵循，为文艺工作者标注了价值航标。2015年10月，中央政治局会议审议通过《关于繁荣发展社会主义文艺的意见》，明确了文艺工作的指导思想、方针原则和目标任务，为繁荣发展电影等社会主义文艺勾勒出清晰可行的路线图，确立了具有战略性、针对性、可操作性的顶层设计。

近年来，面对观众日益增长的精神文化需求、日益激烈的国际竞争以及多屏时代的挑战，广大电影工作者奋发有为，推动我国电影事业进入发展快车道，迎来繁荣发展的关键时期。仅2015年，全国电影总票房就达440.69亿元，同比增长48.7%；全国银幕总数已达31 627块，平均每天增长22块；涌现了一批又一批国产精品，有力扭转了长期存在的国产电影不如“洋大片”的局面，“中国出品”已经成为全球电影的亮丽品牌。作为全球第二大电影市场，我们在坚定信心的同时还要清醒地认识到，当前的电影工作还存在着一些不足之处，如作品有数量缺质量、有高原缺高峰的问题尚未从根本上解决，与满足不同层次观众的观影需求还有较大差距，制作上还落后于电影强国很多，城乡之间、地区之间发展的不平衡需要在投资和规划发展上引起足够重视，等等。

在我国电影事业进入量变到质变的关键时期，必须牢牢把握导向这个电影发展之魂。社会主义文艺从本质上讲，就是人民的文艺。正如习近平总书记指出：“文艺工作者要想有成就，就必须自觉与人民同呼吸、共命运、心连心，欢乐着人民的欢乐，忧患着人民的忧患，做人民的孺子牛。”这要求我们的电影工作者要坚持“双百”“二为”的政治方针，把满足人民精神文化需求作为文艺和文艺工作的出发点和落脚点，跟上时代发展、把握人民需求，创作生产出人民喜闻乐见的优秀作品；要秉承“为人民抒写、为人民抒情、为人民抒怀”的理念，把人民作为文艺表现的主体，弘扬中国精神，展现中国风貌，创作生产出无愧于我们这个伟大民族、伟大时代的优秀作品。

要实现从电影大国向电影强国的华丽转身，关键在内容制作上要有精品意识。优秀的文艺作品，最好是既能在思想上、艺术上取得成功，又能在市场上受到欢迎。正如习近平总书记强调："一部好的作品，应该是经得起人民评价、专家评价、市场检验的作品，应该是把社会效益放在首位，同时也应该是社会效益和经济效益相统一的作品。"艺术的最高境界就是让人动心，一方面，要通过电影作品传递真善美，传递向上向善的价值观，传递社会正能量，做到春风化雨、润物无声；另一方面，把握社会审美变化的新现象，在观念、内容、形式、手段等方面大胆创新，使作品不断呈现出新的内涵、新的气象、新的风格，满足不同观众群体差异化、多样化的观影需求。

锐意改革创新，努力担当作为，这同样是打造"广东出品"电影所要大力弘扬的。广东电影票房连续14年位居全国榜首，成为名副其实的电影消费大省。回顾过去，我们有郑正秋、蔡楚生等一大批广东籍电影艺术家为中国电影发展作出了开拓性贡献，我们先后创作了《南海潮》《七十二家房客》《春雨潇潇》等一批经典影片，既形成了相对完善的市场机制，又有毗邻港澳的独特地理位置，这些都为推动我省电影事业发展、做大电影产业积累了优势。面向未来，全省电影工作者及相关部门，要深刻领会习近平总书记在文艺工作座谈会上的重要讲话精神，扎实贯彻中央关于繁荣发展社会主义文艺的意见的部署要求，在创作上锐意进取，在机制上深化改革，着力增强创新创作能力，着力提高思想内涵、艺术水准和制作水平，推动广东电影事业发展再上新台阶。

（原载于《南方日报》2016年9月13日，署名岳音）

打造“广东出品”电影精品

党的十八大以来，以习近平同志为核心的党中央对文艺工作高度重视。2014年10月15日，习近平总书记主持召开文艺工作座谈会并发表重要讲话，其中多次谈及电影，为我们进一步做好电影工作指明了方向。对于广东来讲，最根本的是要推出思想精深、艺术精湛、制作精良的优秀电影作品。

作为全国最大的电影票仓，广东的电影发展有着得天独厚的土壤。全国55条商业院线中，有24条在广东经营，其中每4条城市电影院线，就有3条在去年的票房收入超过20亿元。2015年，广东票房收入62.42亿元，约占全国总票房的1/7，并连续14年位居全国榜首。也就是说，全国每7元钱的票房，就有1元钱是广东作的贡献。

成绩虽然显著，差距也不可小觑。尽管是电影消费大省，但广东还难算得上是创作生产大省，源头还不够活。具体到制作单位，珠影集团虽已逐步走出低谷，但短期内难以发挥龙头作用，民营影企也缺乏长远规划。此外，影视人才“北漂”现象严重，使得制作设备、创作资源、文化氛围等生产要素不断流失，由此也导致精品不多，粤产影片同样存在院线半日游、一日游的现象。困难与机遇并存的电影生态，为我们攻坚克难、打造文艺精品提供了奋力追赶的目标。

一、以弘扬中国精神、中国价值和中国梦为创作导向

弘扬中国精神、中国价值和中国梦的导向是创作的前提。这就要求电影创作一方面以人民为中心，把满足人民精神文化需求作为出发点和落脚点，紧跟时代发展，反映好人民心声；另一方面，以社会主义核心价值观为引领，以实现中华民族伟大复兴的中国梦为主题，着力于现实主义题材，充分反映在新发展理念下取得的新成就。

在创作的思想内涵上，电影工作者始终应当明确，中国精神是创作的灵魂，爱国主义是电影的主旋律，在充分挖掘红色革命题材作品时，也不应忘记中华优秀传统文化的根脉，要传承和弘扬岭南文化，创作出更多具有中国特色、中国风格、中国气派的电影精品。为此，建立良好的电影评价环境，健全电影产品评价体系，引导创作生产，调节市场，就极有必要。

导向是电影发展之魂。广东一方面坚持把弘扬社会主义核心价值观、社会主义先进文化前进方向、人民群众满意作为评价电影的最高标准，另一方面也加大力度进行相关政策的改革。如在评奖制度上，坚决防止过度娱乐化，避免被资本和市场牵着鼻子走；在优秀国产影片推介上，加大力度，积极提供条件；在电影艺术理论研究上，加强阵地建设，发挥影评的引领作用，办好影评刊物、栏目、节目；在法制环境上，保护电影知识产权，解决电影发展的制度性困境，用政策为优秀的主旋律作品保驾护航。

此外，政府部门加大了财政、税收、金融、社会保障、土地使用等方面对电影繁荣发展有利的政策扶持力度。在推动电影繁荣发展方面扩大有关文化基金和专项资金规模，探索创新电影产业发展基金运作模式，联合银行、证券公司成立电影扶持基金，建立履约保证金机制，出台有关优惠政策，以财政资金引导和带动更多社会资本投入电影产业。目前，珠影集团与越秀金控共同组建的50亿元的电影创作基金已投入运行。同时，通过改进政府采购电影产品和服务办法，我们将营造出更有利于电影发展的优良生态。

二、以创新作为繁荣发展的核心理念

创新是繁荣发展电影的核心。首先在于电影观念、内容、形式、手段的创新。我们要求电影工作者把握社会审美变化的新现象，紧跟人们对电影品位、风格欣赏的新要求，拓展想象力，运用新技法，使作品不断呈现出新的内涵、新的气象、新的风格。

为增强原创能力，提升价值内涵，剧本创作应当被置于电影生产的首要位置。优秀的剧本应当弘扬时代主旋律，传递社会正能量。整体格局上，要坚持主旋律与商业题材并进，本土题材与重大题材并进，提倡题材样式、创意设计、风格流派充分发展。

其次，技术层面的创新也是电影发展的重头戏。电影制作者要瞄准世界科技发展前沿，鼓励电影相关企业继续加大对前沿关键性技术和基础性技术的研发力度，提高技术运用能力，推动电影艺术与现代科技深度融合。同时，利用数字特效技术提高制作水平，深入实施电影数字化发展规划，积极运用数字技术提升特效生成、立体制作等方面的水平，用现代电影语言打造视听奇观，在发行、放映、储存、监管等环节也大力推广数字技术的应用。

对于时下正热的大数据技术，也要加强研究运用，利用其更好地把握电影创作生产规律，对观众需求作出精细化的预测和分析，推出更多分众化、类型化的优秀影片，满足不同观众群体差异化、多样化的观影需求。

三、以更宽广的视野打造“广东出品”

发展电影产业，还应在不同的时间和空间维度上，拓宽视野，充分发挥广东的独特优势。纵观中国电影发展史，广东具有十分重要的地位，郑正秋、蔡楚生、郑君里、陈波儿等一大批广东籍电影艺术家为中国电影的发展作出了开拓性贡献。1958年成立的珠江电影制片厂，是华南地区历史最早、规模最大、实力最强的综合性电影企业，先后创作了《南海潮》《七十二家房客》《春雨潇潇》等一批经典影片。

我国加入WTO以后，广东民间资本投入电影的热情高涨，出现了“百花齐放”的良好势头。广东院线制的建立，开辟了电影发行放映的新纪元。近年来，民营影视企业成为广东电影创作生产的主力军，譬如珠影就走出经营低谷，创作生产了《全民目击》等一批优秀作品，“喜羊羊”“熊出没”等系列动漫电影则多次刷新国产动漫电影的票房纪录。

在广东电影的文化底蕴为电影发展提供源源不断的动力之际，其地缘优势也日渐凸显。由于毗邻港澳，推动粤港电影深度合作，吸收、融化香港乃至世界电影的先进理念、技术，取“他山之石”为我“攻玉”，就成为广东电影发展的重要战略。凭借广东市场机制相对完善的优势，广东尤其应当放眼全球，吸引国际资金、人力、技术和资源，支持创作一批既具有国际水准，又彰显中国特色、岭南特点的优秀作品。如此，既能推动广东电影走向世界，又能实现叫好又叫座的双丰收。

在以提升电影内容生产能力为核心的同时，创作主体还要以资本为纽带，通过对内对外开放，以合作投资等多种形式，积极推进电影行业与互联网、大数据、金融、艺术、设计、版权等其他行业，以及与新媒体传播形式的深度融合。唯有在电影产业空间的极大拓展中，才能实现电影产业的繁荣发展。

四、在改革创新中推动电影全产业链发展

在电影产业链的建设上，广东有自己的优势。2014年年底，广东实现全省县镇多厅数字影院全覆盖，在电影放映技术方面，也拥有一批品牌资源，中下游的优势凸显。下一步的关键，就是要使之更好地向上、下延伸，形成电影全产业链相互带动、共同发展的良好局面。

在电影发行和放映方面，我们继续支持全省电影院线扩大覆盖区域，加强对电影消费的引导，满足更加细分的观影需求，继续支持欠发达地区中小城市及县镇数字影院建设，挖掘三四线甚至五线城市的观影潜力。推广层面，要充分利用移动互联技术进行电影市场的二次开发，加强优秀影片在移动终端的推广和营销，加大对基于移动互联技术的电影衍生品的研发，推动电影与文化、旅游、休闲等产业融合，拉动相关产业发展。

作为产业链发展的重要环节，培育、聚拢电影专业的领军人才不容忽视。要牢固树立人才是第一资源的思想，大力鼓励民营资本参与，完善培养方式，造就更多编、导、演领军人物和高水平创作团队，造就更多熟悉市场业务、懂经营善管理的复合型人才和海外推广人才。对青年电影人才，要加强培养，提供机会和平台，同时着力引进一批电影制作高端人才，建立人才使用激励机制，形成高低互补、良性互动、科学合理的人才队伍格局，破除体制内外的隔膜，创新组织形式，延伸工作手臂，加强对编剧、导演、演员的联系服务和引导管理。

广东作为电影消费大省，拥有雄厚的电影生产和消费资源，能不能打造属于自己的电影产业基地？要和世界发达国家的精良制作争夺市场，良好的工业基础和影视文化产业园区就必不可少。影视文化产业园区是影视精品的孵化器，是影视创作生产的摇篮。无论是国外还是国内，凡是电影产业发达的地方，都有比较像样成型的影视基地。像美国的好莱坞、印度的宝莱坞，国内如北京的中影影视基地、浙江东阳的影视文化产业园等。广东市场资源丰富，有能力有信心打造南海之畔的“广莱坞”。

向改革创新要生产力是广东电影发展永恒的主题，我们将通过市场手段加大影视文化产业园区整合力度，统筹规划建设主业优势明显、综合效益突出，辐射带动作用强、特色鲜明、错位发展的影视文化园区和高科技核心基地，提高产业集中度和集约化发展水平。在此基础上，加强电影后期制作基地建设，集中力量打造一个具有较大规模和国际先进技术水准的基地，全面提升电影生产能力和视觉效果，也是广东努力的方向。

（原载于《光明日报》2016年6月4日）

传承弘扬岭南画派艺术精神

广东美术创作有着辉煌的历史，岭南画派更是独树一帜，秉承革新、现实、兼容的艺术精神，是岭南文化的亮丽名片之一。岭南画派名家璀璨，推出了一批美术经典作品。改革开放后，广东美术家传承弘扬岭南画派艺术精神，扎根岭南文化沃土，以高度的使命感和责任感，用手中的画笔和刻刀，忠实地记录着我国社会主义建设和改革开放的非凡历程，记录着劳动人民创造美好生活的壮丽图景。作为美术大省，广东美术人要以习近平总书记在文艺工作座谈会上的重要讲话精神为指引，牢固树立以人民为中心的创作导向，大力传承弘扬岭南画派艺术精神，着力打造更多在全国乃至世界有影响力，弘扬中国精神，具有中国风骨、岭南风格、世界风尚的传世之作，培育造就一大批高层次的美术创作领军人物和当代艺术名家大师，进一步提升当代广东美术在海内外的知名度和影响力。

一、大力传承弘扬岭南画派革新的艺术精神，推动美术精品创作和打造产业集群，多出传世之作，多出名家大师

习近平总书记指出，推动文艺繁荣发展，最根本的是要创作生产出无愧于我们这个伟大民族、伟大时代的优秀作品。文艺工作者应该牢记，创作是自己的中心任务，作品是自己的立身之本，要静下心来、精益求精搞创作，把最好的精神食粮奉献给人民。岭南画派是中国画的改革派，题材、技法都有一种勇于探索的全新气概。今天，我们要大力传承弘扬岭南画派改革、创新的艺术精神，把革新贯穿推动广东美术繁荣发展的全过程。

着力推进精品力作的创新。要大力实施广东美术创作精品工程，着力提高美术作品的原创力，大力推进美术观念、内容、风格、流派的创新和体裁、题材、形式、手段的发展，不断增强美术作品的吸引力、感染力和影响力，在创新中创造广东美术新的辉煌。广大美术工作者要强化精品意识，以对艺术高度负责的精神对待自己的作品，着力提高作品的艺术水平。要大力传承弘扬岭南画派题材创新的艺术主张，大胆表现新的题材，要开发利用好广东的历史文化资源，把文化资源的“富矿”转化为强大的美术创造力。大力传承弘扬岭南画派技法创新的艺术精神。消除传统与现代之间的隔阂，打通艺术与技术之间的障碍，在艺术技法上形成自己的个性和特色，在艺术风格上形成自己的特点。

着力推进名家大师和青年人才培养推介机制的创新。广东美术在许多方面走在全国前列，与广东有一批美术名家大师的引领和带动是分不开的。要着力推进名家大师和青年人才培养推介机制的创新。加强美术名家大师和高端人才的培养，大力实施美术领军人物培养工程。加大对美术名家的宣传推介力度，实施“当代岭南文化名家”出版工程，拍摄文艺终身成就奖获得者纪录片，建设广东美术名家视频库。有重点有选择地引进美术名家大师、高端美术人才，使广东成为富有吸引力的美术人才高地。建立完善科学的人才激励评价机制，对为广东美术发展作出突出贡献者进行奖励，为其

工作、生活、医疗等创造良好条件。继续组织开展美术人才“一荐一”活动，以老带新，推动中青年优秀美术人才的成长。加大青年美术人才的培养力度，继续实施青苗画家培养计划，办好青年画院。充分开发和利用民间美术爱好者的潜能，调动民间美术人才创作的积极性，使各方面的美术人才都能充分施展才华、脱颖而出。

着力推进美术产业集群和部落等基地建设的创新。要传承弘扬岭南画派的革新精神，创新美术产业发展之路。坚持政府扶持引导和企业自主发展相结合，鼓励有条件的地区，以美术院校、美术大师、龙头企业等为依托，整合金融、科技、物流、教育、电商及行业组织等各种资源，培育一批美术产业集群和部落。支持以广州美院为中心的美术集聚区建设，打造广州红专厂和深圳大芬油画村、观澜版画基地等一批有影响力的美术部落。支持有条件的地区建立美术家创业平台、美术产业孵化基地，建立画家村、美术一条街。此外，要大力发展网络美术，大力推进“美术+网络”的产业发展模式，推进“美术+旅游”“美术+商业”“美术+传统产业”等融合发展，推进美术与金融的对接，实现“美术+资本”的核聚变效应。

二、大力传承弘扬岭南画派现实主义的艺术精神，打造品牌活动和阵地，为广大群众提供更丰富的美术文化家园

习近平总书记指出，一旦离开人民，文艺就会变成无根的浮萍、无病的呻吟、无魂的躯壳。能不能搞出优秀作品，最根本决定于是否能为人民抒写、为人民抒情、为人民抒怀。岭南画派的一个重要特征就是写实的画风。岭南画派主张画家要走出画室，深入百姓，描绘大众生活和社会现实。我们要大力传承弘扬岭南画派现实主义的艺术精神，坚持美术创作与时代同行、为人民服务，从人民群众中吸取艺术创作的素材，以人民群众作为表现主题，以优秀作品满足人民群众的需要。打造人民群众喜闻乐见的美术品牌活动，为人民群众提供更丰富多彩的美术服务。

努力创作讴歌时代的优秀作品。要着力抓好重大题材、中国梦主题题材、社会主义核心价值观题材、现实题材、广东本土题材的美术创作。要关注现实、关注当下，尊重人民群众在美术创作中的主体地位，在创作中体现人民意愿、反映人民心声。广大美术工作者要成为时代风云的记录者、中华文化的创作者、社会文明的推动者，要积极投身“深入生活、扎根人民”主题实践活动，把美术创作寓于时代进步的变化之中，深入改革开放第一线，创作具有现实情怀、接地气、有思想、有温度、有品质，思想性、艺术性俱佳的优秀美术作品。

努力打造品牌活动和阵地。要打造在全国乃至世界具有影响力的美术品牌活动和阵地，发出广东美术界的声音。要组织开展全国性的美术大展，形成系列，成为品牌。要对接全国美术作品展览，开展相应的广东美术作品展览活动，继续办好“广东美术大展”“星河展”等美术展览。引导鼓励各地开展富有地方特色的美术创作、展览系列活动，通过活动发现发掘优秀美术作品和人才。要加强广东美术阵地建设，加强美术理论研究，尤其是对岭南画派的研究，充分发挥美术评论的引领作用，组织撰写有影响力的美术评论，推动广东美术发展。

努力发挥美术场馆作用。广东的美术场馆建设走在全国前列，有广东美术馆、广东画院、广州画院等一批在全国领先的美术场馆。要充分发挥美术场馆在引领先进文化、提供公共文化产品和服务人民大众方面的积极作用。要充分发挥画院的资源优势，注重强化画院在美术创作、理论研究、人才培养、对外交流等方面的引领示范作用。要整合全省美术馆、画院等美术资源，组建全省美术场馆联盟，为全省美术工作者搭建一个集创作、研究、展示、交流于一体的平台。要充分调动民办美术馆、画廊、画院以及民间团体、艺术机构的积极性，努力形成政府与民间力量、公益性美术单位与民办美术单位双轮驱动、比翼齐飞的生动局面。

三、大力传承弘扬岭南画派兼容的艺术精神，推动对外交流合作，不断提升广东美术和美术家在海内外的知名度和影响力

习近平总书记指出：繁荣文艺创作、推动文艺创新，必须有大批德艺双馨的文艺名家。振兴广东美术事业，必须造就一批敢于在传承中创新、德艺双馨的当今名家大师。我们要大力弘扬岭南画派开放、兼容的艺术精神，在走出去引进来的过程中不断提升当代广东美术和美术家在海内外的知名度和影响力。

整合资源，形成合力。要充分利用广东独特的地缘优势和人文资源优势，发挥广东在对外文化交流合作中的有利条件，用开放的态度和世界眼光来推动广东美术繁荣发展，鼓励广东各类美术单位进一步深化对外交流与合作，加大对美术产品走出去的扶持力度。要通过对外美术交流合作，让当代广东美术越过五岭、走向全国，跨过大洋、走向世界，扩大广东美术的知名度和影响力。

不断拓展对外交流合作渠道。要下大力气培养一批既有深厚美术素养，又有前沿眼光视野的策展人，推动广东美术作品走向世界，在海内外美术交流中争取掌握主导权、主动权、话语权。要不断拓展广东美术对外传播的平台和载体，综合运用大众传播、新媒体传播等多种方式展示广东美术优秀作品和名家大师。要制定广东美术“走出去”的规划，建立常态化的国内外美术交流、沟通机制。引导鼓励广东美术机构与国内外的美术机构建立交流合作的长效机制，多渠道、多层次、全方位展示广东美术魅力。

善于借鉴吸收优秀美术成果。要大力传承弘扬岭南画派“折衷中西，融汇古今”的艺术精神，善于借鉴和吸收古今中外美术发展的有益成果。在对外美术交流合作中，要立足自我、博采众长，既要注重继承民族美术的优秀传统，又要注重汲取世界各民族美术的长处，做到古为今用、洋为中用，融汇古今中外优秀的美术技法和成功经验，兼容并蓄、博采众长，进一步推动广东美术繁荣发展。

（原载于《光明日报》2016年3月16日）

创造广东音乐新辉煌的几点思考

广东是中国音乐艺术领域具有重要影响的地区，广东音乐作为中华民族音乐殿堂的亮丽瑰宝，独具特色，声名远播。但近年来，广东音乐高地正在面临严峻挑战，一些昔日享有的得天独厚的发展优势正在丧失，过去人才蜂拥南下闯广东，现在音乐领域人才"北飞"现象突出；音乐的创新开拓意识较改革开放之初有所弱化，缺乏能在全国乃至世界产生影响的经典音乐作品。有鉴于此，我们必须牢记习近平总书记对广大文艺工作者的殷切嘱托"通过更多有筋骨、有道德、有温度的文艺作品，书写和记录人民的伟大实践、时代的进步要求，彰显信仰之美、崇高之美"，以此激励广东的广大文艺工作者在新的历史时期创造广东音乐新辉煌，使广东音乐在推动我国音乐事业发展、丰富繁荣文艺舞台、满足人民群众精神需求方面，发挥更大的独特作用。

一、抓好创作生产，努力打造更多接地气、有品位、有影响的精品力作

衡量一个时代的文艺成就最终要看标志性作品。推动音乐事业繁荣发展，归根到底要多出精品。广东将集中力量和资源，大力实施原创音乐精品工程，努力生产出更多的具有中国风骨、岭南风格、世界风尚的原创音乐精品力作。

一是着力推进中国梦主题歌曲创作。“歌以咏志”，我们要用社会主义核心价值观引领音乐创作，抓好主旋律题材作品的创作生产，引导广大音乐工作者把中国梦作为创作主题，把千千万万普通人追梦圆梦的思想情感和实践探索，转化为一个个生动的乐章，让奋进中的人民从音乐中听到自己的心声，受到激励和鼓舞。2016年，广东省委宣传部会同有关部门推进中国梦主题歌曲创作征集活动，创作一批思想性艺术性兼具，有影响、传得开、能流行的主旋律歌曲，从中发现和培育经典作品。

二是奋力激发心系大众的歌曲创作。正如习总书记所指出：“文艺创作方法有一百条、一千条，但最根本、最关键、最牢靠的办法是扎根人民、扎根生活。”古往今来，但凡优秀的音乐家，无不是与人民同欢乐共忧愁、歌咏人民心声的优秀代表。广东的词曲作家郑秋枫、郑南、刘长安等创作的《我爱你，中国》《我爱五指山，我爱万泉河》《春天的故事》等，曾经传唱大江南北，唤起了亿万人民的强烈共鸣，就是因为这些作品为人民大众而写、为人民大众而歌。我们要引导广大音乐工作者创作更多扎根人民、贴近生活、脍炙人口的作品。

三是精心推动中华经典名曲的创作创新。广东要着力抓好中华经典名曲创作，下功夫梳理、挖掘、提炼一批中华经典文学作品、古诗词作品，用音乐的思维和新的音乐技巧，用歌曲、器乐曲、大型音乐剧、清唱剧、合唱等不同形式推陈出新、古为今用。

四是大胆探索音乐形式的不断创新。尊重音乐艺术发展规律，积极适应互联网时代文艺形态和类型的新变化，不断推进音乐观念、内容、风格、手段的创新，提高原创能力，不断开拓艺术新境界。要推进音乐与其他艺术门类融合发展，比如，可组织专门的戏曲音乐创作队伍，将新的音乐元素注入传统戏曲来创造性地进行戏曲音乐创作，保护和发展广东戏曲剧种。

五是持续推进粤语歌曲的创作翻新。岭南特色是广东音乐的一条主线，是广东音乐人的创作之根。我们要根据岭南文化的特点，分不同的主题进行音乐创作，如客家主题、潮汕主题、广府主题、海洋主题、“一带一路”主题等，打造广东音乐品牌，振兴以粤语为代表的广东方言歌曲，并影响港澳台和海外地区。今年将通过组织方言歌曲创作大赛、纳入省“五个一”评奖范围等举措大力推进方言歌曲的创作生产。

六是热心支持广东民间音乐创作。高手在民间，民间有丰富的音乐资源和艺术宝藏。2016年举办了广东省民间音乐创作大赛，鼓励民间音乐私伙局的发展，活跃城乡文化生活。此外，我们将着力发挥音乐评论的引领作用，大力推介名家名作，加强对音乐“热点”的引导和音乐新现象的评析。

二、激发市场力量，打造音乐企业的“旗舰”“航母”，推动广东音乐产业做优、做精、做大、做强

音乐的繁荣发展离不开实体产业的支撑。要以聚集高端、高效、高附加值的音乐产业要素为动力，大力实施广东音乐产业优化升级工程，打造一批具有核心竞争力的骨干音乐企业和龙头企业，推动广东音乐产业走在全国前列。

一是扶优扶强，培育龙头企业。广东将把握音乐与互联网融合所形成的机遇，推动音乐产业转型升级和跨越式发展。通过扶优扶强，打造好广东十大音乐产业基地，打造若干个在全国和世界具有强大竞争力和影响力的音乐企业“旗舰”“航母”。深入推动“音乐+旅游”“音乐+体育”“音乐+商业”“音乐+传统产业”等融合发展，集中打造广东的文化创意品牌。优化音乐创作、录制、出版、复制、发行、进出口、版权交易、演出、教育培训、音乐衍生产品等纵向产业链，延伸音乐与广播、影视、动漫、游戏、网络、硬件播放设备、乐器生产等横向产业链，形成上下游相互呼应、各环节要素相互支撑的音乐产业综合体系。继续加强版权保护和市场监管，完善反盗版举报和查处奖励机制。

二是推进音乐与网络、科技、金融的深度融合。广东是网络大省，到2015年年底登记备案网站67万家，并以月均近万家速度增长。我们将大力实施“互联网+音乐”行动，鼓励音乐企业与通信运营商、网络运营商进行全方位合作，拓展互联网、无线通信网、有线电视网、卫星直投网等数字传播渠道；实现数字音乐在互联网条件下的获取更加便利、传播更加广泛，要激发更多的酷狗、A8、YY音乐奔涌而出。大力推进音乐与金融的对接，鼓励银行及各种投资基金参与音乐产业建设，支持企业通过上市、发行债券等形式直接融资，实现“音乐+资本”的核聚变效应。

三是搭建好音乐展示平台。从2016年开始，推动在大型音乐网站开设“网络音乐排行榜”；推行以政府部门支持、企业主办的模式，每年秋天举办一场“南国国际音乐花会”，吸引全国乃至世界的音乐人才和作品来广州展演。加大对优秀音乐产品走出去的扶持力度，支持有条件的企业加大海外建厂、收购力度，支持音乐企业参加国际音乐展会及音乐节，提高中国音乐品牌在世界高端领域的竞争力和影响力。

四是调动和激发民间音乐机构的积极性和创造性。广东是经济第一大省，民营资本发达，我们将充分发挥社会力量在推动音乐创作生产中的重要作用，大力推进音乐创作资本投入的多元化，采取积极措施，引导鼓励社会资本投资音乐创作生产。大力发展民营音乐机构，支持关心独立歌手开展音乐创作活动。对民间音乐机构的作品要纳入文艺精品的评选范围，给予同等支持。

三、打造“人才洼地”，让音乐家在为人民抒写、为人民抒情、为人民放歌中有平台、有收获、有成就

音乐的繁荣离不开人才的支撑。我们将大力实施音乐人才汇集工程，集聚八方英才，把广东打造成精英荟萃、人才辈出的全国音乐人才洼地。

一是营造良好的人才环境。省、市宣传文化部门带头重视关心音乐工作者的工作和生活，让对广东音乐繁荣发展有突出贡献的人才和音乐家政治上有荣誉、社会上有地位、经济上有实惠。加大对广东音乐名家新秀和优秀音乐作品的宣传推介力度，加大对德艺双馨的音乐家、词作者和优秀作品的奖励资助力度，尤其要对在全国乃至全球产生重要影响的音乐作品和音乐大师给予重奖。对那些在传承岭南文化中有重要作用的音乐大师、词作家要高看一眼、厚爱三分，为他们提供良好的工作、生活、医疗条件，创造良好环境。

二是加大高层次人才的培养和引进力度。大力实施音乐领军人才培养工程、青年音乐英才工程。建立完善引才引智机制，有重点有选择地引进高层次音乐人才，建立优秀音乐人才引进的“绿色通道”，面向全国乃至全球范围吸纳人才。进一步创新人才培养方式，鼓励音乐企业与音乐院校密切合作，组织开展对音乐编曲、录音师、制作人、经纪人的专项业务培训。加强对中青年音乐人才的培养力度，2016年广东省委宣传部会同有关部门开展全省优秀词曲作家高级研修班，举办青年歌曲作家、编曲、音乐评论人作品比赛等活动，发现发掘音乐人才。继续开展“一带一”“一带多”等形式的名家传承活动、音乐人才“一荐一”活动，以老带新，培养一大批中青年音乐英才。充分开发民间音乐爱好者的潜能，使民间音乐创作高手脱颖而出。

三是进一步激发人才活力。坚持用事业激励人、用感情凝聚人、用待遇吸引人。制定完善音乐人才培养的激励政策，深化收入分配制度改革，加大对优秀人才的奖励力度，充分调动人才创新创作的积极性。进一步完善音乐人才评价标准和办法，规范开展音乐人才职称评定工作，创新音乐人才的选拔使用机制。要大胆使用优秀音乐人才，为他们提供施展才华的舞台，充分激发他们的发展潜力。

（原载于《中国文化报》2016年2月26日）

让地方戏曲活起来传下去

党的十八大以来，以习近平同志为核心的党中央高度重视文艺事业，作出了一系列重大决策部署，为振兴戏曲艺术提供了遵循、指明了方向。广东深入学习贯彻习近平总书记文艺工作座谈会讲话精神，用一系列创新举措，推动地方戏曲生态不断优化。

一、在传承中创新，展现广东地方戏曲新风貌

戏曲繁荣发展，需要百花齐放，需要不同剧种、不同流派竞相发展。在继承传统的基础上，要因时而变、转化创新，让传统艺术绽放在新的时代。

一是保护传承地方戏曲优秀传统，延续戏曲根脉。重视剧种、流派的个性价值，自觉地把个性传承的意识融入到剧目的创作中，在剧本文学、唱腔音乐、表演表现、舞台美术等方面坚守艺术个性，保持地方戏曲的独特魅力。加快推进地方戏剧数字化保护工程，开展广东地方戏曲经典传统剧目录制工作，将各个地方剧种、

各个戏曲流派独具代表性的经典传统剧目，以影像方式保留下来。完善全省地方戏曲数据库建设，通过文字、图片、影像等方式，将广东地方戏曲文献资料以及老一辈戏剧家的舞台实践、艺术感悟、历史记忆等留存下来。

二是创新地方戏曲的内容和形式，推出当代精品和流派。流派是戏曲传承和创新的重要依托。任何艺术创新，都是对传承的突破，需要戏曲名家、院团领导解放思想，创造宽容的环境，鼓励艺术上的创新。关注现实，大力创作适应社会需求、群众喜闻乐见的新剧目，创编出既新鲜又熟悉、既好听又好学的唱腔旋律。实施剧本孵化计划，打造“剧本超市”等创作生产平台，通过剧本征集、委约创作等方式，推动戏曲剧本创作。传统戏曲不能囿于传统，要适应现代社会的需要，鼓励戏曲和动漫、网游等不同文化艺术形式的跨界融合，推动戏曲电影、戏曲微电影的发展。要善于将科技成果转化为推动传统艺术发展的有利条件，积极借助现代传媒和高科技手段创新戏曲创作生产和传播体验方式。

三是深入生活为人民写戏演戏，夯实戏曲根基。地方戏曲来自民间，发展自民间。只有沉下去、唱起来，才会有活力。实践中，我们鼓励戏曲工作者真正扎根人民，与群众交朋友，感悟民生、体验民心，用生活积累来增加作品的厚度。聚焦中国梦，落实戏剧重点题材创作规划，组织开展重点题材采风创作活动，推出反映时代精神、具有岭南特色的地方戏曲精品力作。探索实践“政府支持、企业联姻、院团服务、百姓受惠”的新型演出模式，解决群众看戏难看戏贵、演员无戏演、剧团没活力的现实问题。将地方戏曲演出纳入基本公共文化服务目录，以场次补助为主、集中采购为辅的方式，加大文化惠民演出力度。推进实施“两个一”戏曲工程，即每年让每一个大中小学生至少欣赏一场戏曲演出，每年在每个行政村至少有一场戏曲演出。

二、注重传承培养名家，加强戏曲人才队伍建设

人才是戏曲发展的根本支撑。戏曲人才培养有其特殊性，培养周期长、门类行当多，综合性强、涉及面广。

一是注重师徒传承，培育名家和青年拔尖人才。以师带徒、口传心授，师徒制一直是中国传统戏曲艺术传承发展的重要方式。广东注重创新、完善名家带新人、师徒相续的传承机制，充分发挥老一辈艺术家的传帮带作用，发挥名院名团作用，遴选推出新一代青年拔尖人才，努力带出更好更多的后继人才。实施“当代戏曲名家收徒传艺”计划，采取一带一、一带多等方式传承发展戏曲艺术，适时举办青年人才专场演出，以剧传人、以剧推角。

二是加强教育和培训，培育戏曲后备力量。加强戏曲职业教育建设，下功夫办好各类戏校，推动省、市戏校合作共建，逐步形成层次结构科学合理的地方戏曲教育体系。落实全省大中专戏曲职业教育生均拨款制度，建立戏曲院校青年教师与戏曲艺术院团青年骨干“双向交流”机制，健全戏曲学校专业设置，培养戏曲媒介传播、市场营销等新型人才。完善戏曲人才培训机制，大胆起用青年一代作为主创人员，创排地方戏曲剧目，通过创作和演出来培育地方戏曲优秀新生力量。

三、深化戏曲院团改革，增强发展活力

戏曲院团是振兴戏曲的骨干力量。巩固和拓展院团改革成果，出路在深化改革，进一步创新体制机制，提高市场竞争力，不断增强“造血”功能和发展活力。

一是创新戏曲院团运行机制。首先是练好内功，完善内部机制，创新发展模式，增强活力。推动转企改制的地方戏曲院团加快完善法人治理结构，建立现代企业制度，提高创作生产和经营能力。改制后划转为传承保护类，归并文化馆的原地方戏曲艺术院团，探索实行“馆团合一”制度，坚持专业方向，主要从事戏曲创作及演出工作。完善内部分配激励机制和人事制度，探索建立项目生产负责人签约制、团队责任制及合理的鼓励与分配机制。

二是推动基层戏曲院团发展。基层戏曲院团、民营戏曲院团是地方戏曲繁荣发展的重要力量。注重把各种重要资源向基层戏曲院团倾斜，把更多基层戏曲院团的优秀剧目纳入省艺术节、省群众戏剧曲艺花会等重大文艺品牌活动，帮助基层戏曲院团锻炼队伍，扩大影响。深入开展“结对共建”活动，进一步加大对民营戏曲院团的扶持力度，在人员职称评定、创作生产扶持、演出场次补贴等各个方面给予国有院团同等待遇，推动民营院团创排新剧目，提高艺术生产和创新能力。

三是拓展戏曲演出市场。戏曲院团主动应变，积极开拓市场，为群众、为市场不断地生产演出，保持发展活力。同时强化戏曲艺术与市场的结合，明确定位、细分市场，创新营销推广模式，以多种形式吸引观众。重视“互联网+”新业态对文化艺术的推动作用，打造网络演出平台，为戏曲院团演出营销搭建便捷高效的电子商务平台。加强地方戏曲与文化旅游产业的开发融合，打造受大众欢迎的戏曲文化产品，提升辐射力。大力推动地方戏曲艺术走出去，每年重点支持一批地方戏曲院团的优秀作品到外省、到港澳台、到国外演出。

四、提供政策支持，营造戏曲繁荣发展良好环境

振兴地方戏曲艺术，事关中华文化和岭南文化基因的传承问题，需要各级党委政府加强组织领导，把握方向、加大投入、提供保障，营造“活起来、传下去，出精品、出名家”的戏曲生态，推动广东戏曲全面繁荣。

一是优化地方戏曲创演条件。启动“全省戏曲院团排练场所修缮新建工程”，鼓励各地通过置换、改造现有闲置建筑的方式，为戏曲院团解决排练场所。进一步完善戏曲演出场所，推动地市大型剧场、县区中小型剧场、乡村简易戏台的建设，支持有条件的地方戏剧种代表性的院团建设专业剧场。鼓励社会资本投资剧场建设，探索建立戏曲文化小镇、戏曲文化大观园等演出展示场所。

二是规范戏曲演出市场。推动戏曲院团用高质量演出来引导市场走向、改善市场状况。推动文化部门转变市场管理观念，从审批型向服务型转变，主动作为，将工作重点过渡到抓市场建设和维护、抓创作演出和消费环境的培育上来。建立健全戏曲市场准入标准、戏曲产品评价机制，加强监管。推动戏曲行业加强自律与自我管理，通过健全机制、培育环境，建立统一、开放、竞争、有序的现代演出市场体系。

三是加强宣传普及，培育戏曲观众。观众的喜爱与支持，是戏曲传承发展的动力。从青少年抓起，扩大观众群，是振兴戏曲的重中之重。组织戏曲进校园活动，加强戏曲通识教育，鼓励戏曲院团、艺术家到大中小学校举办专场演出、普及讲座等活动，让广大学生感知传统戏曲魅力，培养年青“戏迷”。大力开展戏曲惠民演出，支持鼓励戏曲表演团体以小分队的形式开展“名家名角名戏”进社区、进乡村、进工厂等活动，推动戏曲走进普通百姓生活，培养广大群众对戏曲的兴趣爱好。

（根据2016年6月3日在广东省推动地方戏曲传承发展工作会议上的谈话整理，南方网登载）

让“书香岭南”香飘四季

中华民族自古就有诗书传家的优良传统，爱书、惜书、读书、用书，历来为世人所推崇。近年来，党中央高度重视倡导全民阅读。党的十八大首次将“开展全民阅读活动”写入报告。习近平总书记接受媒体采访时曾说，“读书已成了我的一种生活方式”，还强调“读书可以让人保持思想活力，让人得到智慧启发，让人滋养浩然之气”。我们要积极落实习总书记的要求，大力传承和弘扬中华民族的优良读书传统，让“书香岭南”香飘四季。

一、健全“书香岭南”全民阅读工作的长效机制

广东的全民阅读活动在全国起步较早，影响较大，并取得显著成效。尤其是近年来，按照省委的部署要求，省委宣传部把全民阅读作为建设文化强省的重要内容，初步形成“专家指导、出版供给、阵地联盟、平台共享、品牌引领、基层参与”的广东模式，“书香岭南”全民阅读活动蔚然成风。

一是搭建平台，形成三级网络，营造全民阅读的良好氛围。经过多年的努力，广东以“南国书香节”为龙头，形成全民阅读的核心平台；以“书香羊城月”和“深圳读书月”为亮点，形成辅助平台；以各地市配套开展的全民阅读活动为重点，形成延伸平台，共同打造全民阅读的“三级网络”，推动全省形成“阅读无处不在、无时不有”的浓郁书香氛围。

二是夯实基础，推进“六进”建设，巩固全民阅读的基层阵地。以青少年阅读为基础，组织实施阅读进机关、进校园、进企业、进家庭、进社区、进乡村工程，大力推动书香机关、书香校园、书香企业、书香家庭、书香社区、书香乡村的建设，形成了全民阅读的基层网络。

三是围绕中心，调动多方参与，形成齐抓共管的工作合力。始终围绕党委、政府的中心工作，抓好全民阅读工作，初步形成由“党委政府大力倡导、宣传部门牵头部署、相关部门组织实施、新闻媒体积极配合、社会各界广泛参与”的有效运作机制。

二、全民阅读要创新活动内容和形式

要秉承创新发展理念，推出更多更好的优秀读物，搭建更多的阅读平台，建立更多便捷的阅读阵地，让阅读成为每一个人的习惯，成为一种社会新风尚。

一是加强顶层设计，注重统筹规划。要成立全省全民阅读指导委员会，负责统筹、指导全省全民阅读工作，指导制定全省全民阅读中长期发展纲要，规划、协调全省全民阅读重大活动。要研究制定阅读指数体系。根据广东的实际情况，建立包括阅读设施、阅读资源、阅读时间、阅读活动、阅读环境等为参数的阅读指数，使全民阅读的评价量化、细化，促进全民阅读由模糊型推动向标准化、规范化发展。要加快阅读立法进程。坚持政策决策与立法决策相结合的原则，尽快出台《广东省全民阅读促进条例》，为全省全民阅读提供强有力的法律保障。

二是出版更多更好的优秀读物。要坚持正确的出版导向，配合中心，服务读者，多出“双效”相统一的精品力作。要认真研究、编辑出版解读习近平总书记治国理政新理念新思想新战略的图书，体现中国价值、中国精神、中国道路的图书，纪念建军90周年和改革开放40周年的图书，弘扬岭南优秀文化的图书。

三是推动全民阅读深入城乡基层。要充分发挥机关干部的示范作用，以领导干部率先垂范为引领，以青少年阅读为基础，组织系列读书活动，并将活动形式与文明城市、文明单位、文明社区、书香校园、书香家庭、书香企业创建活动相结合，不断提升阅读的针对性、有效性。

四是适应科技发展趋势，拓展数字阅读。要以数字阅读为突破口，大幅提升广东居民的阅读水平，将数字阅读打造成为我省全民阅读活动的一大亮点。要聚合数字内容资源，建立融媒体阅读平台。支持网络读书平台、读书频道建设，重点发展集原创、内容资源聚合、按需出版于一体，可支持电脑、手机、阅读器等多种介质的数字阅读网络平台。

五是提升阅读品牌，营造浓厚阅读氛围。要创新阅读活动，对以南国书香节为重点的阅读平台和阅读品牌进行提质升级。要提高书展的文化品位，策划和统筹大型的文化活动，组织名家大家举办讲座；要提升书展科技服务水平，努力办成“智慧书展”；要提升书展的环境，务求安静、干净。要向外拓展，进一步吸引港澳台、东南亚等地区华文出版发行商前来参展；要向下延伸，增加地级市分会场数量，加强南国书香节的辐射力、影响力，把每年的8月办成全省的“全民读书月”。

六是突出公益性质，保障特殊群体的阅读权益。省直有关部门和社会组织应当为老年人、残疾人开展阅读关爱服务，公共阅读服务场所应当为老年人、残疾人阅读提供便利。基层政府应当结合实际情况，解决特殊困难家庭、外来务工人员及其子女、农村留守儿童在阅读方面存在的特殊困难，满足其基本阅读需求。

三、全民阅读要全社会共同努力

全民阅读活动是一项系统工程，需要各单位各部门各负其责，各展所长，扎实推进，让“书香岭南”无处不飘香。

一是发挥部门优势，形成工作合力。各级党委宣传部、文明办和新闻出版行政管理部门充分发挥组织策划、统筹协调的作用，会同有关部门制订具体方案，落实责任分工，认真组织实施。文化部门和图书馆根据不同人群的需求和不同地域文化的特色，举办与读书有关的一系列活动，并为公众阅读创造条件、提供指导。教育部门和学校要结合日常学习，举办丰富多彩的读书活动，激发学生兴趣，引导学生阅读经典童话、优美诗歌、文学名著，让快乐阅读成为学生课外生活的重要组成部分。工会、团委、妇联等要充分发挥密切联系群众的特长，调动基层组织的积极性，开展形式多样的阅读活动。出版行政管理部门和出版发行单位要多出好书、多发好书、推荐好书、指导阅读，帮助广大读者提高阅读品位。新闻单位要认真制订宣传报道方案，充分利用广播、电视、期刊、报纸、网络、“两微一端”等媒体渠道，广泛宣传全民阅读活动的意义，及时推荐各类优秀读物，及时报道活动动态，全面展示活动成果，对各地读书活动浓墨重彩地进行报道，为全民阅读营造良好的舆论氛围。

二是巩固拓展阅读阵地，充分调动社会力量参与全民阅读的热情。要鼓励和支持文化团体、教育机构和其他社会组织发展专业阅读推广机构并提供公益阅读服务。鼓励和支持有条件的社团组织在确保出版物和设施质量的基础上对全民阅读给予捐赠、赞助。要扶持阅读组织。继续扶持实体书店的发展，通过税收减免、租金优惠、资金补助等形式，支持实体书店开展阅读活动，并逐步打造成为区域性的阅读中心。要鼓励阅读推广达人、民间志愿者、基层社区组织通过多种形式联合力量，把阅读带入到社区、家庭，扩展阅读的群众基础。要巩固阅读阵地。要发挥各级图书馆、文化馆、社区书屋在全民阅读中的基础性作用，及时更新书籍，保证开馆时间，适时开展阅读推广，举办文化讲座，提供优质服务。

三是深入开展调研，总结推广先进经验。要定期进行涵盖全省各地市的阅读调查，深入了解全省阅读发展情况，以及各地阅读指数变化情况、书香城市指标达成情况，对全民阅读促进工作中贡献突出的单位和个人，要给予奖励。

（根据2016年11月1日在广东省全民阅读推广经验交流会上的谈话整理，南方网登载）

浅谈文化小康

2016年11月1日，中央领导同志在同新任县委宣传部长培训班学员座谈时强调，要深入学习贯彻习近平总书记系列重要讲话精神和治国理政新理念新思想新战略，坚持以人民为中心的工作导向，以基层和农村为重点，保护和传承优秀民族民间文化，发展健康向上的乡土文化，积极提供弘扬民族精神和时代精神的优秀文化产品和服务，大力推进文化小康建设，让人民群众享有更优质的精神文化生活。

全面建成小康社会，核心就在全面。党的十八大以来，以习近平同志为核心的党中央特别强调全面小康是全面发展的小康、是“五位一体”全面进步的小康，以强烈的问题导向，带领全国各族人民为决胜全面建成小康社会不懈奋斗。按照党中央的决策部署，全面小康覆盖的领域要全面，覆盖的人口要全面，覆盖的区域要全面。我们不仅要重视物质方面的小康，比如到2020年实现国内生产总值和城乡居民人均收入比2010年翻一番，还要重视精神方面的小康，推动国民素质和社会文明程度显著提高，让社会主义核心价值观更加深入人心。这是一个整体性目标要求，任何一个方面发展滞后，都会影响全面建成小康社会目标的实现。作为全面小康的重要内容，文化小康意义重大，各地区各部门必须将其摆在重要位置。

文化是一个民族的根脉和灵魂。推进文化小康建设既是全面建成小康社会之必须，也是增强文化自信之必须。文化自信是对自身文化价值的充分肯定，是对自身文化生命力的坚定信念，是一种更基本、更深沉、更持久的力量。正如习近平总书记所指出："在5 000多年文明发展中孕育的中华优秀传统文化，在党和人民伟大斗争中孕育的革命文化和社会主义先进文化，积淀着中华民族最深层的精神追求，代表着中华民族独特的精神标识。"当今时代，文化越来越成为社会凝聚力和创造力的重要源泉，文化软实力越来越成为区域竞争的重要因素。特别是随着中国经济发展进入新常态，全面小康更加需要文化小康提供精神支撑。同时也只有实现文化小康，中华文化的影响力才能持续扩大，我们的文化自信才能更加坚定。

文化小康建设是一项重大工程，我们必须深入学习贯彻习近平总书记关于全面小康和文化建设的系列重要论述，用总书记重要讲话精神武装头脑、指导实践。实现文化小康，重点和难点在基层、在农村。当前，一些地方对基层农村的文化小康建设重视程度不够，存在"重物质、轻精神""重经济、轻文化"的倾向，或者"理论上重视、行动上忽视"，个别地方甚至还出现了"讲话无文化建设内容，规划无文化项目，资金无文化方面安排"的尴尬状况。对于这些突出问题，各地区各部门必须高度警惕，坚持以人民为中心的工作导向，把文化小康建设列入重要议事日程，与全面小康联系起来，与改善民生联系起来，一起谋划、一起落实、一起考核，让人民群众在文化上得到充实的获得感、稳稳的幸福感。

实现文化小康，必须牢固树立文化为民的理念，面向基层、补齐短板。要筑牢文化小康供给基础，把“要文化”和“送文化”匹配起来，促进文化产品和服务供需有效对接，挖掘和用好优秀民族民间文化资源，保护和传承非物质文化遗产，着力提供接地气、有人气的优秀文化产品和服务。要夯实文化小康硬件平台，推进基层综合性文化服务中心建设，鼓励和引导各种资源、各方面力量向老少边贫地区倾斜，推动这些地区公共文化服务面貌有大的改善。要补齐文化小康工作短板，精准推进文化扶贫，着力推动基层文化服务方式创新，推广菜单式、订单式服务，加强数字化网络化建设，用“互联网 ”打通公共文化服务的最后一公里，发挥文化对发展的促进带动作用。要巩固文化小康人才支撑，加强基层宣传文化队伍建设，大力培养文化骨干和乡土人才，建设一支沉得下、留得住的基层文化队伍。

没有文化小康，就没有全面小康。广东要率先全面建成小康社会，各地区各部门特别是广大基层农村必须深入学习贯彻习近平总书记系列重要讲话精神，坚决落实好以习近平同志为核心的党中央的决策部署，以基层和农村为重点，大力推进文化小康建设，让岭南文化继续大放异彩，让南粤人民更有文化自信。

（原载于《南方日报》2016年11月3日，署名岳音）

培养造就更多代表时代水准的名家大师

党的十八大以来，以习近平同志为核心的党中央高度重视文艺工作，文艺工作者生逢繁荣盛世、面临难得机遇、肩负光荣使命。广东广大文艺工作者应倍加珍惜大好机遇，充分发挥自己的聪明才智，自觉砥砺人品艺德，努力创作生产出更多精品力作，培养造就更多代表时代水准的当代广东名家大师，勇攀文艺创作高峰，打造岭南文化高地，奋力开创广东文化繁荣发展新局面。

一要始终坚持弘扬社会主流价值。习近平总书记强调，文艺是时代前进的号角，最能代表一个时代的风貌，最能引领一个时代风气。弘扬主旋律、传播正能量，是繁荣发展社会主义文艺的内在要求。文艺作品从来都是有价值导向的。就算在标榜文艺远离政治的美国，文艺作品也从来都是传播美式价值观的工具，比如好莱坞电影就一直是宣扬美国价值观的载体。广大文艺工作者要牢固树立马克思主义文艺观，旗帜鲜明地坚持马克思主义的指导地位，始终坚持正确的创作导向，全面贯彻落实党的文艺方针政策，把正确的文艺导向贯穿于文艺创作生产的全过程。广东是文艺创作题材的“富矿”，不少题材已经开始得到关注，并组织创作生产。但从总体来看，挖掘还很不够。比如黄埔军校这个题材，至今没有一部有重要影响力的作品。要进一步把握中华文化、岭南文化的精髓，聚焦中国梦，围绕社会主义核心价值观主题，大力推动现实题材、爱国主义题材、重大革命和历史题材、青少年题材、广东本土题材作品的创作生产。特别是在建军90周年、党的十九大召开、改革开放40周年、新中国成立70周年、建党100周年等重要时间节点，要早作谋划，加强组织化创作、重点创作，努力推出一批讴歌党、讴歌祖国、讴歌人民、讴歌英雄的标志性作品。要善于发掘和表现人间的真善美、表现人内心深处的温暖感、向上感，记录时代风云，生动描绘当代中国、广东的社会发展变化，艺术再现广东改革先锋、商界能人、各行各业追梦圆梦的劳动者，把当代中国人、广东人的精神写出来、传下去，更好激发全社会奋力前行的精神力量。

二要深深植根于人民群众实践的沃土。人民哺育了艺术家，生活是艺术家创作的不竭源泉，文艺工作者要用最精美的艺术回报人民。文艺要反映人民心声，就要坚持为人民服务、为社会主义服务这个根本方向。近年来，全省宣传文化单位采取“惠民+服务+采风”模式，通过组织开展“到人民中去——广东省文联文艺志愿者惠民演出”“百家千场艺术讲座下基层”“结对子、种文化”等系列活动，进一步强化了以人民为中心的创作导向和自觉服务群众的使命意识，增强了与人民群众的鱼水深情和血肉联系。文艺创造力来源于日积月累对生活的深入观察和亲身体验，这不是“笨功夫”“慢功夫”，而是实实在在的“真功夫”“硬功夫”。可以说“深入生活、扎根人民”是在文艺创作的根基上发力，是创作优秀作品的必由之路，是真正的不忘初心、方得始终。要把为人民服务作为天职，积极参与到“深扎”活动之中，有“走进去”的觉悟、“融进去”的情怀和“沉下来”的恒心，身要沉下去，心要留下来、情要融进去，真正把自己还给生活、还给社会、还给人民。要牢固树立群众观点，自觉把人民群众作为文艺创作的表现主体，把更多的镜头对准群众、把更多的舞台交给群众，把更多的版面留给群众，主动承担起为人民抒写、为人民放歌的历史责任。要积极适应群众审美需求和消费方式的新变化，把创作演出与市场需求对接起来，改变那种演戏为了评奖、评奖脱离群众的现象，到市场中去赢得群众、赢得口碑。

三要努力推出更多彰显岭南特色的扛鼎之作。近年来，广东高度重视精品力作的创作生产，涌现了一批在全省乃至全国有影响力的精品力作。但站在全国的高度看，精品力作还是有“高原”，缺“高峰”，真正有影响力特别是在全国叫得响的扛鼎之作、经典之作仍然缺乏。要紧紧扭住精品创作这个中心环节，踏踏实实出作品、出精品，努力推出更多立得住、传得开、留得下的精品力作。要有大视野，紧贴时代脉搏，站在全国乃至世界的前沿，用宽阔的视野、新颖的创意来谋划选题。要加强协作，提高文艺创作的组织化程度，集中力量、集聚资源打造精品力作。要敢于、善于把别人的资源、人才、技术为我所用。要有大手笔，在精品项目的谋划上要有打造在全国乃至世界都有影响的大作力作甚至传世之作的气魄，要努力使不断发扬光大的岭南文化越过五岭、走向全国，跨过大洋、走向世界。要着力提高文艺的原创能力，抓好源头、抓好剧本，搭建“剧本超市”，落实好电影剧本孵化计划，抓好电视剧剧本创作等基础工作，推出更多有原创价值、自主知识产权和核心竞争力的文艺作品和文化品牌。要锐意创新，善于运用各种现代技术和艺术元素，积极探索体裁、形式、风格、内容的创新，提升艺术的表现力和感染力。要大力推动文艺创作生产的跨界合作、多技融合，推动传统与现代的融合，推动文艺与科技的融合、文艺与金融的融合，推进文艺各门类的融合。要以实施网络文艺精品创作和传播计划为龙头，大力发展网络文艺。要以严肃认真的精神对待艺术创作，把精益求精作为一种责任和习惯，力戒浮躁，对作品精细打磨、千锤百炼，努力追求艺术作品的至善至美。要加强文艺理论工作，发挥好文艺评论推动精品创作的积极作用。要讲效益，在坚持社会效益第一的基础上，争取经济效益最大化，力争叫好又叫座。

四要始终坚守德艺双馨的崇高追求。德艺双馨是党和人民给予艺术家的最高褒奖。推动广东文艺繁荣发展，需要一大批德艺双馨文艺家来担当重任。在广东文艺发展史上，涌现过一大批德艺双馨的文艺大家。2010年以来，已开展了两届广东文艺终身成就奖、广东省中青年德艺双馨作家艺术家评选表彰活动，这些受表彰的文艺家，人品、艺品和作品都闪耀着璀璨的光辉，是全省广大文艺工作者学习的楷模。接下来，要进一步加大对德艺双馨文艺人才的培养、宣传推介力度，大力实施文化领军人才培养工程、青年文化英才工程，“当代岭南文化名家”出版工程，推出名家系列传记、作品集、电视专题片等，着力推动在全社会形成崇德尚艺的良好氛围。文艺工作者要牢固树立正确的世界观、人生观、价值观，自觉把个人的艺术追求融入国家发展的洪流之中，把个人的理想抱负同国家的发展和人民群众的需求紧密结合起来，在报效祖国、奉献社会、服务人民中实现自己的人生价值。要加强自身修养，做道德品行和人格操守的示范者。要增强社会责任感，树立崇高的职业精神，传播先进文化，弘扬社会新风正气，用人格力量赢得人民赞誉和社会尊重。

广东省电影、电视、美术、摄影、民间文艺、文艺评论等各文艺家协会是党和政府联系广大电影、电视、美术、摄影、民间文艺、文艺评论工作者的桥梁和纽带，在团结凝聚广大文艺工作者、繁荣发展广东文艺等方面担负着重大责任。要深入贯彻落实中央及我省党的群团工作会议精神，切实履行好团结引导、联络协调、服务管理、自律维权的职能，更好地为广大文艺工作者服务。要充分发挥毗邻港澳的优势，积极吸纳港澳地区，包括中资机构的文艺人才进入各文艺家协会，这次吸纳港澳地区优秀文艺人才担任各协会的兼职副主席就是一个有益的尝试。要适应新的形势要求，创新思路机制，英雄不问出身，要团结凝聚新的文艺组织和文艺群体，敞开胸怀接纳他们，在规划立项、资金扶持、教育培训、评比奖励等方面创造条件，在推荐社团代表、推举委员、发展会员、职称评定、社会保障等方面给予公平待遇，使各文艺家协会真正成为文艺工作者的温馨和谐之家。

（根据2016年11月16日在广东省影协第八次、视协第七次、美协第九次、摄协第十次、民协第八次、评协第五次会员代表大会开幕式上的谈话整理，南方网登载）

推进国际纪录片事业发展，增进中外文化交流

纪录片是国际文化交流认同度比较高的语言，是对历史的一种艺术的再现。纪录片独特的思想内涵、文化品位和艺术魅力，越来越受到观众的喜爱。

13年前，敢闯敢干的广东人，借助在穗影视圈的交流优势，按照当时的国际范式，开启了中国纪录片国际交流和创作的节展模式，种下了中国纪录片国际交流传播希望的种子。在国家新闻出版广电总局的指导帮助和各界的大力支持下，这颗希望的种子如今已经成长为中国唯一的国家级纪录片专业节展，成为中国最重要的纪录片产业信息的发布平台，业界权威的版权交易平台，纪录片文创项目的投融资平台和纪录片优创人才的流通平台。它以市场化的办节机制、专业化的内容体系和国际化的产业模式，赢得了广泛的认可，和28个世界知名的纪录片节以及行业协会建立了合作关系，成

功地把中国故事、中国声音、中国价值带到了国际舞台。一大批优秀的纪录片人和纪录片项目从这里出发，获得国际奖项与投资，提高了国际影响力。

中国（广州）国际纪录片节受到越来越广泛的关注和参与，对推进国际纪录片事业发展，也产生了积极作用。2016年更是创纪录地吸引了来自全球111个国家/地区的4 059部作品参与，刷新了2015年88个国家/地区3 612部纪录片参展的纪录，也刷新了亚洲纪录。

广东省委、省政府对文化精品创作历来高度重视。2015年以来，广东省委、省政府深入学习贯彻落实习近平总书记系列重要讲话精神，特别是在文艺工作座谈会和中国文联十大、中国作协九大开幕式上的讲话精神，出台了一系列推进优秀纪录片制作的有效举措，推出了一批在全国乃至世界范围产生了较大影响力的纪录片。以广东省为基地的南派纪录片开始崭露头角，其中具代表性的有马志丹工作室，使不断发扬光大的岭南文化通过纪录片的传播越过五岭走向全国，跨过大洋走向世界，不断提升岭南文化在全国乃至全球的影响力和美誉度。当前，广东正处于全面建成小康社会的决胜阶段，推动优秀纪录片发展对于铸就广东文艺高峰，打造岭南文化新高地，推进广东文化繁荣发展具有十分重要的意义。

广东省委、省政府将以这次纪录片节为契机，充分借鉴国内外纪录片产业发展的成功经验，通过抓重点题材规划、创作引导、人才培训和数据库建设，大力实施“文化+科技”“文化+金融”“文化+网络”等发展战略，大力发展纪录片产业，着力打造更多弘扬中国精神，具有中国风骨、岭南风格、世界风尚，能够立得住、传得开、留得下的纪录片扛鼎之作，培养造就更多具有时代水准的当代广东纪录片的名家大师，也希望中外纪录片机构和纪录片人关心关注中国题材、广东题材，进一步深化交流合作。

习总书记说，文明因交流而多彩，因互鉴而丰富。我们相信，在国家新闻出版广电总局的有力指导下，有世界各国各地区的积极参与和支持，中国（广州）国际纪录片节一定能够越办越好，为推进国际纪录片事业的发展，增进中外文化交流合作做出新的更大的贡献。

（原载于《传媒》2017年第6期）

再筑新时代广东电视剧艺术高峰

电视剧在文艺发展中具有重要地位和作用，时至今日，已成为综合性最强、覆盖面最广、离人民群众最近的大众艺术，成为中华文化走出去的重要使者。广东按照中央和省委、省政府的部署要求，扎实做好广东电视剧工作，打造更多在全国乃至全球有影响力，弘扬中国精神，具有中国风骨、岭南风格、世界风尚的粤产电视剧，进一步提升当代粤产电视剧在海内外的知名度和影响力，奋力推进电视剧强省建设。

一、发奋图强，再筑新时代广东电视剧艺术高峰

广东是电视剧大省，拥有值得自豪的辉煌历程，在全国电视剧事业发展大格局中，始终作为重要组成部分，占有突出位置。无论是在改革开放初期，还是新世纪以来，粤产电视剧在每个阶段都形成了独特的品牌和优势，赢得广大观众的热情关注和广泛赞誉，为全国电视剧事业繁荣发展作出了突出贡献。2017年4月，习近平总书

记对广东工作作出“四个坚持、三个支撑、两个走在前列”的重要批示，进一步坚定了广东电视剧创作生产走在全国前列、再创电视剧创作生产新高峰的信心和决心。

二、把握导向，大力弘扬时代主旋律

一是突出主流价值引领。电视剧从本质上说是内容产品。创作出更多适应时代的优秀作品，满足人民群众的精神文化需求，是电视剧人肩负的历史使命。电视剧创作要坚持内容为王，展现主流价值。始终把社会主义核心价值观作为坐标，通过精彩的故事情节、鲜活的镜头语言、丰满的人物形象，传递核心价值观，弘扬积极向上的时代精神，体现社会进步要求的主旋律。

二是聚焦现实题材创作。现实主义作品往往能够真实生动地反映人民生活，离人民最近、最受人民欢迎。对现实题材我们高度重视，也创作生产了一系列有广度、有深度、有温度的优秀电视剧作品。要继续深化“深入生活、扎根人民”主题实践活动，继续加强现实题材电视剧的创作生产。无论什么时候，现实主义创作道路不能丢，现实主义精神不能丢，这也是确保我们电视剧作品能够长盛不衰的关键所在。

三是正确把握历史题材创作。历史是最好的教科书，也是最好的清醒剂，必须坚持正确的历史观。要始终以严肃的态度对待历史，运用各种艺术形式，形象客观地反映历史。要进一步下大力气，开发利用好广东的历史文化资源，把文化的“原生矿”变成有用的资源和素材，把历史资源“富矿”转化为优秀的粤产电视剧作品。

三、创新创造，聚力打造精品佳作

一是着力提高原创能力。要坚持创意制胜，发扬艺术民主，提倡体裁题材、形式手段充分发展，推动观念内容、风格流派积极创新。要营造提倡首创、宽容失败的宽松环境。要把剧本放在电视剧创作生产的首要位置，着力增强原创能力。继续实施电视剧剧本孵化计划。坚持技术为基，抢占技术创新高地，推动电视剧艺术与现代科技深度融合，不断增强电视剧的艺术表现力感染力和吸引力影响力。建立鼓励原创的良好机制，推动成立专门的电视剧创新研发机构，设立专项的创新研发资金，对电视剧创新创优项目给予支持。

二是切实抓好统筹规划。要编制出台广东省2017—2021年电视剧创作生产规划，围绕改革开放40周年、新中国成立70周年、建党100周年等重要时间节点规划重点选题，推出一大批精品佳作。要集中优势资源下大力气推动重大项目、重大作品创作，利用好广东省宣传文化发展专项资金、广东省优秀电视剧本扶持引导项目等政策和平台，重点扶持粤产优秀电视剧作品创作生产，加大对电视剧精品力作的奖励力度，吸引社会效益和经济效益俱佳的电视剧项目落户广东，吸引全国优势电视剧资源汇聚广东，形成电视剧创作生产发行播出的良性循环。

三是努力培育更多高水平创作生产核心团队。要重点关注扶持壮大一批优秀电视剧制作企业，整合形成有影响力的影视产业园区。推动出台相关政策，鼓励有条件的电视剧制作机构上市。加大电视剧人才培养力度，重视艺德培养，倡导“戏比天大”的理念，引导广大电视剧工作者力戒浮躁，潜心研究创作，依靠优秀作品扎根立足。面向全国、全世界寻找优秀人才和人才团队，用优秀项目吸引人才，选派人员到国内外学习电视剧业务，造就更多编、导、演领军人物和高水平的创作团队，造就更多懂经营善管理的复合型人才和海外推广人才，使广东成为富有吸引力的电视剧人才高地。

四是支持优秀电视剧“走出去”。鼓励广东各类电视剧制作机构进一步深化对外交流合作，加大对粤产电视剧“走出去”扶持力度，探索电视剧对外合作模式，创展广东电视剧国际品牌。要以佛山“广莱坞”为基地，加强粤港澳合作和对外合作，拍摄制作一批外向型电视剧。推动粤产电视剧走向国际市场，继续组织香港国际影视展“广东馆”项目，组织有实力的电视剧机构参加有影响力的国际电视节展，推介粤产电视剧。扶持好剧译制工作，对优秀粤产电视剧译制和国际版本制作给予扶持。推动在境外频道开设“广东剧场”，播出粤产电视剧。要通过电视剧“走出去”，进一步提升粤产电视剧在全国乃至全球的知名度和影响力。

四、加强引导，建立健全评价体系

一是加强和改进评论。要打磨批评的利器，发挥好电视剧评论引领创作方向、提升鉴赏水平的积极作用。要着力办好电视剧评论刊物，在省主要传统媒体及主要网站开设电视剧评论的专题专栏，利用传统媒体和新媒体宣传推介粤产电视剧，刊发电视剧评论。加强电视剧艺术理论研究，尤其是对粤产电视剧的研究。健全评价评估体系，明确社会效益要求，坚持社会效益第一，社会效益与经济效益同衡量，把价值取向、艺术水准、审美情趣、观众口碑等作为评价的主要标准，坚决防止过度娱乐化现象，避免被资本和市场牵着鼻子走。

二是规范电视剧收视调查和管理。指导电视剧播出机构合理看待和利用收视数据，不得将收视率作为购片价格唯一依据，不得以收视率作为对员工进行奖惩的唯一标准，坚决依法严厉打击收视率造假行为。合理引导电视剧投入分配机制，依托行业组织对电视剧成本投入配置比例进行指导，优化片酬分配机制，严禁以明星为唯一议价标准的电视剧生产和购播行为。健全社会资本投入机制，引导和规范企业、社会组织参与电视剧创作生产。保障电视剧从业人员社会保障权益，明确新的文艺群体职称评审渠道。

三是发挥评奖导向作用。评奖和评论是营造良好文艺环境的两个重要手段。要按照中央和省关于文艺评奖制度改革的有关意见，进一步深化电视剧评奖改革、严格评奖程序，规范节展运作，把评奖和节展真正办好，充分发挥评奖的正向激励作用。

五、规范发展，加强播出平台建设

一是提高电视剧传播效益。要进一步完善电视剧立项、审查、播出等管理制度，卫视综合频道、从事电视台形态服务的重点视频网站，每年都要在黄金时段安排播出重大革命历史、农村、少数民族、军事等题材电视剧，大力弘扬时代主旋律，形成各种题材结构比例适当的播出格局，提高电视剧的影响力。要努力拓展播出平台，积极推进融合传播，完善线上线下电视剧播出体系，支持优秀网络剧作品在传统影视媒体播出，进一步增强电视剧作品的传播效益。

二是统筹电视剧、网络剧管理。实行电视剧、网络剧同一标准管理。规范引导传统电视剧播出平台和网络视听节目播出平台，切实把好上线关口，明确主体责任，全面落实播前内容审核、总编辑负责制和节目备案等制度，把好政治关、价值关、审美关，把导向责任落实到采编制播各个环节、具体岗位。规范网络播出电视剧行为，未取得新闻出版广电部门颁发许可证的电视剧，一律不得上网播放。因内容违规而删减的镜头片段，不得以任何形式在任何平台上出现。鼓励优秀电视剧制作机构投入网络剧制作，进一步提升我省网络剧整体创作水平。鼓励视听节目网站投资制作、购买、播出优质国产电视剧。

三是与4K电视建设同步。要乘省政府重视推动4K电视建设的东风，成立专门协调引导机构，出台相应扶持政策，发动全社会大力加强4K制作、4K播出的电视剧生产，抢占电视剧制作、传播技术前沿阵地。要加大规划引导力度，结合重大时间节点，组织全省制作机构，创作生产一大批适应多样化、多层次、多方面需求的4K电视剧，打造一批4K版的粤产电视剧扛鼎之作。

（根据2017年9月25日在广东省电视剧工作座谈会上的谈话整理，南方网登载）

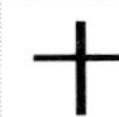

传承红色基因，发挥资政育人作用

习近平总书记告诫我们，走得再远都不能忘记来时的路。南粤大地有着光荣的革命传统、丰富的红色文化，留存了我们党在大革命时期、土地革命时期以及长征、抗日战争、解放战争等各个革命历史时期和重大历史事件中的红色革命印记，保留下了中共三大会址、广州农讲所、海丰红宫红场、11个中央苏区县和红军粤北长征、东江抗日等许多重要革命遗址遗迹。我们要深入贯彻落实党的十九大精神和习近平总书记瞻仰中共一大会址和嘉兴南湖红船时的重要讲话精神，积极传承红色基因，着力把广东的红色革命遗迹遗址保护好利用好，昭示后人，发挥资政育人作用。

传承红色基因，发挥资政育人作用

习近平总书记告诫我们，走得再远都不能忘记来时的路。南粤大地有着光荣的革命传统、丰富的红色文化，留存了我们党在大革命时期、土地革命时期以及长征、抗日战争、解放战争等各个革命历史时期和重大历史事件中的红色革命印记，保留下了中共三大会址、广州农讲所、海丰红宫红场、11个中央苏区县和红军粤北长征、东江抗日等许多重要革命遗址遗迹。我们要深入贯彻落实党的十九大精神和习近平总书记瞻仰中共一大会址和嘉兴南湖红船时的重要讲话精神，积极传承红色基因，着力把广东的红色革命遗迹遗址保护好利用好，昭示后人，发挥资政育人作用。

一、加强红色革命遗址保护利用是贯彻落实党的十九大精神的一项重要举措

“不忘初心，牢记使命”是党的十九大的重要主题。党的十九大闭幕仅一周，习近平总书记就带领新一届中央政治局常委同志专程前往上海和浙江嘉兴，瞻仰中共一大会址和南湖红船，回顾建党历史，重温入党誓词，宣示新一届党中央领导集体的坚定政治信念，给全党特别是领导干部上了一堂生动而深刻的党课。广东省委认真学习贯彻习近平总书记瞻仰中共一大会址和嘉兴南湖红船时的重要讲话精神，常委班子集体瞻仰了中共三大会址和中共中央机关旧址，重温入党誓词，现场召开常委会会议，接受了一次深刻的党性锻炼。红色革命资源是我们党初心不改、矢志不渝的最好写照，是每个共产党人不忘初心、牢记使命的心灵课堂，是团结一致、永远奋斗的精神源泉，抓好红色革命遗址保护修缮和红色资源保护研究利用，是贯彻落实党的十九大精神和习近平总书记瞻仰中共一大会址和嘉兴南湖红船时的重要讲话精神的必然要求和具体体现。我们要按照中央和省委的部署要求，以高度的政治责任感，加大力度挖掘好保护好我省的红色革命遗址，把红色革命文化和革命精神阐释好展示好，更好昭示后人、资政育人，把革命历史遗址遗迹作为党性锻炼和社会主义核心价值观教育的重要基地，引导广大党员干部群众从党的光辉历史中汲取前进的力量，进一步坚定拥护党、跟党走的信心和决心。

二、当前广东红色革命遗址保护利用情况和存在的主要问题

2017年以来，广东加快推进全省红色资源保护研究利用工作，加强了顶层设计，提出了保护利用的思路和具体措施，对一些重点项目给予资金扶持，打出了保护红色遗产的“组合拳”。省委宣传部联合省委党史研究室、省教育厅、省民政厅等10部门印发《关于进一步加强红色军事文化遗产保护利用的意见》，组织开展了红色资源普查，形成了《调研报告》《遗产名录》等研究成果。按照“抢救一批、保护一批、提升一批”的思路，分类、分期、分项目制定时间表，对濒临损毁的进行抢救维修，对有保护价值的纳入各级文物保护单位，对基础好的打造成为红色主题展示区。同时，重点打造红色主题公园和重点纪念场馆，目前韶关的红军长征粤北纪念馆已经举行奠基仪式，铜鼓岭烈士纪念园已经落成，梅州三河坝

战役烈士纪念园改造基本完工。

虽然我们在红色革命遗址保护利用方面，做了大量工作，取得了一定成效，但也还存在不少问题和短板。主要体现在：一是存而不保，保护级别低。全省红色革命遗址列入文物保护的数量较少、范围较窄，据党史部门统计，有近800处红色革命遗址已遭到不同程度的损毁。二是保而不护，日常维护欠缺。有些地方对已纳入文物保护的红色革命遗址，未严格依照法律法规进行保护维护。三是护而不修，教育功能萎缩。不少红色革命遗址仅保留旧貌，没有配套建设纪念设施和基本陈列，没有革命文物展示。四是修而不宣，展陈水平不高。不少遗址的基本陈列已有10年未进行改进提升，陈列内容和展陈手段陈旧落后。

三、以习近平新时代中国特色社会主义思想为指引，扎实做好新时代红色革命遗址保护利用工作

要坚持以习近平新时代中国特色社会主义思想为指引，进一步加强我省红色革命遗址的保护利用，不断开创新时代我省红色文化建设新局面。

一要勇于攻坚克难，解决关键问题。要与时间赛跑，依法依规划定保护范围，对革命遗址“应保尽保、能保尽保”，杜绝出现不可逆转的倒塌损毁。要深入调研、加强统筹，着力破解革命遗址产权不明晰、管理体制不顺畅、经费保障不充分、展陈水平不够高等关键问题。

二要把握正确导向，突出红色主题。革命遗址的保护利用要牢牢把握正确导向，突出聚焦我党的红色革命主题内涵，着力抓好党史军史的挖掘展示，着力弘扬红色革命文化和革命精神，彰显一代又一代共产党人的坚定理想信念。要依据中央文件和党史定论，严谨客观评价历史事件和人物，不能随意压低也不能刻意拔高，严防出现压线溜边、跑偏越线等错误。

三要树立精品意识，擦亮红色品牌。广东是红色资源大省，但革命遗址保护利用的精品工程并不多。要积极学习借鉴上海中共一大会

址、嘉兴南湖红船等保护利用的经验做法，打造高质量高水平的经典红色景点和主题展区，发展红色旅游。要丰富科技化展陈手段，强化声、光、电运用及互动展示，提升革命遗址总体展陈水平。

四要用活革命遗址，传播红色文化。要落实红色革命遗址、纪念设施免费开放措施，决不能出现“四面高墙一把锁”的现象。革命遗址要常态化策划开展形式多样的红色主题教育活动，积极创作相关的优秀文艺作品和新媒体产品，更好发挥社会教育功能。要重视抓好青少年学生的宣传教育，积极把红色革命遗址建成中小学课外教育基地、大中专学生社会实践基地，联动开展“红色研学之旅——寻找岭南红色足迹”主题活动。

五要完善管理，加大投入力度。要加强做好革命遗址的日常管护，建立健全各环节管理制度，确保革命遗址和革命文物得到妥善看护；要抓好人员队伍建设，不断提升便民利民工作水平。各有关部门要按照法律法规和有关文件精神，给予红色革命遗址日常保护管理必需的经费支持，对开展革命传统教育活动较多、社会效益明显的爱国主义教育基地、国防教育基地、党史教育基地和红色旅游经典景区给予适当经费扶持。

六要加强组织领导，形成工作合力。全省各级各有关部门要齐抓共管，形成保护利用红色革命遗址的强大合力。党委宣传部门要发挥统筹协调作用，牵头推动做好保护利用工作，大力加强红色资源的宣传推广，加快推进中央已批准的粤北长征纪念馆建设；党史研究部门要加强对地方党史的研究整理，对红色革命遗址陈列和开展纪念活动进行指导，确保展陈导向准确、史料文物真实；教育部门要把开展红色主题教育活动作为青少年学生思想道德建设的重要内容，将组织学生瞻仰参观红色革命遗址纳入“研学旅行”计划；民政部门要加大对革命烈士纪念设施的保护建设和扶持力度；住房城乡建设规划部门要加强对红色革命遗址周边区域的规划管理；文化文物部门要充分履行职能，积极做好红色革命遗址的文保工作，确保应保尽保，并加大红色革命文物的征集保护力度；新闻出版广电部门要加强创作推出反映各地红色革命遗址的优秀主题影视作品和出版物，讲好红色故事；旅游部门要把红色革命遗址保护利用纳入红色旅游发展规划，积极推进红色旅游开发。军地双方要加强沟通，建立完善营区红色革命遗址保护利用机制，实现军地共建共享。

（根据2017年11月14日在红色革命遗址保护利用工作座谈会上的发言整理，南方网登载）

从红色传统中汲取强大力量

2016年10月12日至15日，中央领导同志在江西南昌、井冈山、瑞金、寻乌、于都等市县调研，瞻仰革命历史纪念设施，缅怀革命先辈丰功伟绩，考察革命文化保护、新闻宣传、文化扶贫等情况，与基层干部群众座谈交流。强调要深入学习贯彻习近平总书记系列重要讲话精神，传承弘扬红色传统，用革命先辈创造的伟大井冈山精神、长征精神滋养社会主义核心价值观，引导人们重温历史、不忘初心，汲取力量、继续前进，走好新的长征路。

2016年是中国共产党成立95周年，也是红军长征胜利80周年。从当年中华大地上的一个马克思主义革命政党，到如今拥有8 000多万党员的执政党，近一个世纪来，一代又一代的共产党人，凝聚在信仰的旗帜下，奋斗在复兴的征程中，不断书写着中国奇迹，积累了深厚的红色传统。从井冈山上创下的“坚定信念、艰苦奋斗，实事求是、敢闯新路，依靠群众、勇于胜利”，到长征路上所展现的

"革命理想高于天，不怕牺牲、排除万难去争取胜利"，我们党之所以能由小到大、由弱到强，依赖的正是在这些优良革命传统中孕育和淬炼的坚定信念和必胜精神。正如习近平总书记所指出："对我们共产党人来说，中国革命历史是最好的营养剂。"这些革命传统和信念，凝结了我们党的价值理念和精神追求，构成了我们党的红色基因，是社会主义核心价值观建设的丰富滋养，是共产党人永葆本色的"精神钙质"，任何时候都不能丢，都要发扬光大。

时代变了，条件变了，但共产党人为之奋斗的理想和事业没有变。近年来，习近平总书记先后到河北西柏坡、福建古田、陕西延安、贵州遵义等革命老区考察，并发表一系列重要讲话，重温红色精神。"把理想信念的火种、红色传统的基因一代代传下去，让革命事业薪火相传、血脉永续""要结合新的时代条件，让井冈山精神放射出新的时代光芒""要继承和弘扬好伟大的长征精神。有了这样的精神，没有什么克服不了的困难""继续把人民对我们党的'考试'、把我们党正在经受和将要经受各种考验的'考试'考好"……习近平总书记的一系列重要讲话，为我们弘扬红色传统、大力推进党的建设指明了方向。为此，我们要深入开展革命文化宣传教育，大力传承弘扬井冈山精神、长征精神，唱响爱党爱国爱社会主义的时代主旋律，引导激励广大党员干部坚定执着追理想、实事求是闯新路、艰苦奋斗攻难关、依靠群众求胜利，用改革发展新成就告慰革命先烈，续写时代的光荣与梦想。

2016年初，习近平总书记第三次到井冈山看望慰问革命老区人民时曾满怀深情地说："行程万里，不忘初心。"传承弘扬红色传统，为的是不忘初心，继续前进，奋力推进党和人民的伟大事业。中国特色社会主义，承载着几代中国共产党人的理想和探索，寄托着无数仁人志士的夙愿和期盼，凝聚着亿万人民的奋斗和牺牲，是近代以来中国社会发展的必然选择，是发展中国、稳定中国的必由之路。传承弘扬红色传统，就是要坚定党的理想、信念、宗旨，不论时代如何变化，不论条件如何变化，始终自觉做共产主义远大理想和中国特色社会主义共同理想的坚定信仰者、忠实实践者，永远为了真理而斗争，永远为了理想而斗争；就是要坚持中国特色社会主义道路自信、理论自信、制度自信、文化自信，坚持党的基本路线不动摇，不断把中国特色社会主义伟大事业推向前进；就是要旗帜鲜明反对历史虚无主义，坚决回击那些抹黑党的历史、诋毁英雄的言行，捍卫革命英雄；就是要切实加强革命文化资源的保护利用，为我们提供源源不竭的精神力量。

“雄关漫道真如铁，而今迈步从头越。”今天，推进中国特色社会主义伟大事业，实现“两个一百年”伟大目标，是我们这一代人所要走好的长征路。正如习近平总书记所强调：“这是我们这一代人的历史使命，我们每一个人都在自己的岗位上为实现这个目标而奋斗。”长征是一步一个脚印走出来的，完成今天新的长征更需如此。“苦不苦，想想红军二万五；累不累，看看革命老前辈。”全省上下要认真学习贯彻习近平总书记系列重要讲话精神，始终铭记“社会主义是干出来的”，传承弘扬红色传统并从中汲取强大力量，坚定信念，勇于担当，保持昂扬向上的斗志，把无数革命先烈开创的伟大事业不断推向前进，为实现中华民族伟大复兴的中国梦而不懈奋斗，用扎扎实实的行动回应时代，走好新的长征之路。

（原载于《南方日报》2016年10月18日，署名岳音）

与时间赛跑，加强红色军事文化遗产保护利用

习近平总书记强调“要发扬红色资源优势，深入进行党史、军史和优良传统教育，把红色基因一代代传下去”，“把红色资源利用好、把红色传统发扬好、把红色基因传承好”。我们党在广东这片热土上领导人民进行了艰苦卓绝的革命武装斗争，留存下了许多宝贵红色资源。我们要深入贯彻落实习近平总书记系列重要讲话精神，积极推进红色资源保护利用。

2016年下半年，广东省委宣传部组织开展了红色军事文化遗产普查，各地上报红色军事文化遗产1 310处，最后确定主要遗址313处。2017年是建军90周年，是党的十九大胜利召开之年，站在新的历史起点上，我们要抓住机遇、奋发有为，以做好红色军事文化遗产工作为抓手，努力走出一条符合地方实际的红色资源保护利用、红色文化传承弘扬之路。

——如何认识红色军事文化遗产？

红色军事文化遗产有力证明是历史和人民选择了中国共产党，选择了社会主义道路。红色军事文化遗产直观、形象、具体地记录了中国共产党推进伟大革命斗争的光辉历程，充分体现了中国共产党和人民群众血肉相连、情感相系的巨大力量，是我们当下开展爱党爱国爱军爱社会主义宣传教育的生动教材。

红色军事文化遗产集中体现了中国共产党人对中华优秀传统文化的继承和发展。中国共产党是中华优秀传统文化的忠实继承者、弘扬者和建设者。中国共产党扎根于民族文化的肥沃土壤中，将优秀传统文化与马克思主义相结合，形成了独特的红色文化。红色军事文化遗产作为我们党领导人民武装进行伟大斗争的实物见证，凝聚着中华民族和中国共产党人抵御外侮、威武不屈，热爱祖国、维护统一，追求真理、舍生取义，自尊自信、自强不息，励精图治、无私奉献，艰苦奋斗、勤劳勇敢，百折不挠、奋发向上的伟大精神。这种精神与中华优秀传统文化一脉相承，是中华民族宝贵的精神财富。

红色军事文化遗产生动展示了社会主义核心价值观的精神内涵和价值导向。红色军事文化遗产记录了南粤革命斗争的历史，也生动地展现了共产党人大无畏的革命精神和为人民谋幸福的价值追求。广州起义刑场婚礼的无畏、八一起义军三河坝断后的刚毅、红军长征夜宿石板路的纪律、华南抗日孤悬敌后的英勇，都彰显出崇高的价值追求，这与社会主义核心价值观在本质内涵上同质同源，在价值思想上相承相融，是当下培育和践行社会主义核心价值观的宝贵资源。

——如何传承红色军事文化遗产？

当前，广东红色军事文化遗产工作取得了一定成绩，但保护形势依然严峻。一是文物保护范围不足、级别不高。313处重要红色军事文化遗产中，有83个是文物保护单位，只占26%。纳入文物保护范畴的程度不高，保护级别偏低。二是很多红色军事文化遗产的产权不明、管理分散。既有国家的，也有军队、集体，甚至私人的；有民政、文化、教育、林业、旅游等职能部门管理的，也有村委、村民管理的，管理体制机制不够完善。三是部分红色军事文化遗产损毁严重，濒临消失。部分旧址、建筑侵蚀病害严重，主体结构破损脱落，有的已经成为危房，加之没有建立档案资料，一旦垮塌损毁，将永无机会进行复原。

要坚持与时间赛跑，按照“保护为主，抢救第一”的方针，进行有效保护、合理利用、强化管理，绝不能让红色资源在我们这一代人的手上失去光彩，绝不能让红色记忆在我们眼前消失。接下来，全省将开展“红色军事文化遗产维修保护三年行动计划”。积极组织各地抓紧制定本地区红色军事文化遗产的发展计划和长远规划，坚持抢救性与预防性保护并重，统筹推进红色军事文化遗产保护利用；组织开展全面排查，确定抢救维修和亟待保护的重点项目，对存在重大险情的遗址、纪念设施以及馆藏革命文物，及时开展抢救性保护和修复，特别是对新民主主义革命时期具有较大政治影响和历史价值的要作为重点加以抢救保护，对历史价值突出、有社会影响的红色军事文化遗产确立为文物保护单位。力争到2019年新中国成立70周年之际，全省实现“红色军事文化遗产险情全部排除，对外开放规模持续扩大，展示利用水平显著提升”的总体目标。

——如何讲好红色故事?

一是要完善基础建设，打造红色阵地。每个红色军事文化遗产都承载着一段厚重的历史，都是一本生动的教科书，要在加强保护基础上，充分发挥其社会教育功能，讲好红色故事，传承红色基因。对影响较大、基础条件较好的红色军事文化遗产，要加大投入力度，不断完善设施建设，打造一批有深刻思想内涵和丰富文化底蕴、有吸引力感染力的红色教育阵地。同时要加强环境风貌的整体保护，加强周边环境整治，打造庄严、肃穆的纪念气氛，营造有利于红色文化传播的良好氛围。

二是要加强挖掘研究，突出红色精神。红色军事文化遗产是学习传承红色精神的重要课堂。要结合红色军事文化遗产的历史、时代和地域特点，加强对党史、军史的挖掘研究和史料、文物收集整理，并积极从历史、人文、文艺等不同视角着手进行展示阐释，更好地将参观者带到历史情景、历史结构、历史叙事中去认知和感受红色精神，引发群众的情感共鸣。

三是要树立精品意识，提升展览水平。各类纪念馆要不断改进和提高展陈水平，突出自身特色，推出精品展览。要通过实物、照片、图表、模型、绘画、雕塑、景观、情景再现等多种形式以及声、光、电、视频、3D等科技手段，增强教育的吸引力、感染力。

四是要强化内部管理，优化服务质量。要制定完善门票优惠、公众开放、接待咨询、参观引导等方面的规范化管理工作机制。特别要加强讲解员等专业人才队伍建设，定期组织开展历史知识和专业技能学习，提升讲解服务水平，抓好面向群众特别是面向广大青少年的讲解教育工作。同时可根据实际需要，聘请参加过革命战争的老同志参与群众教育工作。

五是要注重示范引领，打造主题公园。要进一步加强指导扶持，遴选主题突出、影响较大、社会效益明显的红色军事文化遗产，打造一批具有吸引力感染力的红色军事文化主题公园，扩大社会教育效果。要积极以红色军事文化遗产为核心区域，将红色旅游、扶贫开发、文化熏陶、生态休闲等结合起来，整合教育资源，发挥旅游优势。

——如何充分保护利用红色军事文化遗产?

党委宣传部门要充分发挥统筹协调作用，协调有关部门研究解决红色军事文化遗产保护利用中遇到的各类问题，加大红色军事文化遗产的宣传推广力度；党史研究部门要加强对地方党史的研究和整理，组织对各地红色军事文化遗产布展的指导，确保展陈客观真实准确；教育主管部门要把红色军事资源作为推进青少年思想道德建设的重要内容，积极组织学校师生参观学习；民政主管部门要加大对相关烈士纪念设施的业务指导和扶持力度；住房城乡建设规划主管部门要加强对红色军事文化遗址、纪念设施周边区域的规划管理；文化主管部门要充分发挥职能优势，加强对红色军事文物的保护征集力度；旅游主管部门要把红色军事文化遗产保护利用纳入红色旅游发展规划，积极开展红色旅游开发；群团组织要积极利用红色军事文化遗址、纪念设施开展特色教育活动；军地要加强沟通协调，实现共建共享。

（根据2017年3月2日在广东省保护利用红色军事文化遗产工作座谈会上的发言整理，南方网登载）

后　记

羊城的冬日依然有花开，珠岛的羊蹄甲在和煦微风中悄悄吐蕊。花开三度，转眼我在南粤已整整两年半了。

“愿你去往之地皆为热土，愿你所遇之人皆为挚友。”这两年半，置身党和国家大局大势，我竭诚尽职尽责之地，是一片改革创新的热土；这两年半，我朝夕相处共事之人，是一群志同道合的挚友。在临别之际，倏忽间发现，我已如此深深爱上这片热土，如此依依难舍这群挚友！

人生会有许多经历，每一次经历都是宝贵的财富。在广东工作的这两年半，是我迄今最具挑战、也最有收获的宝贵历练。欣逢以习近平同志为核心的党中央开新局谋新篇，欣逢中国特色社会主义开启新时代，欣逢党的十九大确立习近平新时代中国特色社会主义思想为我们党长期的指导思想，欣逢党的新闻舆论工作座谈会、网络安全和信息化工作座谈会、哲学社会科学工作座谈会、全国高校思想政治工作会议等宣传思想文化领域一系列具有里程碑意义、催人奋进的重要会议召开，作为广东省委常委、宣传部长，我有幸聆听习近平总书记发表一系列高屋建瓴、拨云见日的重要讲话，倍感鼓舞、深受教益，为我们党和国家、为中华民族迎来新时代而心潮澎湃、热血沸腾！

思绪万千之际，夜阑人静之时，我难改26年记者生涯养成的"爬格子"习惯，每每把学习领会习近平新时代中国特色社会主义思想的点滴心得，与我们在广东宣传思想文化战线具体实践中的所思所感所悟记录下来。两年半时间里，零零星星共发了百余篇文章，约30万字。

"心有猛虎，细嗅蔷薇。"借此诗句表述这几年我的工作和生活感悟，似乎也是恰当的。作为维护意识形态安全的"南大门"，过去这几年，广东意识形态领域看似风和日丽、波澜不惊，实则天天有风险有考验。在挑战和压力面前，我们没有退缩，没有当"逃兵"。我们选择的是迎难而上、勇啃"硬骨头"，努力用战略思维、历史思维、辩证思维、创新思维、底线思维抓工作，抓早防小，信息灵、反应快、处置得当，打赢了一场场遭遇战乃至持久战，一步步变守为攻、赢得主动，渐入佳境，迎来风清气正。

我深感，我们之所以能彻底扭转被动和混乱、彻底根治一些老大难，筑起意识形态安全的"护城河""防火墙"，走正道、树正气、干正事，让"南方"成为主流舆论阵地的一支强大生力军，成为防范思想文化渗透的铜墙铁壁，根本原因，在于我们有习近平新时代中国特色社会主义思想这一强大思想武器，有习近平总书记教导我们的科学思想方法，有习近平总书记为我们撑腰鼓劲！有科学的思想武装，再复杂的局面、再艰巨的挑战，我们都能从容应对、临危不惧、战无不胜！

这几年，也是传媒领域的重大变革期。顺应移动互联网时代的新挑战，推进媒体融合，是习近平总书记对新闻舆论工作的明确要求，是中国传媒业与时俱进的"关键词"。曾经独领风骚、风光无限的广东媒体，在这大变革中如何力挽颓势、走好融合转型之路，担子重若千钧。我和同事们海阔天空想、脚踏实地干，以变应变，在开拓创新中奋力赢得新机遇。令人欣慰的是，广东媒体的融合发展成效日显，得到中央领导同志的充分肯定和中宣部、省委、省政府的大力关心支持。南方财经全媒体集团、4K超高清电视频道、三个百亿元级媒体产业基金、中国自贸区信息港、粤港澳大湾区研究院，南方+、触电、羊城派、广州参考、深圳读特等媒体融合和创新发展“试验田”次第花开。时任省委书记胡春华和省长朱小丹极为关心和重视我们的工作。马兴瑞省长对中国自贸区信息港大厦、4K超高清影视等项目给予大力支持和推进，任学锋、王伟中、林少春、邹铭、何忠友、施克辉、江凌、李春生、黄宁生等省领导也给我们全方位的支持。

党的十八大以来，以习近平同志为核心的党中央带领党和人民励精图治、砥砺奋进，开辟了中国特色社会主义更加灿烂的壮丽前景，伟大的中国梦接近梦圆，中华民族大步走近世界舞台中央，这是百年未有之巨变、亘古罕见之壮举。随着中国经济快速跃升至世界第二，在全球经济体中举足轻重，我们的文化建设也必须同步跟进，与经济发展成就相匹配。百年来，岭南一直得风气之先，新时代，这片热土挑战多，机遇同样更多。我深感，在广东这样无处不具活力的创新之地，意识形态领域管得住是底线，大发展是硬道理。只有让宣传文化阵地充满勃勃生机，才能称得上不辱使命。

为了不辱使命，在中央和省委、省政府的支持下，我们以创新为引领，努力做加法，每年推出60个以上的创新项目，“文化广东”与经济强省相得益彰：

——成立习近平新时代中国特色社会主义思想研究中心，开展了习近平新闻舆论思想、改革开放思想、文艺思想、哲学思想、全面从严治党思想等的系统研究并取得初步成果，“南方理论”重镇与“南方评论”高地交相辉映；

——马志丹、南方网红、南派纪录片、陈星、黎婉仪、陈桥生、曾小敏、李仙花、倪惠英、许钦松和李劲堃……10多场名人名家研讨会先后推出，助力打造当代名家大师，形成了文化界的“南方现象”；

——广东百年美术大展、首届南国音乐花会、“大家流芳”工程、“1荐1”音乐家培养工程、美术“青苗计划”、剧本超市、岭南方言博物馆、首部4K粤剧电影……20多个重点项目，聚焦振兴岭南美术、广东音乐、粤剧等传统文化，力推广东文艺创作精品，在创新创造中突破有“高原”缺“高峰”的困境，呈现百花齐放的繁荣局面；

——实施“1+X”核心价值观建设工程、“十百千”基层文明创建工程、红色军事文化遗产保护工程，建设粤北红军长征纪念馆、深圳改革开放展览馆、评选南粤新乡贤……向上向善向美的社会正能量不断集聚；

…… ……

“有汗你就尽情地流”，我真切地感到：作为改革开放排头兵、先行地的广东，是一个可以大有作为、可以干大事干成事的好地方！

感谢与我朝夕相处的省委宣传部的战友们！郑雁雄、顾作义、黄斌、赖斌、蒋斌、何慧华、崔朝阳等部领导班子成员，以及由省委宣传部“转战”其他岗位的朱仲南、莫高义、蔡伏青、郑广宁等，省委宣传部杜新山、李长青、许华、曾胜泉、邓鸿和各处室的同志们，与我共迎挑战、共担重任，在风雨同舟、同甘共苦中，彼此结下了深情厚谊，也分享走正道、树正气、干正事的快乐。本书收录的文字，就是大家共拼搏、同奋斗的见证。

忘不了深圳“12·20”那20多个日夜的揪心，忘不了陆丰东海那3个月的惊心，忘不了美加财经调研、欧陆文化之旅、港澳读本合作的用心，忘不了那一件件大事、喜事、难事、突发事……感谢省直宣传思想文化单位和各地市党委宣传部、各高校党委宣传部以及每月一次研判协调组的战友们！你们的鼎力支持、慷慨奉献，是我奋力工作、攻坚克难的强大后盾和精神动力。

文字无声，感情永恒。这些文章刊发、传播，还得益于南方报业传媒集团黄常开、田东江以及南方日报评论部同志们的大力帮助，刘海陵、张东明、李婉芬、陈寅、宣柱锡以及新华社老战友姬斌、方立新、钞文、马书平、闫帅南等同志的默默支持。肖延兵、侯小军、刘治宁等特别是马书平同志做了大量收集整理工作。王桂科和广东人民出版社的相关同志们，为本书的出版倾注了不少心血。现在，文章将结集出版，也让我有了向你们郑重致谢的机会。

我尊敬的老领导李希同志履新广东3个多月，在繁忙工作之余拨冗审看书稿，并作出批示，给了我巨大鼓舞。在此，向李希同志致以崇高敬意和真诚谢意！

“为什么我的眼里常含泪水？因为我对这土地爱得深沉。”临别广东之际，我对浙江前辈同乡艾青先生的诗章，感悟更深了。钟灵毓秀的南粤大地，悠久灿烂的岭南文化，同歌同泣的那一幕幕奋进故事……两年半时间里挥之不去的点点滴滴，已成我心中的永恒。

即将离开脚下这片我已经熟悉并深爱的热土了！此刻，北国塞外山舞银蛇、原驰蜡象，岭南大地依旧草木葱茏、百花争艳。借来片纸慰离情，且以这无声的书稿，作为“别离的笙箫”吧。

2018，迎来改革开放40周年。衷心祝愿作为改革开放先行之地的广东蹄疾而步稳，在全面建成小康社会、加快建设社会主义现代化新征程上继续走在前列。

祝福我的战友们，祝福我的同志们！

慎海雄 于广州珠岛

2018年2月2日